W0273336

zeitreise 3

Lehrerhandreichungen

Ernst Klett Schulbuchverlage
Stuttgart · Leipzig

Vorwort

Liebe Lehrerinnen und Lehrer,

für Ihre Unterrichtsplanung und -gestaltung mit unserem Geschichtslehrwerk „Zeitreise" bietet Ihnen dieser Lehrerband zahlreiche Informationen, Anregungen und Materialien:

1. Die *Einleitung* zu jeder Themeneinheit skizziert deren Schwerpunkte und erläutert kurz Konzeption und Problemstellung. *Erkenntnisleitende Fragen* leiten über zur Auflistung einer *möglichen Unterrichtsreihe.* Hier werden jene Doppelseiten genannt, die sich für die thematischen Schwerpunkte der vorgeschlagenen Unterrichtsreihe besonders eignen. Es folgen schließlich Erläuterungen zum Einsatz der *Auftaktdoppelseite.*
2. Die anschließenden Kommentarseiten zu den einzelnen Kapiteln des Schülerbuchs enthalten alles, was Sie für Ihren Unterricht benötigen: eine *mögliche Unterrichtsgestaltung* in Form einer Verlaufsskizze, einen leicht umsetzbaren Vorschlag für ein *Tafelbild,* relevante *Zusatzinformationen zu den Materialien* sowie einen Erwartungshorizont *zu den Arbeitsvorschlägen und Fragen.*
3. Die Methoden- und Projektdoppelseiten werden nicht näher erläutert, da bereits im Schülerbuch ausführliche Hinweise zu deren Bearbeitungsmöglichkeiten zu finden sind.
4. Die 30 Arbeitsblätter in Form von Kopiervorlagen lassen sich je nach Bedarf und individueller Schwerpunktsetzung zur Vertiefung, Ergänzung oder Ergebnissicherung einsetzen. Zu den meisten Kopiervorlagen finden Sie jeweils ein zweites Exemplar mit den zu erwartenden Antworten und Lösungswörtern.

Viel Erfolg und einen gelungenen Geschichtsunterricht wünscht Ihnen
Ihr Zeitreise-Team

Inhaltsverzeichnis

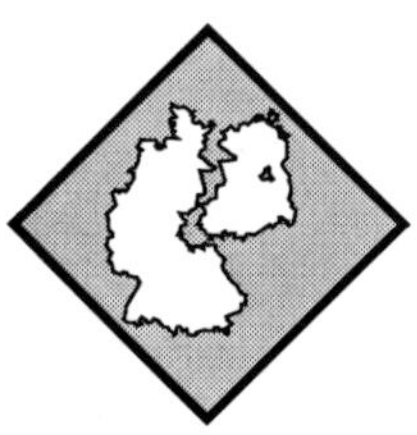

Kopiervorlagen

Lösungen der Kopiervorlagen

Sozialismus – der Weg zu einer besseren Welt?

Einleitung

Der Lehrplan sieht vor, die Entstehung und Entwicklung des Sozialismus in Theorie und Praxis als Alternative zur kapitalistisch-marktwirtschaftlichen Gesellschaftsordnung zu behandeln. Dem entsprechend hat diese Zielsetzung auch die Leitlinien für die didaktische Ausarbeitung dieser TE vorgegeben.

Die Ausarbeitung setzt mit dem spektakulärsten Ereignis der jüngeren Geschichte des Sozialismus ein: dem Zusammenbruch der Sowjetunion und des von ihr repräsentierten Systems des „real existierenden Sozialismus“. Manche deuteten dies als Ende des Sozialismus schlechthin. Diese Sichtweise soll gleich im Eingangskapitel als unzutreffend zurückgewiesen und ihr gegenüber die bleibende Bedeutung des Sozialismus als Hoffnungsträger für die Lösung gegenwärtiger Probleme herausgestrichen werden.

Mit Kapitel 2 beginnt die Behandlung der Thematik in Form eines systematischen historischen Rückblicks. Sie nimmt ihren Ausgang von der Diskussion um das Menschenrecht auf Eigentum in der liberalen Tradition sowie seiner politischen Instrumentalisierung in der französischen Revolution, die angesichts des im Gefolge der industriellen Revolution sich ausbreitenden Pauperismus als fragwürdig erscheinen konnte. Kapitel 3 behandelt erste Versuche (mit revolutionären oder reformerischen Mitteln) die negativen Auswirkungen der liberalen Eigentums- bzw. Gesellschaftsordnung zu verändern. In einem umfänglicheren Kapitel (4) wird die überragende Bedeutung von Marx und Engels für die Entwicklung des Sozialismus in Theorie und Praxis herausgestellt und dabei in Grundzügen in ihre Lehre eingeführt. Der Durchbruch des Sozialismus zu verbreiteter öffentlicher Wirksamkeit im Rahmen der sozialen und politischen Entwicklungen des späten 19. Jahrhunderts (Massengesellschaft, Entstehung von Parteien, Demokratisierungsansätze) ist Inhalt von Kapitel 5.

Als herausragendes Ereignis in der Geschichte des Sozialismus wird die russische Revolution mit ihren Folgen in drei Kapiteln (6, 7, 9) behandelt. Dabei wird auf die Besonderheiten des sowjetischen Sozialismusmodells bei der Gründung (Lenin), beim Aufbau (Stalin) und am Beispiel des „sozialistischen Realismus“ in der Kunst eingegangen. Vor diesem Hintergrund behandeln die Kapitel 10 und 11 die Entwicklung des Sozialismus in Deutschland zur Zeit der Weimarer Republik und nach 1945 bis zur Gegenwart. Im Mittelpunkt stehen hierbei die Auseinandersetzungen zwischen Sozialdemokraten und (sowjetisch geprägtem) Sozialismus sowie Sozialdemokratie und neoliberalistischen Herausforderungen unserer Zeit. Ein Blick auf Organisationen, Ziele und Wirkweisen des internationalen Sozialismus heute rundet die Betrachtung schließlich ab (Kapitel 12).

Erkenntnisleitende Fragen

- Welche Ursachen und Bedingungen haben zur Entstehung des Sozialismus geführt?
- Welche „Spielarten“ hat es in Theorie und Praxis des Sozialismus gegeben?
- Welchen davon kann – in positivem oder negativem Sinn – bis heute bleibende Bedeutung zuerkannt werden?
- Welche Rolle hat der Sozialismus als Alternative zur kapitalistisch-marktwirtschaftlichen Ordnung gespielt und spielt er noch heute?

Mögliche Unterrichtsreihe

Ende der UdSSR, aber kein Ende des Sozialismus	*Kap. 1*
Entstehungsbedingungen und frühe Formen des Sozialismus	*Kap. 2–3*
Begründung des „wissenschaftlichen Sozialismus“ durch Marx und Engels	*Kap. 4*
Sozialismus wird Massenbewegung	*Kap. 5*
Die Entstehung der UdSSR und des sowjetischen Sozialismusmodells	*Kap. 6, 7, 9*
Sozialdemokratischer Sozialismus in der Auseinandersetzung mit Kommunismus und Neoliberalismus im Deutschland der Weimarer Republik und nach 1945	*Kap. 10–11*
Internationaler Sozialismus heute	*Kap. 12*

Auftaktdoppelseite S. 10/11

Die Arbeit an der ADS kann (fast beliebig) bei einem der fünf Hauptelemente (Überschrift, Karte, Text, Abbildung, Zeitleiste) einsetzen und von da aus die anderen Elemente einbeziehen. Wichtig ist, dass die Schüler im Ergebnis ihre Vorkenntnisse aktivieren (z. B. anhand der Zeitleiste) und erste Bewertungen abgeben können (z. B. zur Überschrift), Eindrücke von der historischen und gegenwärtigen Bedeutung des Sozialismus sammeln (z. B. durch das Bild und die Karte) und einen Überblick über den Aufbau der TE erhalten (Text, Zeitleiste). Damit wäre wesentlichen motivatorischen Implikationen der ADS Genüge getan.

1 Sozialismus – immer noch Hoffnungsträger? (Schülerbuch S. 12/13)

Mögliche Unterrichtsgestaltung

*Einstieg: Vergleich der Abbildungen **Q1** und **Q5** Spontane Assoziationen/Überlegungen könnten dabei sein: Verlockende Utopie (Gemälde) vs. bedrückende Realität (Foto), uneingelöste Hoffnungen (Gemälde) bei Fortbestehen der Bedingungen für Hoffnungen auf Veränderung (Foto); Einbezug der Überschrift und erste Stellungnahmen zur Kapitelfrage. Damit Überleitung zur Erarbeitung.*

*Erarbeitung: 1) Gemeinsames abschnittsweises Lesen des **VT**; Formulierung von Kurzzusammenfassungen zur Erläuterung der Zwischenüberschriften. 2) Bearbeitung der Quellentexte in drei Arbeitsgruppen gemäß der Aufgaben 1–3. Gesamtzusammenfassung in unten gezeigtem Tafelbild.*

Vertiefung: Rückbezug auf die Stellungnahmen des Einstiegs (s. o.). Schüler legen dar, ob sich ihre Ansicht verfestigt oder geändert hat.

Zusatzinformationen zu den Materialien

Q1 Der Einzug des festlich gekleideten und froh gestimmten Volkes steht unter dem Symbol des Arbeiter- und Bauernstaates Sowjetunion, Hammer und Sichel. Im Vordergrund symbolisiert eine füllhornartige Ansammlung von Feld-, Garten- und Meeresfrüchten, ergänzt durch Repräsentationen aus den Bereichen Kunst und Wissenschaft, die Segnungen des Sowjetsozialismus. Das Gemälde ist in Aussage und Darstellung ein Musterbeispiel für den Kunststil des „sozialistischen Realismus“ (vgl. dazu S. 32 f.).

Q3 Der Bericht stammt von dem polnischen Soziologen Jerzy Szacki, der 1994 und 2002 die Auswirkungen des Liberalismus auf Polen und die Polen untersuchte.

Q4 Der chilenische Soziologe Tomas Moulian plädiert in seinem Buch „Ein Sozialismus für das 21. Jahrhundert“ für einen freiheitlichen Sozialismus als Hoffnungsträger zur Überwindung von Unterdrückung im Zeichen von Kommunismus (Kuba) und Neoliberalismus (USA).

Zu den Arbeitsvorschlägen und Fragen

1 Es gibt auch nach dem Ende der UdSSR noch kommunistische Regimes; der sozialdemokratische Sozialismus wird durch das Ende der UdSSR eher gestärkt; die Bedingungen für die Entstehung von Sozialismus bestehen fort.

2 Die Menschen wurden sowohl durch den Realsozialismus als auch durch den Liberalismus in ihren Hoffnungen/Erwartungen getäuscht. Vom Liberalismus durch erhöhte Erwartungen eher noch mehr.

3 Wesentliche Merkmale des Sowjetkommunismus werden von Moulian ausdrücklich verworfen: Unfreiheit, Ungleichheit, Konzentration absoluter Macht, menschenfeindliche Wirtschaft. Gleich ist allenfalls die Zielrichtung gegen den Kapitalismus.

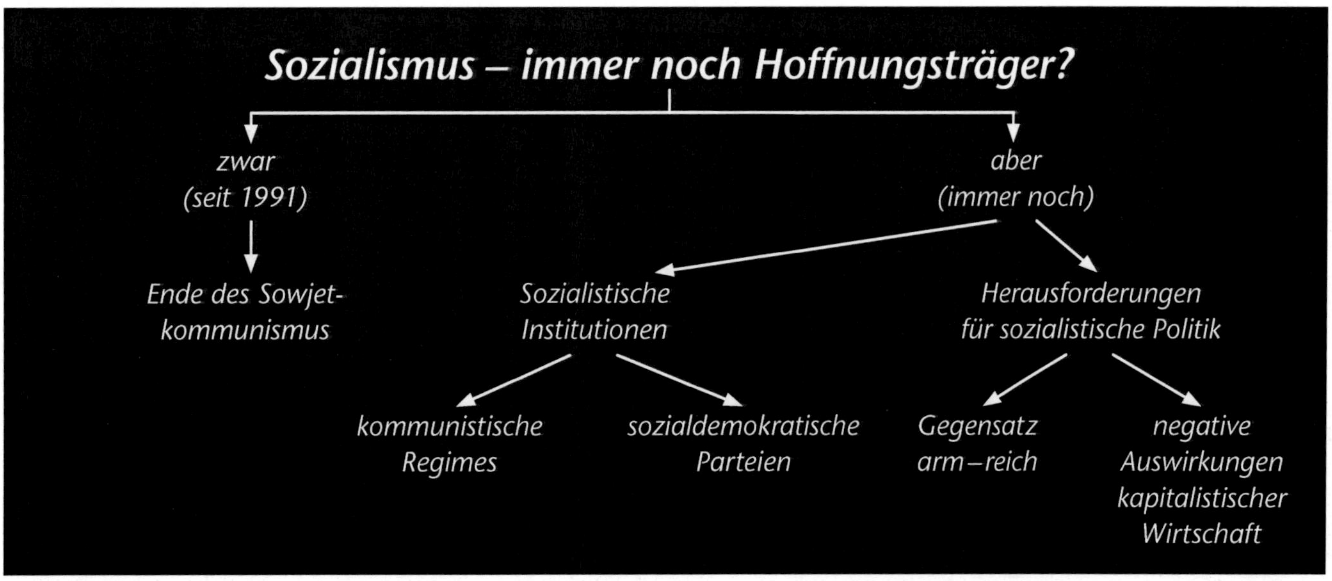

2 Eigentum – ein problematisches Menschenrecht? (Schülerbuch S. 14/15)

Mögliche Unterrichtsgestaltung

*Einstieg: Vergleich der Abbildungen **Q1** und **Q5** Herausstellen der Gemeinsamkeiten und Unterschiede unter den Gesichtspunkten: Wer kämpft gegen wen? Um welche Ziele geht es dabei? Um was für eine Art Kampf handelt es sich? Unter welchen Umständen sind Bürger und Arbeiter Verbündete, unter welchen Feinde?*

*Erarbeitung: 1) Die Bedeutung des Menschenrechts auf Eigentum aus der Sicht der Bürger und der Arbeiter gemäß den Ausführungen des **VT** (arbeitsteilige Gruppen-/Partnerarbeit); 2) Sukzessive Lektüre und Besprechung der **Quellen 2–4**; dabei Bestimmung zu wessen Gunsten/Nachteil Position in dem jeweiligen Text ergriffen wird.*
Zusammenführung beider Erarbeitungsteile in unten angeführtem Tafelbild.

Vertiefung: Diskussion des Zusammenhangs von Eigentumsfrage und Entstehung des Sozialismus im Sinne von Aufgabe 1.

Zusatzinformationen zu den Materialien

Q1 Delacroix' berühmtes Gemälde wurde von bürgerlicher Seite scharf wegen seiner eindeutigen „proletarischen Tendenz" kritisiert. Denn die für die Freiheit Gefallenen im Vordergrund wie der Straßenjunge rechts gehören alle dem Proletariat an, während – von einer Ausnahme abgesehen – das Bürgertum im Hintergrund bleibt.

Q3 Jeremias Gotthelf (1797–1854) war Pfarrer in Lützelflüh in der Schweiz. Er war ein vehementer Vertreter einer christlichen Sozialethik mit stark konservativ-patriarchalischen Zügen. In diesem Sinne rief er zu Verantwortung und Hilfe für die Armen auf (gründete selbst eine Armenschule), aber erwartete im Gegenzug Dankbarkeit von diesen.

Q5 Der Zusammenstoß zwischen Bürgerwehr und Arbeitern, die im Unterschied zu den Bürgern keine Waffen tragen durften, am 16. 10. 1848 in Berlin – 11 Arbeiter wurden dabei erschossen – führte in Preußen zum dauerhaften Bruch zwischen Bürgern und Arbeitern.

Zu den Arbeitsvorschlägen und Fragen

1 Im Unterschied zu anderen Menschenrechten spaltete das Eigentumsrecht, vor allem, wenn aus Eigentum politische Vorrechte abgeleitet wurden, die Gesellschaft in Bevorrechtigte und Benachteiligte. Diese ungerechte bzw. als ungerecht empfundene Ungleichheit war der stärkste Anstoß für den Sozialismus.

2 Im Kampf um politische Rechte stehen Bürger und Arbeiter zusammen. Politische Rechte verbessern aber nicht die wirtschaftliche Lage der Arbeiter. Im Kampf um wirtschaftliche Veränderungen werden die Besitzenden, u.a. die Bürger, ihre Feinde.

3 Gotthelfs Interesse gilt der Gesinnung der Proletarier. Eher negativ wertet er die Gesinnung des Hasses auf die Reichen, positiv wertet er die Dankbarkeit bei Armen. Er steht bei allem Mitgefühl eher auf der Seite des Bürgertums.

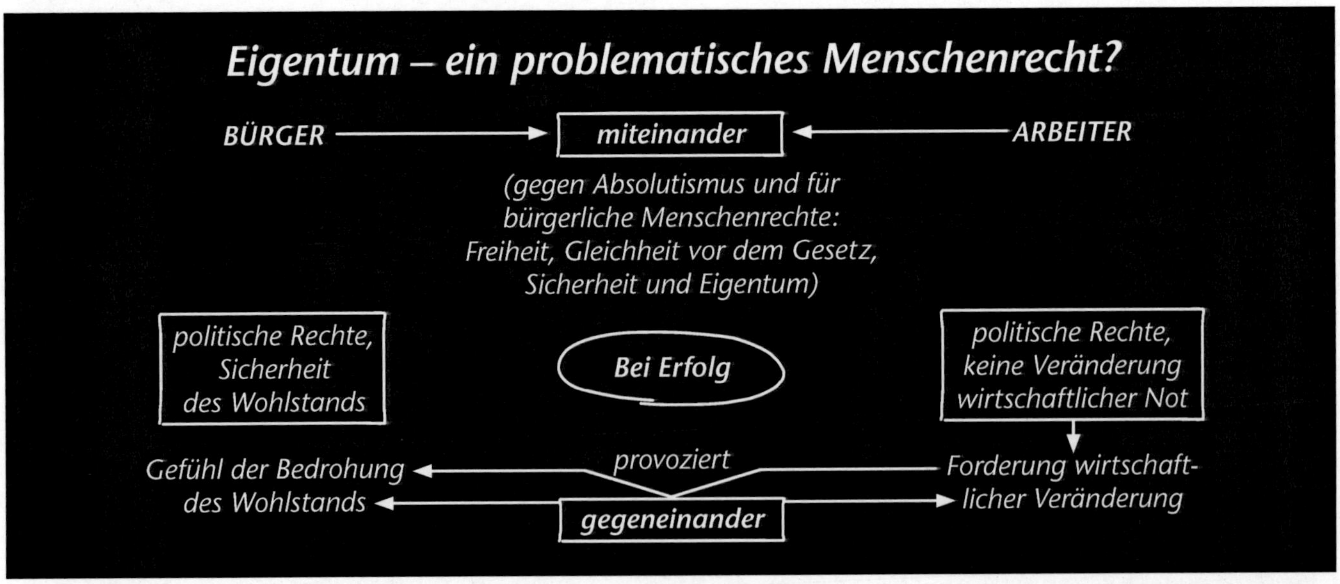

3 Eine gerechtere Gesellschaft schaffen – aber wie? (Schülerbuch S. 16/17)

Mögliche Unterrichtsgestaltung

*Einstieg: Ausgang von der Kapitelüberschrift als Assoziationsanreiz. Bei der Frage nach dem „Wie" können die Schüler ihre Vorkenntnisse einbringen und auf dieser Basis Hypothesen bilden. Dabei bietet es sich an, die Abbildungen **Q1** und **Q4** mit in die Überlegungen einzubeziehen. Die Überprüfung der Hypothesen leitet zur Erarbeitung über.*

*Erarbeitung: 1) Gemeinsame Lektüre und Besprechung des **VT**. Dabei entsteht der erste Teil des unten aufgezeigten Tafelbildes (übergreifende Zielsetzung, revolutionärer und reformerischer Ansatz); 2) Genauere Herausarbeitung der beiden Ansätze anhand von **Q2–Q3** in arbeitsteiliger Gruppenarbeit. Präsentation der Ergebnisse und Komplettierung des Tafelbildes damit.*

Vertiefung: 1) Vergleichende Betrachtung der revolutionären und der reformerischen Ansätze, z. B. mit den Fragen: Was wollen beide? Was und wieviel wird verändert? Wie schwierig ist die Veränderung?
2) Beurteilung der Zweckmäßigkeit bzw. Eignung des jeweiligen Ansatzes zur Schaffung einer gerechteren Gesellschaft (vgl. Aufgabe 2–3).

Zusatzinformationen zu den Materialien

Q1 Die britischen Maschinenstürmer – nach Ned Lud, einem der Anführer, auch „Luddisten" genannt – kamen vorwiegend aus dem Handwerkertum des Textilgewerbes. Von ihrer Einstellung her waren sie sowohl konservativ als auch revolutionär. Straff organisiert erregten sie durch ihren gewalttätigen Aktionismus vor allem zwischen 1811–1816 in Nord- und Nordwestengland Aufsehen. Vergleichbare Erscheinungen gab es fast überall in den europäischen Industriestaaten.

Q2 Babeuf wurde 1760 in Saint Quentin geboren. Sein großes Vorbild waren die Gracchen, nach ihnen nannte er sich Gracchus mit Vornamen. Seine Verschwörergruppe gilt als erste kommunistische „Aktionspartei".

Q3 Der liberale Denker Hildebrand sah mit dem Maschinenzeitalter endlich die Voraussetzungen für die Befreiung und Veredelung des Individuums gegeben. Dabei glaubte er an die Selbstheilungskraft der von der Bevormundung des Staates befreiten Gesellschaft. Die englischen Arbeitervereine waren für ihn ein Beispiel dafür.

Zu den Arbeitsvorschlägen und Fragen

1 Babeuf lehnt das Eigentumsrecht ab. An der Spitze seiner Werte steht die Gleichheit als Gleichheit des Arbeitszwangs und Gleichheit des Arbeitsertrags.

2 Die Maschinenstürmer wollen vorindustrielle Verhältnisse wiederherstellen; die Arbeitervereine schützen ihre Mitglieder durch gegenseitige Hilfe in der industriellen Gesellschaft. Dies erscheint zweckmäßiger, weil der Kampf gegen den technischen Fortschritt ungesetzlich und kurzsichtig ist.

3 Ansätze: Maschinenstürmerei, Produktions- und Konsumgenossenschaften, Gewerkschaften, staatliche Sozialgesetzgebung, Arbeitervereine, kommunistische Revolution. Ungeeignet erscheint der erste Ansatz; die übrigen bieten mehr oder minder umfassende Möglichkeiten.

Eine gerechtere Gesellschaft schaffen – aber wie?

allgemeiner Ansatz: Veränderung der bestehenden gesellschaftlichen Ordnung durch

REVOLUTION, z. B.		*REFORMEN, z. B.*	
Maschinenstürmer	***Babeuf***	***Owen***	***Arbeitervereine***
Zerstörung der Maschinen, Rückkehr zur vorindustriellen Gesellschaft	*kommunistische Gesellschaft: Gemeineigentum, Gleichheit des Arbeitszwangs und der Güterverteilung*	*Gesellschaft von durch Tauschhandel verbundenen Produktions- und Konsumgenossenschaften*	*Schutz der Mitglieder durch gegenseitige Hilfe*

4 Marx und Engels – Begründer des „wissenschaftlichen Sozialismus" (SB S. 18–21)

Mögliche Unterrichtsgestaltung

*Einstieg: (S. 18/19): Vergleichende Betrachtung der Abbildungen **Q1–Q2** (Marx und Engels „privat" und als Begründer einer weltgeschichtlichen Bewegung); Einbringen von Vorkenntnissen führt zu Lückenerlebnissen, die zur Erarbeitung überleiten.*

*Erarbeitung: Abschnittweise Lektüre und Besprechung des **VT**; dabei Herausarbeitung der gesellschaftlichen Entwicklungslehre von Marx und Engels.*

*Zusammenfassung: 1) Entwicklung eines Tafelbildes (s. u.); 2) Verbalisierung der Schemazeichnung **D1**.*

*Wiedereinstieg (S. 20/21): Betrachtung der Abbildungen **Q3** und **Q7**. Frage: Warum stehen Marx und Engels spontanen Gewaltaktionen skeptisch gegenüber? Hypothesenbildung führt zur Erarbeitung über.*

*Erarbeitung: **Q4–Q5** unter der Fragestellung: Aus welchen Erkenntnissen besteht das Neue bei Marx und Engels? **Q6, D1** unter der Fragestellung: Wie vollzieht sich der Übergang zur klassenlosen Gesellschaft? (in arbeitsteiliger Gruppenarbeit)*

Vertiefung: Besprechung der Aufgaben 2–4 (ggf. in einer weiteren Unterrichtsstunde)

Zusatzinformationen zu den Materialien

Q1 Die Familienidylle trügt. Trotz der Unterstützung lebte die Marx-Familie in bitterer Armut. Von Marx' Kindern erreichten nur die drei Töchter das Erwachsenenalter. Jenny starb schon 1881, Laura und Eleanor endeten durch Selbstmord.

Q3 Hauptvertreter des Anarcho-Kommunismus war der russische Adlige Bakunin (1814–1876). Im Gegensatz zu Marx glaubte er die neue Welt durch spontane Gewalt gegen alles Bestehende schaffen zu können.

Zu den Arbeitsvorschlägen und Fragen

1 Es hat stets Klassenkämpfe gegeben. Sie waren notwendige Motoren des gesellschaftlichen Fortschritts. Das gilt auch für den zwischen Bourgeoisie und Proletariat.

2 Beide erstreben eine Ordnung zugunsten des Proletariats. Anarchisten wollen sie durch Gewaltaktionen herbeizwingen, wissenschaftliche Sozialisten glauben, dass die historische Entwicklung von selbst dorthin führt.

3 (Empfehlung: Kläre zunächst, was du unter „gerecht" verstehst, dann gehe die Punkte durch.)

4 (Unterschiedliche Stellungnahmen möglich)

Die neue Sichtweise von Marx und Engels

Der Gegensatz zwischen Arbeitern und Kapitalisten
(wird gedeutet vom)

utopischen Sozialismus
(Babeuf, Owen)
↓
als einmaliges gegenwärtiges Ereignis ohne ähnliche Vorläufer in der Geschichte, das mit revolutionärer Gewalt oder Reformen willentlich beseitigt werden kann

wissenschaftlichen Sozialismus
(Marx/Engels)
↓
als Klassenkampf, wie alle vorherigen Klassenkämpfe notwendiger Motor gesellschaftlichen Fortschritts, dessen Gesetzmäßigkeit sich beschreiben, aber kaum willentlich beeinflussen lässt

5 „Einigkeit macht stark“
(Schülerbuch S. 22/23)

Mögliche Unterrichtsgestaltung

*Einstieg: Betrachtung der beiden Abbildungen **Q1** und **Q4** im Zusammenhang mit der Kapitelüberschrift (ggf. mit **D1**). Vermutungen zum Zusammenhang von Massenveranstaltungen, SPD, Lassalle, „Freiheit, Gleichheit, Brüderlichkeit“ usw. führen zu Lückenerlebnissen und leiten zur Erarbeitung über.*

*Erarbeitung: Gründung und Zielsetzung der deutschen Sozialdemokratie (**VT, Q3**) sowie der Sozialistischen Internationalen (**VT, Q2**) in Form arbeitsteiliger Gruppenarbeit. Präsentation der Ergebnisse und Zusammenfassung in unten gezeigtem Tafelbild.*

Vertiefung: Gemeinsame Besprechung der Aufgaben 1–4 (ggf. Behandlung der einen oder anderen in einer Hausarbeit).

Zusatzinformationen zu den Materialien

Q1 Georg Ledebour gehörte als Journalist und Schriftsteller zum linken Flügel der SPD. Er sprach sich 1914 gegen die Bewilligung von Kriegskrediten aus und war später führendes Mitglied der USPD. Er machte die Reunion der USPD mit der SPD nicht mit und gründete 1924 den unbedeutenden „Sozialistischen Bund“.
Q2 Führender Kopf der Ersten Internationalen war Karl Marx. Er verfasste auch die ersten Satzungen, die von ihm um der internationalen Einheit des Sozialismus willen sehr gemäßigt formuliert wurden.
Q3 Scharfe Kritik erfuhr dagegen das Gothaer Programm von Marx, indem in seinen fast schon kleinlich erscheinenden Randglossen kaum ein Satz davon ausgespart blieb.
Q4 1889 beschloss eine in Paris tagende europäische Arbeitervereinigung den in Nordamerika und Australien schon gefeierten „Labour Day“ am 1. Mai auch in Europa zu feiern. 1890 wurde der Beschluss nach Deutschland übernommen. Von da an gab es Maifeiern. Staatlicher Festtag wurde der 1. Mai erst 1933.

Zu den Arbeitsvorschlägen und Fragen

1 Parteien wurden zu Sammelbecken der Anhänger des Sozialismus und zu den Kräften, durch die seine Forderungen politisches Gewicht erhielten, national und international.
2 Das Bekenntnis zu Sozialismus und Demokratie sowie der Bezug zur gesellschaftlichen Gruppe der Arbeiterschaft.
3 Die SPD verfolgte Ziele, die revolutionären Charakter hatten (Bezüge zur französischen Revolution und zur Lehre von Marx), betonte aber gleichzeitig die Gesetzlichkeit ihrer Mittel.
4 Die SPD bekannte sich zwar zur Lehre vom Klassenkampf im Sinne von Marx, die Mehrheit ihrer führenden Vertreter lehnte allerdings die revolutionäre Umwandlung der Gesellschaft ab und setzte auf die schrittweise Gesellschaftsveränderung durch Wahlerfolge.

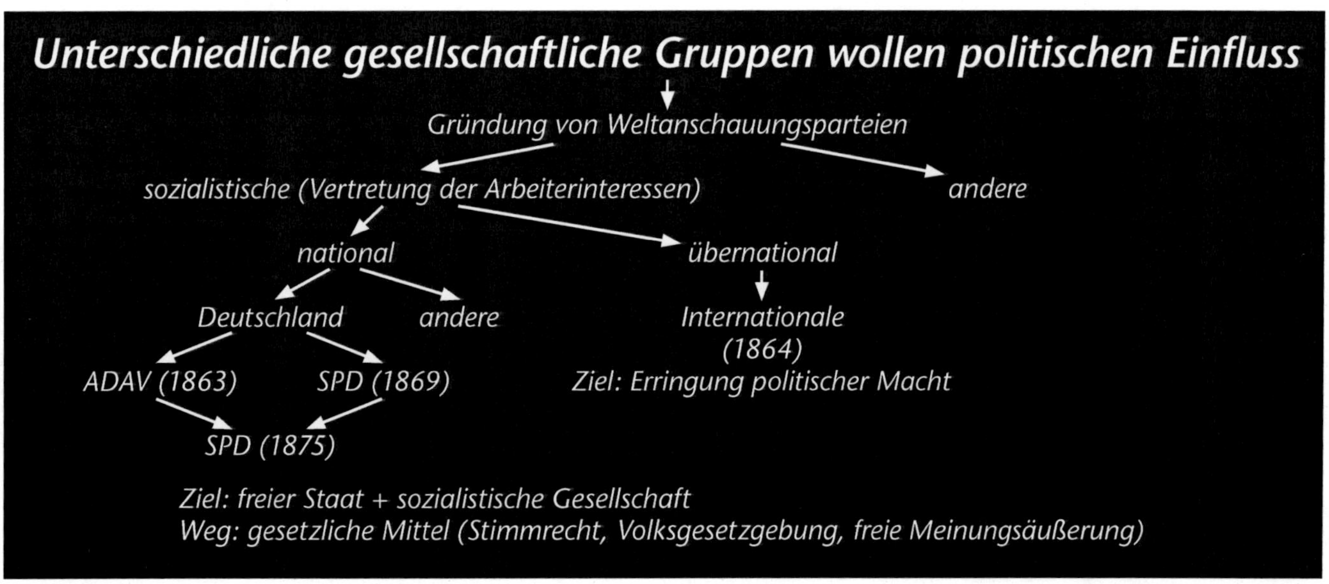

6 Lenin und die russische Revolution (Schülerbuch S. 24–27)

Mögliche Unterrichtsgestaltung
(für mindestens zwei Unterrichtsstunden)

*Einstieg (erste Stunde): Betrachtung von Abbildung **Q1**. Hinzunahme der Bildlegende. Vermutungen über die Absicht der verfälschenden Darstellung leiten zur Erarbeitung über.*

*Erarbeitung: Abschnittweise Lektüre und Besprechung des **VT** gemäß Aufgabe 1. Dabei Entwicklung des unten gezeigten Tafelbildes.*

Vertiefung: Gesamtbetrachtung des Ereigniszusammenhangs. Mögliche Aspekte: 1) Ist es richtig, von „der" russischen Revolution zu sprechen? 2) Warum lag der bolschewistischen Führung daran, die Einnahme des Winterpalais als Volksaufstand darstellen zu lassen? (Aufgreifen der Vermutungen des Einstiegs)

*Einstieg (zweite Stunde): Vergleich der Abbildungen **Q4, Q6, Q8**: Collage – Foto, Heros – Kranker, veröffentlicht – nicht veröffentlicht. Erste Überlegungen dazu führen zur Erarbeitung.*

*Erarbeitung: **Q2, Q3** und **D1** in arbeitsteiliger Gruppenarbeit unter der Fragestellung „Was versteht Lenin unter demokratischem Zentralismus?" Vortrag und Diskussion der Ergebnisse (vgl. Aufgabe 2).*

*Vertiefung: Lektüre von **Q5** und **Q7** mit anschließender Besprechung der Beurteilung Lenins gemäß Aufgabe 3. Vergleich mit den implizit in den Abbildungen **Q4, Q6, Q8** enthaltenen Beurteilungen Lenins.*

Schlussbetrachtung: Unter Bezug auf das Gesamtkapitel Diskussion von Aufgabe 4.

Zusatzinformationen zu den Materialien

D1 Die tatsächliche Umsetzung übertraf noch die Zentralisierung der geschriebenen Vorlage. Vom 14. 7. 1918 bis zum 2. 2. 1920 tagte nicht einmal das Zentralexekutivkomitee in seiner Gesamtheit. Alle Entscheidungen wurden von Lenin und einigen engen Vertrauten getroffen.

Zu den Arbeitsvorschlägen und Fragen

1 Kurzbeschreibung der Ursachen der revolutionären Ereignisse, der Februarrevolution, des Weges zur Oktoberrevolution. Zum Weiteren vgl. das Tafelbild.
2 Im Kern: die absolute persönliche Macht des sowjetischen KP–Führers (zuerst Lenin) sowohl im Land als auch über die ausländischen KP-Organisationen. (Entspricht nicht dem westlichen Verständnis von Demokratie.)
3 Nicht ganz! Beide halten Lenin zwar für den Begründer der Diktatur in der UdSSR; aber für Furet war er anders als Stalin ein Mensch, der Diskussion zuließ und der auch Bedenken kannte, für Portisch dagegen war er ein bedenkenloser Machtmensch.
4 (Erwartet wird eine eher bejahende Antwort.)

Stationen der bolschewistischen Machtergreifung und -sicherung

Machtergreifung → *Machtsicherung* → *Machtgrenzen*

Machtergreifung:
Oktoberrevolution (25./26. 10. 1917): Lenin lässt die Provisorische Regierung absetzen und ergreift an der Spitze einer bolschewistischen Regierung die Macht

Machtsicherung – im Inneren
- *durch Geheimpolizei: Beseitigung konkurierender Parteien (Kadetten, Sozialrevolutionäre, Menschewiki)*
- *durch Rote Armee: Sieg über zarentreue Truppen*

Machtsicherung – nach außen
- *Gründung der Komintern 1919: Zusammenfassung aller kommunistischen Auslandsparteien unter das Kommando der sowjetischen KP-Führung*

Machtgrenzen:
Versuch, die Revolution auszubreiten, wird von Polen, Österreich, Deutschland abgewehrt

7 Stalin und der „Stalinismus“
(Schülerbuch S. 28/29)

Mögliche Unterrichtsgestaltung

*Einstieg: Betrachtung der Abbildungen **Q1** und **Q4** im Zusammenhang mit der Überschrift des Kapitels. Aktivierung von Vorkenntnissen und Fragen leitet zur Erarbeitung über.*

*Erarbeitung: Gemeinsame Lektüre und Besprechung der Abschnitte des **VT** gemäß Aufgabe 1. Dabei Entwicklung des unten gezeigten Tafelbildes.*

*Vertiefung: Erarbeitung der Materialien in arbeitsteiliger Gruppenarbeit: 1) **Q2** gemäß Aufgabe 2; 2) **Q3** und **Q5** gemäß Aufgabe 4. Bei der Präsentation der Ergebnisse Verknüpfung derselben gemäß Aufgabe 3.*

Schlussbetrachtung: Diskussion der gewonnenen Ansichten zum Stalinismus gemäß Aufgabe 5.

Zusatzinformationen zu den Materialien

Q1 Wer sich widersetzte, wurde zwangsenteignet und anschließend aus dem Dorf gejagt oder in ein Zwangsarbeitslager eingewiesen. Die Kolchosen standen unter strenger Kontrolle von Parteifunktionären. Denunziation galt als Pflicht. Denunzianten wurden aus dem beschlagnahmten Gut der Denunzierten belohnt.

Q2 Der Ausschnitt stammt aus Stalins programmatischer Rede auf dem XIV. Parteitag der KPdSU.

Q3 Kopelew (geb. 1912) wurde 1945 als Offizier der Roten Armee wegen „Mitleid mit dem Feind“ verhaftet und zu 10 Jahren Zwangsarbeit verurteilt. Nach Stalins Tod rehabilitiert; setzte sich nach seiner Übersiedlung in die Bundesrepublik kritisch mit seiner kommunistischen Vergangenheit auseinander.

Q5 Leonhard gehörte zu der Gruppe von Exilkommunisten um Ulbricht, die in der UdSSR für die Machtübernahme in der SBZ (DDR) geschult wurden. 1945–1949 Hochschullehrer in der SBZ, dann Flucht in das moskauunabhängige Jugoslawien.

Zu den Arbeitsvorschlägen und Fragen

1 siehe Tafelbild

2 Da der Aufbau des Sozialismus unter der Bedingung kapitalistischer Umkreisung geschieht, ist straffste Führung notwendig.

3 Kopelew übernimmt die Zielsetzung kritiklos und rechtfertigt damit den Einsatz auch brutalster Mittel vor sich selbst.

4 Obwohl es sich bei beiden um Täter und Opfer der brutalen Maßnahmen des Regimes handelt, stimmen sie darin überein, dass sie das Regime und damit ihre eigene Hörigkeit diesem gegenüber rechtfertigen.

5 Die brutalen Maßnahmen Stalins schufen ein Klima starrer Parteihörigkeit, der die zur Weiterentwicklung jedes Systems nötige Kritik- und Reformbereitschaft fremd war.

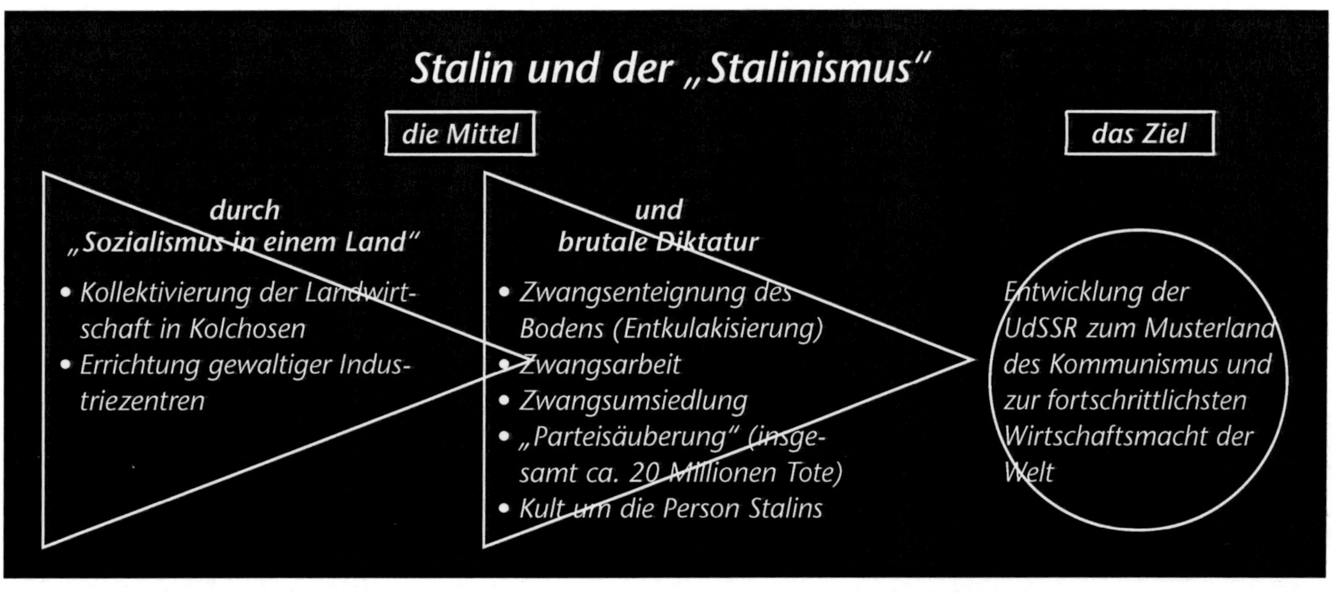

9 Kunst im Sozialismus (Schülerbuch S. 32/33)

Mögliche Unterrichtsgestaltung

Einstieg: Betrachtung und Vergleich der Abbildungen Q1, Q2, Q6. Feststellen von augenfälligen Besonderheiten wie Arbeitswelt als Motiv, fotografische Darstellungsweise, Ähnlichkeiten mit Bildern aus der Heiligenwelt führt zu ersten, noch vagen Vorstellungen über Kunst im Sozialismus und leitet zu einer differenzierenden Untersuchung in der Erarbeitung über.

*Erarbeitung: 1) Gemeinsames Lesen und Besprechen des ersten **VT**-Abschnitts; 2) Erarbeitung des zweiten **VT**-Abschnitts und der Textquellen in arbeitsteiliger Gruppenarbeit, Präsentation der Ergebnisse in Spielszenen wie folgt: a) Ein Parteifunktionär erklärt Künstlern, wie sie ihren Beruf auszuüben haben (2. **VT**-Abschnitt, **Q3**); b) Petzold und Pinus erklären Betrachtern ihre Bilder (**Q1, Q2, Q4**); c) Streitgespräch zwischen Nikritin und der Zensurkommission (2. **VT**-Abschnitt, **Q5**)*

Zusammenfassung: In unten gezeigtem Tafelbild

Abschluss: Aufgabe 1 und allgemein über das Verhältnis von Kunst und Politik

Zusatzinformationen zu den Materialien

Q1 Für die Machthaber in der SBZ/DDR war der sozialistische Realismus von Anfang an verbindlich. Anton Ackermann auf dem 1. Kulturparteitag der KPD am 3.2.1946: „Unser Ideal sehen wir in einer Kunst, die ihrem Inhalt nach sozialistisch, ihrer Form nach realistisch ist."

Q2 Pinus gehörte wie Kluzis (vgl. S. 27 **Q6**) zu den Künstlern, die von Stalin eingesetzt wurden, um die Menschen zur Erfüllung des ersten Fünfjahres-Plans anzufeuern.

Q6 Die Abbildung spricht fast für sich. Der an Heiligenverehrung erinnernde bildnerische Personenkult überdauerte die Stalinära nahezu bis ans Ende der Sowjetunion.

Zu den Arbeitsvorschlägen und Fragen

1 Die Kunst steht in einem dienenden Verhältnis zu Partei und Staat und hat die Aufgabe, die Menschen von der Richtigkeit der amtlichen Ideologie zu überzeugen.

2 Sozialistischer Realismus wählt als Motive die Alltagswelt des arbeitenden Menschen sowie Personen und Geschehnisse, die zum „amtlichen Erinnerungssoll" der Menschen gehören sollen. Dargestellt werden die Motive sozusagen in „gemalter Fotografie". Diese Merkmale zeigen auch die Abbildungen auf der DS.

3 Die Künstlergruppe OKTJABR lehnt den individualistischen Künstler und seine angeblich „reine" Kunst ab und fordert stattdessen die Anpassung des Künstlers an das Kollektiv seines Betriebs. Das lehnt Nikritin ab. Er sucht „seinen" Stil, der etwas Besonderes ist und sich vom Fotografischen der amtlichen Kunst unterscheidet.

4 Das Plakat entspricht genau den Merkmalen von **Q4**. Es geht um ein Motiv aus der Arbeitswelt, um den sozialistischen Aufbau, um die Anfeuerung von Stoßarbeitern, mehr als das Soll zu leisten.

„Sozialistischer Realismus" (Die Kunst im Sozialismus)

Zielsetzung	Richtlinien der Verwirklichung	Pflichten des Künstlers	Anforderungen an Kunstwerke
Erziehung des Menschen zum Glauben an den Kommunismus und seine Verwirklichung durch die jeweilige Parteiführung	• Volkstümlichkeit (d. h. fotografisch genaue Abbildungen) • Übereinstimmung mit der Parteilehre • gemäß proletarischem Klassenbewusstsein (d. h. Proletariat als das Gute, Heldische)	• Mitglied in Kunstverbänden der Partei • Beachtung der Richtlinien • Kenntnis der Arbeitswelt • Ablehnung des Individualismus	• realistische Darstellung (d. h. „gemalte Fotos") • Motive: Arbeitsalltag, wichtige Personen/Ereignisse aus dem Bereich der Partei • Zeigen einer heiteren Gegenwart und großartigen Zukunft

10 Feindliche Verwandte – die Spaltung der Sozialdemokratie in Deutschland (SB S. 34/35)

Mögliche Unterrichtsgestaltung

*Einstieg: Betrachtung der Abbildungen **Q1** und **Q3***
Die Abbildungen bilden auf Grund ihres emotionsgeladenen Anmutungscharakters starke Anreize für spontane Deutungen von Seiten der Schüler. Dabei auftretende Informationslücken zur historischen Einbettung leiten zur Erarbeitung über.

*Erarbeitung: 1) Gemeinsame Lektüre und Besprechung des **VT**. Dabei Entwicklung des unten gezeigten Tafelbildes. 2) Erarbeitung der Quellentexte **Q2ab** nach Vorbereitung in arbeitsteiliger Gruppenarbeit in einem Streitgespräch unter der Überschrift: Warum soll Deutschland eine parlamentarische Demokratie bzw. eine Räterepublik werden? (Vorbereitung nach Aufgabe 1)*

Schlussbesprechung: Stellungnahmen gemäß den Aufgaben 3 und 4.

Zusatzinformationen zu den Materialien

Q1 Der Anarchievorwurf an die Adresse der Spartakisten musste diese in doppelter Weise verletzen. Erstens wurden sie als Unruhestifter gebrandmarkt, zweitens – und noch gravierender – wurden sie angeklagt, Vertreter einer schon von Marx und Engels bekämpften Spielart des Sozialismus zu sein.
Q2b Rosa Luxemburg (1870–1919) forderte die Einrichtung einer sozialistischen Demokratie (Räterepublik), in der das Proletariat die Macht ausübte. Daher lehnte sie die Nationalversammlung in Deutschland ab, aber auch den „demokratischen Zentralismus" Lenins, da er für sie von einer wirklichen Demokratie wegführte.
Q3 Die KPD nahm erstmals am 6. Juni 1920 an den Reichstagswahlen teil. Sie erhielt unbedeutende 2% der Stimmen. Entscheidend für das Gewicht der KPD in der Weimarer Republik wurde das Verhalten der USPD-Anhänger. Die USPD wurde 1920 mit 18% der Stimmen hinter der MSPD die zweitstärkste Reichstagspartei. Kurz nach der Wahl begann die Spaltung der USPD. Ein Großteil ihrer Mitglieder trat in die KPD ein, die erst dadurch zu einer ansehnlichen politischen Kraft wurde.

Zu den Arbeitsaufgaben und Fragen

1 a) Regierung durch das ganze Volk vs. Regierung durch Arbeiter- und Soldatenräte;
b) Volk sind alle, Bürger und Proletarier vs. Volk sind die Proletarier;
c) Sozialisierung, soweit es das Volk (Bürger und Proletarier) will vs. Machtergreifung durch das Proletariat.
2 Der Engel der parlamentarischen Demokratie schützt das Volk vor dem „Anarchisten" der Räterepublik; die Faust des Proletariers verjagt die scheindemokratischen Vertreter des Parlaments bzw. der Nationalversammlung.
3 Die Spaltung der SPD in Deutschland vollzog sich vor den revolutionären Ereignissen in Russland. Allerdings beeinflussten diese stark den vollständigen Bruch 1918/19 (Bekenntnis des Spartakusbundes zur Räte- bzw. Sowjetrepublik und seine Umbenennung in „kommunistische Partei").
4 (Persönliche Stellungnahme)

Stationen der Spaltung der SPD

Vor dem I. Weltkrieg (vor 1914)	Im I. Weltkrieg (1914–1918)	Nach dem I. Weltkrieg (1918/1919)
Innere Spannungen durch Nebeneinander von revolutionärer Theorie (nach Marx/Engels) und parlamentarischer, gesetzestreuer Praxis	Spaltung durch Entscheidung für oder gegen Zusammenarbeit mit bürgerlichen Parteien: MSPD – Dafür USPD und Spartakusbund – Dagegen	Endgültige Spaltung: MSPD Regierungspartei, verteidigt ihre Ansicht von Sozialismus mit Waffengewalt (parlamentarische Demokratie + Reformsozialismus) Spartakusbund + Teile der USPD gründen KPD, scheitern beim Versuch der revolutionären Gründung einer Räterepublik

11 Neubeginn 1945 – Anpassung und Richtungssuche (Schülerbuch S. 36/37)

Mögliche Unterrichtsgestaltung

Einstieg: Betrachtung der Abbildungen Q1 und Q4 unter Hinzunahme der Kapitelüberschrift. Aktivierung von Vorkenntnissen zu Abbildungsdetails oder beim Versuch, die Bilder historisch einzuordnen, zugleich aber auch von Informationslücken, womit zu einer differenzierten Erarbeitung übergeleitet werden kann.

Erarbeitung: 1) Erarbeitung der Entwicklung sozialistischer Parteien in Deutschland nach 1945 anhand des VT, z. B. arbeitsteilig (1./2. Abschnitt) in Gruppen- oder Partnerarbeit. Ergebniszusammenfassung in Form des unten gezeigten Tafelbildes. 2) Erarbeitung von Q2 und Q3 in Form eines Streitgesprächs zwischen Partei- und Gewerkschaftsfunktionären darüber, ob die SPD in ihrer Politik noch ihrem Grundsatzprogramm treu ist.

Vertiefung: Gemeinsame Besprechung der Aufgaben 2, 3 und 6.

Zusatzinformationen zu den Materialien

Q1 Die katastrophale Niederlage der KPÖ bei den Parlamentswahlen im November 1945 war der Anstoß dafür, einem ähnlichen Debakel in der SBZ durch rasche Vereinigung mit der SPD vorzubeugen. Am 23.4. 1946 fand die Vereinigung statt. Um die Wähler nicht abzuschrecken, vertrat die Partei auf Befehl Stalins zunächst einen gemäßigten Kurs, der erst in den Folgejahren allmählich dem Sowjetkommunismus angeglichen wurde.

Q2 Das Grundsatzprogramm wurde am 20.12. 1989 auf dem SPD-Parteitag von Berlin beschlossen. Nach der Wiedervereinigung und der Gründung einer gesamtdeutschen SPD wurde es am 7.4. 1998 auf dem Parteitag von Leipzig erneuert.

Q3 Die Rede wurde am 15.6. 2004 vor dem IG–Metall Beirat gehalten.

Q4 Als neue Linkspartei, deren Beziehung zur Gewerkschaftsführung von der SPD mit Argwohn beobachtet wurde, war zur Zeit der Demonstration die „Wahlalternative Arbeit & Soziale Gerechtigkeit" (WASG) im Gespräch. Zur Bundestagswahl 2005 schlossen sich WASG und PDS zur neuen „Linkspartei" zusammen.

Zu den Arbeitsvorschlägen und Fragen

1 siehe Tafelbild
2 1959: Konkurrenz der CDU als „Volkspartei" und Vertreterin des „Sozialismus in christlicher Verantwortung"; 1998: Abgrenzung von der PDS als sozialistischer Konkurrenzpartei und gegenüber der CDU als Sammelbecken aller Kräfte, die sich für soziale Gerechtigkeit und Sicherheit einsetzen („neue Mitte").
3 Nähe der Grundwerte Freiheit, Gerechtigkeit, Solidarität zu den traditionellen Werten Freiheit, Gleichheit, Brüderlichkeit; gemeinsamer Kampf der vielen gegen die politische und wirtschaftliche Übermacht der wenigen erinnert an klassenkämpferische Zielsetzungen.
4 Der Gewerkschaftler fordert mit Gerechtigkeit und Sicherheit ein, was das Grundsatzprogramm verspricht.
5 Einschränkungen treffen gerade die, zu deren Vertreterin sich die Partei erklärt hat.
6 Bejahung bei kritischer Sicht der Politik, die die zur Zeit der Demonstration regierende SPD betrieb.

Sozialistische Parteien in Deutschland nach 1945

zur Zeit der Teilung (1945–1989)		*nach der Wiedervereinigung*	
DDR	*BRD*		
Vereinigung KPD + SPD zur SED (1946)	*Neugründung der SPD (1945)*	*Neugründung einer gesamtdeutschen SPD (1990)*	*Neugründung der PDS aus der aufgelösten SED (1990)*
Machtmonopol der SED	*starke Abgrenzung zur SED*	*Festschreibung des Kurses als Volkspartei im „Grundsatzprogramm (1998); „Partei der neuen Mitte"*	*Festlegung auf demokratischen Sozialismus*
	Wandel zur „Volkspartei" in Konkurrenz zur CDU		*Linkspartei als Wahlbündnis aus PDS und WASG*

12 Internationaler Sozialismus heute – Organisationen, Ziele, Möglichkeiten (SB S. 38/39)

Mögliche Unterrichtsgestaltung

Einstieg: Äußerung spontaner Assoziationen zu den Abbildungen und zur Überschrift der DS. Dabei finden die Schüler erste Antworten zur anstehenden Thematik (z. B.: Es gibt die Organisation der Sozialistischen Internationalen), die nach genauerer Information verlangen und damit zur Erarbeitung überleiten.

*Erarbeitung: 1) Gemeinsames Lesen und Besprechen des **VT**. Dabei Entstehung des unten gezeigten Tafelbildes (linker und mittlerer Ast). 2) Erarbeitung von **Q2** und **Q3** in arbeitsteiliger Gruppenarbeit unter der Überschrift: Zielsetzungen der SI, einschließlich einer Deutung gemäß Aufgabe 2. Ergänzung des Tafelbildes (vgl. unten, rechter Ast).*

Vertiefung: Gesamtbetrachtung gemäß den Aufgaben 4 und 5.

Zusatzinformationen zu den Materialien

Q1 Der ehemalige portugiesische Ministerpräsident Antonio Guterres wurde 1999 in Paris zum Präsidenten der SI gewählt. Vorgänger: Philipps (GB, 1951–1957), Andersen (DK, 1957–1963), Ollenhauer (D, 1963), Pittermann (AUT, 1964–1976), Brandt (D, 1976–1992), Mauroy (F, 1992–1999).

D1 In der europäischen Linken haben sich eurokommunistische bzw. dem Eurokommunismus nahe stehende Parteien zusammengetan. Das Selbstverständnis des Eurokommunismus unterscheidet sich grundlegend von dem des einstigen Sowjetkommunismus, was sich allein schon in der Richtungsvielfalt der unter dem „Firmenschild“ „Linke“ vereinigten Gruppierungen zeigt.

Q2 Der Weltkongress von Lima stand unter dem Motto „Frieden und wirtschaftliche Solidarität“. Die Wahl Limas zum Tagungsort (in einem der ärmsten Länder der Erde) veranschaulicht die häufiger geübte Praxis, Kongresse bewusst in Krisengebieten abzuhalten, um allein dadurch Einfluss „vor Ort“ auszuüben.

Q3 Guterres machte in seiner Jubiläumsansprache das sozialdemokratische Selbstverständnis der SI dadurch deutlich, dass er sich für die ideologische Herkunft der Organisation namentlich auf die Sozialdemokraten Bernstein, Bauer, Kautsky, Jaurés, Roselli und Palme berief.

Zu den Arbeitsvorschlägen und Fragen

1 siehe Tafelbild, rechter Ast

2 **Q2:** Gegen Sowjetunion; Bedeutung von Freiheit und Demokratie; Ablehnung von Klassendiktatur bzw. Diktatur überhaupt; Ablehnung eines verbindlichen sozialistischen Modells. **Q3:** Gegen die USA und die von ihr vertretene neoliberale Politik, die im Zeichen einer nicht regulierten Globalisierung die Gegensätze zwischen Arm und Reich vertieft.

3 Internationale Kongresse; Veröffentlichung von Erklärungen zu brennenden Problemen

4 (Persönliche Stellungnahme)

5 Wünschenswert wäre eine möglichst umfassend die im Rahmen der TE mitgeteilten Informationen verwendende Erläuterung.

Die Sozialistische Internationale (SI)

Organisation
- *gegründet 1951 in Frankfurt*
- *Bekenntnis zur Sozialdemokratie*
- *Vereinigung der sozialdemokratischen Parteien der Erde*

Einflussmöglichkeiten
- *regelmäßige Kongresse an politischen Brennpunkten der Erde*
- *Veröffentlichung von Erklärungen zu brennenden Fragen*
- *kritische Haltung gegenüber egoistischer Großmachtpolitik (UdSSR, USA)*

Ziele
- *Ausbreitung von Freiheit und Demokratie*
- *Schaffung einer solidarischen Weltgesellschaft*
- *Verhinderung einer Globalisierung zugunsten der Reichen*
- *Schaffung einer besseren Welt für alle*

Europa zwischen Demokratie und Diktatur

Einleitung

Die Themeneinheit „Europa zwischen Demokratie und Diktatur" beleuchtet die erste deutsche Republik aus europäischer Perspektive. Das Ziel ist die Vermittlung eines kontextuellen Geschichtsverständnisses zur Weimarer Republik, da der Legitimitätsverfall der alten politischen Ordnungsmuster am Ende des Ersten Weltkrieges als gesamteuropäisches Phänomen anzusehen ist. Diese Entwicklung zwang nahezu alle Staaten des Kontinents zu einer fundamentalen Selbsterneuerung, wobei sich zwei historisch neue – gleichsam miteinander rivalisierende – staatliche Organisationsformen herausbildeten: die parlamentarische Republik und die kommunistische bzw. faschistische Diktatur.
Mithin muss die geschichtsdidaktische Auseinandersetzung mit der Weimarer Republik ihre Entwicklungs- und Zerstörungskräfte, die zur Errichtung eines totalitären Regimes führten, analysieren. Indes sollte der epochale Charakter der Weimarer Jahre, das heißt die rasante gesellschaftliche Modernisierung, gewürdigt werden:

- sozialpolitische Maßnahmen die dem späteren Wohlfahrtsstaat zum Durchbruch verhalfen
- erfolgreiche industrielle und technologische Rationalisierungsbestrebungen
- Kunst und Kultur als Durchbruch zur „klassischen Moderne"
- Ausweitung der Kulturgesellschaft durch die Verbreitung neuer Medien (Telefon, Radio, Film) und Freizeitangebote

Erkenntnisleitende Fragen

- Welche Entwicklung nahmen die Staaten Europas nach dem Ersten Weltkrieg?
- Unter welchen Rahmenbedingungen vollzog sich in Deutschland der Wandel vom Kaiserreich zur Republik?
- Wie entstand der Faschismus, welche Merkmale und Ziele kennzeichneten ihn?
- Welche politischen, ökonomischen und kulturellen Modernisierungskräfte bzw. -gegner gab es in der ersten deutschen Demokratie?
- Worin liegen die Ursachen für den Untergang der ersten Demokratie in Deutschland?
- Gab es für die Republik bereits ein Gründungsproblem oder bestand nicht auch eine Erfolgschance?
- Was machte die Attraktivität des Nationalsozialismus für weite Teile der Bevölkerung aus?

Mögliche Unterrichtsreihe

Einführung: *Die Entwicklung Europas in der Zwischenkriegszeit*	*ADS, Kap. 1*
Die Entstehung des Faschismus	*Kap. 2*
Der Kampf um die Weimarer Republik (1919–1923)	*Kap. 3–5*
Kunst und Kultur in den Zwanziger Jahren	*Kap. 6*
Die Zerstörung der ersten deutschen Demokratie (1929–1933)	*Kap. 7–10*
Abschluss: *Die Zwischenkriegszeit im Spiegel von Karikaturen*	*Kap. 11*

Auftaktdoppelseite S. 44/45

Der Erste Weltkrieg brachte eine ungeheure Verwüstung in materieller sowie seelisch-geistiger Beziehung. Vor diesem Hintergrund fanden totalitäre Ideologien im Nachkriegseuropa, in Teilen der Bevölkerung und der gesellschaftlich-politischen Eliten verschiedener Nationen, einen fruchtbaren Boden.
Karte und Zeitstrahl auf der ADS zeichnen den Weg dieser Staaten in die bolschewistische, faschistische bzw. nationalsozialistische Diktatur nach. Der Verfassertext konfrontiert die Schülerinnen und Schüler mit der in diesem Zusammenhang entscheidenden Frage: Was trieb diese Völker zur „Flucht in die Unfreiheit"?
Das Foto aus dem Jahre 1932 bietet – auf Deutschland bezogen – hierauf eine erste mögliche Antwort: Die zunehmende Radikalisierung der politischen Kräfte, das ständig wachsende Drohpotential faschistischer und kommunistischer Republikfeinde ließen die erste deutsche Demokratie niemals wirklich entfalten. Letztlich zeigte sich ein derart instabiles System den gewaltigen gesellschafts-, wirtschafts- und machtpolitischen Anforderungen dieser Jahre nicht gewachsen.

1 Europa auf der Suche nach einer neuen Ordnung (Schülerbuch S. 46/47)

Mögliche Unterrichtsgestaltung

*Einstieg: Die Formulierung „Urkatastrophe des 20. Jahrhunderts“ wird an die Tafel geschrieben. Die Schülerinnen und Schüler formulieren erste Vermutungen zur Bedeutung des Begriffs. Überprüfung mithilfe des ersten Abschnitts des **VT** und **Q1**.*

*Erarbeitung: Die Folgen, die der Erste Weltkrieg (I. WK) für Staaten und Menschen hatte, werden unter politischen, wirtschaftlichen und sozialen Aspekten in Einzel- oder Partnerarbeit herausgearbeitet. Arbeitsgrundlage sind die Abschnitte zwei und drei des **VT** sowie **Q2** und **Q3**. Präsentation der Ergebnisse.*

*Vertiefung: Am Schluss der Unterrichtsstunde (oder als Hausaufgabe: Aufgaben 4 und 5) sollte anhand des letzten Abschnitts des **VT** und **D1** die weitere politische Entwicklung Europas unter der Frage andiskutiert werden, warum sich die Demokratie in vielen Ländern Europas nach dem I. WK nicht dauerhaft durchsetzte.*

Zusatzinformationen zu den Materialien

Q1 Otto Dix (1891–1969) erlebte den I. WK von 1915 bis 1918 an vorderster Front. Das Grauen des Krieges wurde zum Grundbestandteil seiner Bilder, in denen er seine traumatischen Erlebnisse verarbeitete. Schwerpunkt seines Motivspektrums war die bizarre Kriegsästhetik der Trümmer-, Trichter- und Grabenlandschaft.

Zu den Arbeitsvorschlägen und Fragen

1 Nicht das Gemetzel auf den Schlachtfeldern steht im Vordergrund, sondern die Überflutung der Schützengräben, die jeden Kampf vereitelte und die Soldaten beider Lager zur Flucht aus ihren Unterständen zwang. Dix stellt also nicht den Kampf selbst dar, sondern die elenden Zustände, die der Krieg hervorruft. Auch die Situation Europas ist 1918/19 als Folge des Krieges von Not und Elend, Verunsicherung und Orientierungslosigkeit gekennzeichnet.

2 In dem vorliegenden Romanausschnitt drückt Remarque die Befindlichkeit jener Generation von Kriegsheimkehrern aus, die um ihre Jugend betrogen, im Krieg seelisch zugrunde gerichtet und damit um ihre Zukunft gebracht wurde.

3 siehe Tafelbild

4 In fast allen Demokratien, die nach dem I. WK entstanden, gab es antiparlamentarische Kräfte, die bestrebt waren, die demokratischen Staatsformen ihrer Länder in totalitäre Systeme nach dem Vorbild der bolschewistischen Sowjetunion bzw. der faschistischen Mussolini-Diktatur umzuwandeln.

5 Die Demokratie war besonders in jenen Staaten instabil, die den Krieg verloren hatten. In ihnen war das parlamentarische System der Bevölkerung quasi per Revolution aufoktroyiert worden, entsprach aber nicht dem allgemeinen Volkswillen. So kam es in diesen jungen Demokratien nie zu einer wirklichen Identifikation mit Staat und Nation, zumal eine parlamentarische Tradition dort nicht existierte.

Die Lage im Nachkriegseuropa

politisch
- *neue Staaten entstehen*
- *alte Großmächte erleiden Gebietsverluste oder zerfallen ganz*
- *in vielen Staaten wird die monarchische Staatsform abgeschafft*

wirtschaftlich
- *überschuldete Staaten infolge der hohen Rüstungsausgaben*
- *dramatischer Anstieg der Arbeitslosigkeit*
- *stetig kletternde Preise*
- *Geldwertverlust*

sozial
- *viele Menschen leben am Existenzminimum oder haben Angst vor dem Abstieg in die Armut*
- *die Soldaten kehren „müde, zerfallen, ausgebrannt, wurzellos und ohne Hoffnung“ aus dem Krieg zurück*

→ *Verunsicherung und Orientierungslosigkeit*

2 Faschisten auf dem Vormarsch (Schülerbuch S. 48–51)

Mögliche Unterrichtsgestaltung

Einstieg: Hinführung zum Inhalt des Kapitels durch die Lehrkraft: In den vorausgegangenen Stunden ist die Spaltung Europas nach dem I. WK in Demokratien und Diktaturen thematisiert worden. Heute soll am Beispiel von Italien und Spanien untersucht werden, wie es zur Errichtung faschistischer Diktaturen kam und was deren Merkmale sind.
Zunächst jedoch Diskussion über den Begriff „Faschismus".

Erarbeitung: Arbeitsteilige Gruppenarbeit und Präsentation der Ergebnisse, die im Tafelbild festgehalten werden.

	Leitfrage	*Arbeitsgrundlage*
Gruppe 1	*Welche Probleme im Nachkriegseuropa begünstigten die Entstehung des Faschismus und welche Merkmale kennzeichneten ihn?*	*Abschnitt 1 und 2 des **VT** + **Q4** + **Q5***
Gruppe 2	*Wie ist die faschistische Bewegung in Italien entstanden und welche Stationen durchlief das Land auf dem Weg in die Diktatur?*	*Abschnitt 3 und 4 des **VT** + **Q1** + **Q3** + **Q6***
Gruppe 3	*Wie ist die faschistische Bewegung in Spanien entstanden und welche Stationen durchlief das Land auf dem Weg in die Diktatur?*	*Abschnitt 5 und 6 des **VT** + **Q2** + **Q7** + **Q8***

*Vertiefung: Eine Alternative, sich mit den Gräueltaten auseinander zu setzen, die von Faschisten verübt worden sind, bietet das Gemälde von Picasso (**Q9**). Als Leitfrage kann dazu Aufgabe 5 herangezogen werden.*

Zu den Arbeitsvorschlägen und Fragen

1 Stichworte: heroisch, dynamisch, aggressiv, entschlossen, herrschaftswillig, verschworen

2 Der Staat war organisiert nach dem Motto: Die Gemeinschaft ist alles, der Einzelne ist nichts.
Folgende Stichworte kennzeichnen den faschistischen Staat: Führer, Staat, Volk, Einheit, Disziplin, Unterwerfung, Autorität, Pflicht, Opfer

3 Stichworte:
- italienischer Faschismus: totalitärer Staat, vor allem durch das Führerprinzip bestimmt
- spanischer Faschismus: autoritärer Ständestaat, Allianz mit Großgrundbesitzern, Monarchisten, Traditionalisten, katholischer Kirche
- gemeinsam ist beiden Bewegungen die sozialistische Programmatik, ohne diese umzusetzen

4 **Q6:** Beispiel des Straßenterrors (Verfolgung, Einschüchterung, Folter, Mord) gegen die (politische) Zivilbevölkerung **Q8:** beschreibt systematische Demoralisierung der Bevölkerung, denn die Zerstörung Guernicas folgte allein machtdemonstrativen Erwägungen

5 Im Vergleich zum Erlebnisbericht liegt die Darstellungskraft des Gemäldes in symbolhaften Einzelelementen – verelendendes Pferd, gefallener Soldat, trauernde Mutter, brennende Gebäude etc. Beides vermittelt authentisch, gefühlsbetont die Kriegsgräuel. Unterschiedliche darstellerische Mittel können gewiss differenzierte emotionale Wirkungen hervorrufen.

Faschisten auf dem Vormarsch

Nährboden
- *soziale Spannungen in der Nachkriegsgesellschaft*
- *Sehnsucht der Menschen nach Ruhe, Ordnung und Sicherheit*
- *Ängste im Bürgertum vor dem Kommunismus*

Merkmale
- *nationalistisch, militaristisch, totalitär*
- *Unterwerfung aller unter eine Autorität („Führerprinzip")*
- *Beseitigung aller demokratischen Rechte*
- *Mittel: Terror und Propaganda*

in Italien
- *gescheiterter Versuch der Fascisti unter Mussolini, durch Wahlerfolge an die Regierung zu gelangen*
- *erzwungene Machtübertragung durch Terror von Straßentrupps und Gewalt gegen politische Gegner*
- *Entmachtung des Parlaments, Ausschaltung jeglicher Opposition*
- *Ausbau der Diktatur durch populistische Maßnahmen und mediengestützte Propaganda*

in Spanien
- *Verbot der faschistischen Falange, die bei Wahlen erfolglos blieb und darauf mit Straßenterror reagierte*
- *Bürgerkrieg als Folge des Militärputsches unter General Franco*
- *autoritäre Diktatur des „Generalissimus", gestützt auf die Staatspartei Falange*

3 Deutschlands Weg in die Republik
(Schülerbuch S. 52–55)

Mögliche Unterrichtsgestaltung

*Einstieg: Betrachtung und Beschreibung des Fotos (**Q1**), Hinführung zur Leitfrage nach den Gründen für die Unruhen in Deutschland.*

*Erarbeitung 1: Ermitteln wichtiger Stationen auf dem Weg vom Kaiserreich zur Republik. Arbeitsgrundlage sind die Abschnitte 1–3 des **VT**. Die Ergebnisse können in Form eines Zeitstrahles an der Tafel festgehalten werden.*

*Erarbeitung 2: Auseinandersetzung mit der Frage nach der Gestalt der neuen Republik anhand der Abschnitte 4–7 des **VT** und mittels **Q3**. Die Grundprinzipien der Alternativen „Räterepublik“ und „parlamentarische Demokratie“ werden im Tafelbild gegenübergestellt.*

*Vertiefung: Die Schülerinnen und Schüler erfassen mithilfe von **D2** und **Q4** die Grundzüge der Weimarer Verfassung.*

Zu den Arbeitsvorschlägen und Fragen

1 Ende des I. WK → Oktober 1918 Matrosenaufstand → Arbeiter- und Soldatenräte übernehmen in zahlreichen Städten die Macht → 9. 11. 1918 Kaiser-Abdankung → Liebknecht und Scheidemann rufen die Republik aus → Übergangsregierung unter Ebert stellt Weichen für parlamentarische Demokratie → 11. 8. 1919 Weimarer Verfassung tritt in Kraft

2 Stichworte:
- der Streit um die „nicht zu Ende gebrachte Revolution“ spaltet die Arbeiterbewegung
- Scheidemanns Ziel: reformorientierte Sicherung des Status quo; er ruft die „Deutsche Republik“ aus
- Liebknechts Ziel: revolutionäre Herrschaft des Proletariats; er ruft die „freie sozialistische Republik“ aus

3 Stichworte:
- SPD: Ziel parlamentarische Demokratie mittels verfassungsgebender Nationalversammlung; zunächst politisch-gesellschaftliche Stabilisierung durch Bündnis mit wichtigen Machthabern des Kaiserreiches und den Einsatz von Gewalt gegen linksradikale, revolutionäre Kräfte
- Spartakusbund: Ziel Räterepublik nach russischem Vorbild; bewaffneter Umsturzversuch

4 Viele Menschen sahen im gewaltsamen Vorgehen der SPD gegen den Spartakusbund einen Verrat der SPD an der (revolutionären) Arbeiterbewegung. Das Zusammengehen mit den monarchistischen Eliten habe zudem die Demokratisierung des öffentlichen Dienstes, der Wirtschaft und wichtiger gesellschaftlicher Einrichtungen verhindert.

5 Einige Grundprinzipien der Weimarer Verfassung (Bsp.: Volkssouveränität, Gewaltenteilung, Grundrechte) können als Grundlage des heutigen Grundgesetzes gelten. Hingegen hat die Machtfülle des Reichspräsidenten die Stabilität der demokratischen Regierung untergraben, insbesondere: Auflösungsrecht Reichstag (Art. 25), Oberbefehl Reichswehr (Art. 47), Notverordnungsrecht (Art. 48).

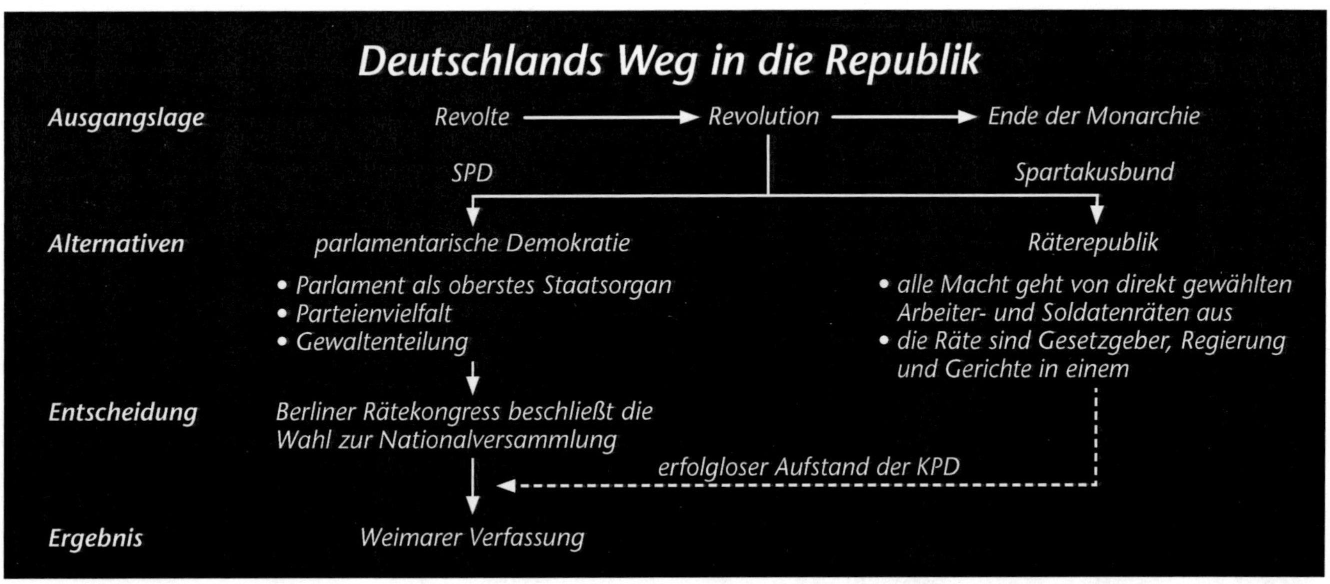

4 Lasten und Legenden – die junge Republik unter Druck (Schülerbuch S. 56/57)

Mögliche Unterrichtsgestaltung

Einstieg: Die Lehrkraft erläutert das Thema der Stunde: Es soll untersucht werden, mit welchen Problemen die junge Republik nach ihrer Gründung zu kämpfen hatte. In arbeitsteiliger Gruppenarbeit soll die Bedeutung der „Dolchstoßlegende“ und des Versailler Vertrages erarbeitet werden.

Erarbeitung:

	Leitfrage	*Arbeitsgrundlage*
Gruppe 1	*Was beinhaltete die „Dolchstoßlegende“ und welche Folgen hatte ihre Verbreitung für die junge Republik?*	*Abschnitt 1 und 3 des **VT** + **Q1** und **Q2***
Gruppe 2	*Was beinhaltete der Versailler Vertrag und welche Reaktionen rief dessen Unterzeichnung in Deutschland hervor?*	*Abschnitt 2 und 3 des **VT** + **D1***

Anschließend präsentieren die Schülerinnen und Schüler ihre Ergebnisse, die an der Tafel festgehalten werden.

Vertiefung: Zum Abschluss der Unterrichtsstunde oder als Hausaufgabe sollte die ablehnende Grundhaltung der Deutschen gegenüber der Weimarer Demokratie („Republik ohne Republikaner“) noch einmal fokussiert werden. Dazu eignet sich Aufgabe 4.

Zusatzinformationen zu den Materialien

D1 Neben den Gebietsabtretungen und den Einschränkungen der Souveränität (Verbot der allgemeinen Wehrpflicht, Beschränkung des Heeres auf 100.000 Mann) beinhaltete der Vertrag auch Reparationsforderungen: Umfangreiche Sachlieferungen, Ablieferung aller Handelsschiffe über 1600 Tonnen, Zahlungen in Goldmark in noch zu berechnender Höhe.

Zu den Arbeitsvorschlägen und Fragen

1 Das Wahlplakat der DNVP übernimmt die propagierte Dolchstoßlegende, nach der linksrevolutionäre Kräfte die Zersetzung des Heeres von der Heimat aus betrieben und die Kriegsniederlage somit herbeigeführt hätten. Tucholsky hingegen macht die militärische Führung für den verlorenen Krieg verantwortlich, die mit ihrem Wahn der Heimat alles genommen hätten.

2 siehe Tafelbild

3 Die Zahlen sprechen eine eindeutige Sprache:
- Die Anzahl der politisch motivierten Morde zeigt die ausgeprägte Gewaltbereitschaft auf der politischen Rechten.
- Kein Mörder der Rechtsstehenden wurde hingerichtet, bei den Linksstehenden waren es hingegen 10.
- Die Freiheitsstrafe je Mord betrug bei den Rechtsstehenden durchschnittlich 4 Monate, bei den Linksstehenden waren es 15 Jahre.

4 Stefan Zweig weist darauf hin, dass Deutschland zwar von der Staatsform her eine Republik ist, dass es den Deutschen aber an einer republikanischen Gesinnung mangelt. Körper und Seele stimmen also nicht überein. Den Grund hierfür sieht Zweig darin, dass die Deutschen sich nicht aus innerer Überzeugung für die Demokratie entschieden haben, sondern dass sie ihnen in einer Notsituation wie eine Medizin verabreicht wurde, die man wohl oder übel schlucken musste, an deren Wirkung man aber eigentlich nicht glaubt.

Die junge Republik unter Druck

	„Dolchstoßlegende“	*„Friedensdiktat von Versailles“*
Inhalt	*• Militärführung fordert Abschluss eines Waffenstillstandes • Weimarer Politiker führen die Verhandlungen • Hindenburg und Ludendorff verbreiten Legende vom unbesiegten Heer, das „von hinten erdolcht“ wurde*	*• hohe Reparationsleistungen • umfangreiche Gebietsabtretungen • Anerkennung der alleinigen Kriegsschuld • Weimarer Politiker unterzeichnen den Vertrag*
Folgen	*Die Verantwortung für Kriegsniederlage, Waffenstillstandsabkommen und Friedensvertrag wird den Weimarer Politikern („Vaterlandsverräter“) angelastet. Viele Deutsche betrachten die neue Staatsform nur als notwendiges, von den Siegern aufgezwungenes Übel.*	

5 Das Krisenjahr 1923 – Ruhrbesetzung, Inflation, Putsch (Schülerbuch S. 58–61)

Mögliche Unterrichtsgestaltung

*Einstieg über die Kapitelüberschrift und vorlesen des ersten Absatzes des **VT**. Betrachtende Analyse von **Q3–Q7** und benennen der Krisenfelder: Inflation, Besetzung des Ruhrgebietes, Hitler-Putsch.*

*Erarbeitung: Die Schülerinnen und Schüler stellen mithilfe der Abschnitte 2–4 des **VT** die einzelnen Aspekte, die das Jahr 1923 zu einem Krisenjahr machten, in einer Mind-Map dar und präsentieren ihre Ergebnisse.*

Vertiefung: Abschließende Diskussion der Krisenauswirkungen bezüglich des weiteren Werdegangs der Republik (Vertrauens- und Ansehensverluste). Verwendung der Aufgaben 3, 4 und 7.

Zusatzinformationen zu den Materialien

Q3–Q9 Um die Kosten des Krieges zu finanzieren, hatte die deutsche Regierung Kriegsanleihen zu 5 % Zinsen verkauft und Schulden von 164 Milliarden Goldmark angehäuft. Die Reparationskosten belasteten den Staatshaushalt so stark, dass nur Steuererhöhungen eine drohende, fortschreitende Inflation hätten bekämpfen können. Doch die neuen Regierungen sahen sich zu einer solchen Deflationspolitik nicht in der Lage: Der bereits hungernden Bevölkerung glaubte man einen Kaufkraftverlust nicht zumuten zu können. Stattdessen ließen die Regierungen bei der Reichsbank Geld drucken; bewusst nahm man die Inflation in Kauf, hoffte aber gleichzeitig, dass eine wirtschaftliche Erholung die Staatseinnahmen steigen lassen würde.

Zu den Arbeitsvorschlägen und Fragen

1 siehe Tafelbild
2 Wirtschaft: **Q3, Q5–Q9**; Außenpolitik: **Q1, Q4**; Innenpolitik: **Q2**
3 Stichworte:
- Inflationsursachen: hohe Staatsverschuldung aufgrund der Finanzierung des I. WK, Reparationsleistungen, Ruhrkampf
- Inflationsfolgen: allgemeine Verarmung v.a. durch Abwertung von Kriegsanleihen, Bankguthaben, Lebensversicherungen und Schuldverschreibungen; verantwortlich wird die junge Republik gemacht

4 Die neuere Geschichtsschreibung belegt, dass die Inflation irrtümlich auf die Reparationsverpflichtungen und den Ruhrkampf zurückgeführt wird. Gerade die Hyperinflation 1923 ist jedoch als Kriegsfolge anzusehen und liegt im Verantwortungsbereich des Kaiserreichs.
5 Materiell zählt der Staat zu den Gewinnern, da er seine Schulden und Kriegskredite mit wertlos gewordenem Geld begleichen konnte. Weit schwerer wog jedoch der dauerhafte Verlust an Vertrauen und Ansehen in der Bevölkerung.
6 Da das Geld wertlos war, stand der Begriff „Millionär" nicht für Reichtum, sondern für Armut und Not.
7 Ökonomische Krisen werden oft dem politischen System und deren Vertretern angelastet. Folglich profitieren radikale Systemgegner. Vorherrschende Stimmungslagen werden mittels populistischer Parolen verstärkt und Scheinlösungen präsentiert.

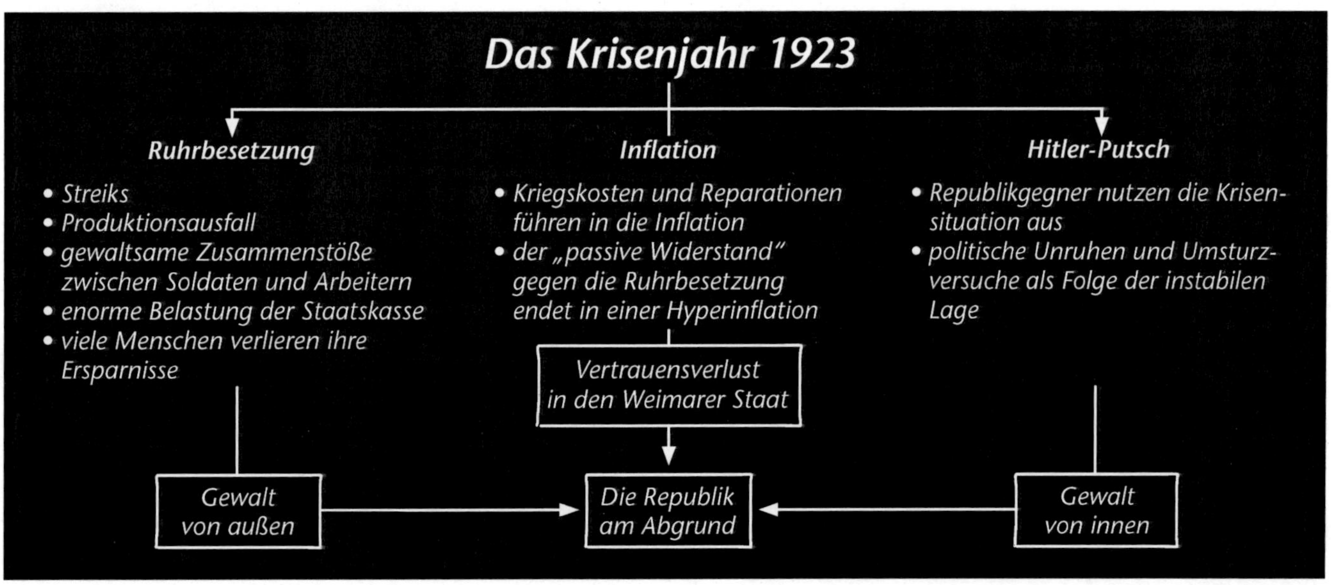

6 Goldene Zwanziger?
(Schülerbuch S. 62/63)

Mögliche Unterrichtsgestaltung

Einstieg über die Kapitelüberschrift „Goldene Zwanziger" und Diskussion zu den Stichworten gesellschaftliches Leben, Lebensgefühl, Moderne, Großstadt.

Erarbeitung 1: Analyse des Gemäldes von Otto Dix unter der Frage: Wie beschreibt er das Großstadtleben? Selbständiges Erarbeiten durch die Schülerinnen und Schüler. Erstellen des Tafelbilds: Die (scheinbar) glänzenden Seiten großstädtischen Treibens in der Mitte, die düsteren links bzw. rechts (siehe Triptychon).

*Erarbeitung 2: Anhand des **VT** und der übrigen Kapitelmaterialien soll selbstständig – analog zum ersten Tafelbild – eine Übersicht zum großstädtischen Leben der 1920er-Jahre erarbeitet werden. Mittig die positiven, links und rechts die negativen Lebensaspekte.*

Zusatzinformationen zu den Materialien

Q4, Q5 Die Zahl der vollerwerbstätigen Frauen stieg von 1907 bis 1925 um 1,7 Millionen. Arbeiteten im Jahre 1907 nur 5 % aller erwerbstätigen Frauen als Angestellte, waren es 1925 bereits 12,6 %.
Ute Frevert merkt zu den weiblichen Angestellten an: „Kein anderer Frauentypus erfuhr zwischen 1918 und 1933 so großes öffentliches Interesse und Aufmerksamkeit wie die Angestellten, die vielen Zeitgenossen geradezu als Inbegriff Weimarer Modernität erschienen. Sie galten als Prototypen weiblicher Emanzipation, als Repräsentantinnen der „neuen Frau", die das Weimarer System wenn nicht aus der Taufe gehoben, so doch nach Kräften gefördert hatte." An anderer Stelle relativiert Ute Frevert diese Aussage jedoch: „Die faszinierende „neue Frau" der großstädtischen Angestelltenkultur entpuppte sich bei näherem Hinsehen als Projektion männlicher Zeitgenossen, die entweder aus Furcht oder aus übersteigertem Fortschrittsbewusstsein ein Zerrbild weiblicher Modernität entwarfen (...)."

Zu den Arbeitsvorschlägen und Fragen

1 siehe Tafelbild
2 In der Weimarer Republik vollzog sich die Entwicklung der modernen Industriegesellschaft zu einer Kultur-, Freizeit- und Konsumgesellschaft. Voraussetzung dafür waren sozialpolitische Neuerungen wie Arbeitszeitverkürzung und Urlaubsregelung. Das Aufblühen des Freizeitlebens in diesen Jahren hing eng mit den neuen Medien zusammen: Für fast jeden war nun ein Kinobesuch, eine Illustrierte oder ein Kaufhausbummel erschwinglich. Auch ein Radiogerät leisteten sich immer mehr Familien. Und zu den großen Sportveranstaltungen (Boxkämpfe, Radrennen, Fußballspiele) strömten Tausende von Menschen in die Stadien. So war innerhalb eines kurzen Zeitraumes ein breites Kulturangebot für die breite Masse entstanden.
3 Modezeitschrift und Zigarettenwerbung zeigen den Typus der modernen, eleganten und selbstbewussten Frau. Zwar wird damit nicht unbedingt die Realität der Frauen in den zwanziger Jahren wiedergegeben, jedoch ein für die Zeit typisches Ideal der freien, emanzipierten „neuen Frau" verbreitet.

Goldene Zwanziger?

Otto Dix: „Großstadt"

- *Inflationsopfer, Kriegsinvaliden und Prostituierte bilden die Kehrseite der Medaille*

- *Kabarett mit schrillen Farben, extravaganter Kleidung*
- *schwarzer Jazz-Musiker im Hintergrund, ausgelassen tanzende Menschen im Vordergrund*
- *die Gäste amüsieren sich in ihrer luxuriösen, verschwenderischen Scheinwelt*
- *sie verschließen die Augen vor den gesellschaftlichen Verhältnissen und dem entwürdigenden Elend*

- *die einzelnen Bevölkerungsschichten klaffen weit auseinander*

Großstadtleben in den 1920er-Jahren

- *an dem aufregenden Leben in den Theatern, Kabaretts und Galerien nimmt nur ein kleiner Kreis von Wohlhabenden und Künstlern teil*

- *optimistisches Lebensgefühl*
- *blühendes Nacht- und Kulturleben*
- *neue Stilrichtungen in Literatur, Musik und Kunst*
- *Entstehung einer Massenkultur: Rundfunk, Kino, Illustrierte, Trivialliteratur*
- *neues Frauenbild: selbstbewusst, finanziell unabhängig, emanzipiert*

- *die neuen Freizeitangebote „helfen Luftschlösser bauen, erleichtern die Flucht aus dem grauen Alltag"*

7 Republik im Untergang
(Schülerbuch S. 64–67)

Mögliche Unterrichtsgestaltung

Einstieg über die Fotos ***Q1 + Q3****.*
Leitfrage: „Wie kam es zur Wirtschaftskrise und welche Folgen hatte sie für die Weimarer Republik?“

Erarbeitung 1: Lesen der Abschnitte 1–3 des ***VT****, wobei der erste Teil der oben genannten Leitfrage im Mittelpunkt steht. Der im* ***VT*** *beschriebene negative Wirtschaftskreislauf soll in ein Schaubild umgewandelt werden. Ergebnispräsentation an der Tafel.*

Erarbeitung 2: Lesen der Abschnitte 4–7 des ***VT****, wobei der zweite Teil der oben genannten Leitfrage im Mittelpunkt steht. Die politischen und sozialen Folgen der Wirtschaftskrise werden an der Tafel aufgelistet.*

Vertiefung: Abschließend sollten einzelne Aspekte, die zum Untergang der Demokratie beigetragen haben, gewichtet und in den Gesamtzusammenhang eingeordnet werden:
- *Die Auswirkungen der Wirtschaftskrise auf die politischen Einstellungen der Bevölkerung (****Q4 + Q8****)*
- *Der Straßenterror der Republikfeinde (****Q2 + Q5****)*
- *Das System der Präsidialregierungen (****D1 + D4****)*
- *Die Rolle der Kamarilla (****Q7****)*

Zu den Arbeitsvorschlägen und Fragen

2 Stichworte: Bankenzusammenbrüche folglich Vermögens- und Ersparnisverluste der Menschen; bis dahin unerreicht hohe Arbeitslosigkeit; überforderter Sozialstaat führt zu Obdachlosigkeit, Hunger, Elend

3 siehe Tafelbild

4 Die Präsidialregierungen beruhten auf der letztlich verfassungswidrigen Kombination der Art. 48 und 25 der Weimarer Verfassung. Durch die missbräuchlich kombinierte Anwendung beider Artikel wurde das Parlament als Entscheidungszentrum ausgeschaltet, die Regierungsmacht verlagerte sich auf den Reichspräsidenten.

5 Die NSDAP setzte Terror und Gewalt als „Mittel der Politik“ ein. Gezielte Machtdemonstrationen sollten die Bevölkerung beeindrucken und gleichzeitig die Furcht vor einem Bürgerkrieg schüren. In Straßenschlachten sollte der politische Gegner demoralisiert werden.

Die Kamarilla [span. = Kämmerchen] hatte einen entscheidenden Anteil daran, dass die NSDAP an die Regierung gelangte. Seit 1930 unterstützten einflussreiche Kreise aus Industrie, Bankwesen, Landwirtschaft, Adel und Armee die Hitler-Partei. Die Notverordnungspraxis hatte das Parlament weitgehend entmachtet. Deshalb verlagerten sich die politischen Entscheidungen in die Hinterstuben der Macht. Ab 1932 spann die Kamarilla immer dreister ihre politischen Fäden. Sie nutzte ihre Beziehungen zu Hindenburg, um ihn für ihre Interessen einzuspannen und erreichte schließlich, dass dieser seine Vorbehalte gegen Hitler fallen ließ.

Republik im Untergang

Krise der Wirtschaft

↓ ↓

politische Folgen
- *große Koalition zerbricht*
- *Präsidialregierungen höhlen parlamentarisches System aus*
- *Republikgegner erreichen bei den Reichstagswahlen 1932 die Stimmenmehrheit*
- *Hindenburg ernennt Hitler nach Fürsprache der „Kamarilla“ zum Reichskanzler*

soziale Folgen
- *Millionen Arbeitslose leben in Not und Armut*
- *Existenzängste und die zunehmende Verachtung der Demokratie führen zu einer politischen Radikalisierung der Bevölkerung*
- *NSDAP und KPD verschärfen den Straßenterror*

↓

Krise der Demokratie

9 Wer wählte die NSDAP?
(Schülerbuch S. 70/71)

Mögliche Unterrichtsgestaltung

Einstieg: Die Lehrkraft erläutert, dass in dieser Unterrichtsstunde der Frage nachgegangen werden soll, wer die NSDAP wählte und wie sich der Aufstieg der Nationalsozialisten zur stärksten Fraktion des Reichstags erklären lässt.

Erarbeitung: Die Schülerinnen und Schüler beschreiben und interpretieren die Karikatur (Q1).

Vertiefung: Drei wissenschaftliche Theorien, die die Wahlerfolge der NSDAP auf unterschiedliche Ursachen zurückführen, werden in arbeitsteiliger Gruppenarbeit auf ihre Richtigkeit überprüft:

	Theorie	*Arbeitsgrundlage*
Gruppe 1	*Die NSDAP ist fast ausschließlich von Angehörigen der Mittelschicht gewählt worden.*	***VT + D2***
Gruppe 2	*Die Wirtschaftskrise hat die Arbeitslosen in die Arme der NSDAP getrieben.*	***D1 + D3 + Q2***
Gruppe 3	*Durch den Niedergang der Wirtschaft und die Massenarbeitslosigkeit verloren viele Menschen das Vertrauen in das Weimarer System und wählten aus Protest die NSDAP.*	***VT + D1 + Q2***

Sicherung: Ergebnispräsentation an der Tafel

Zusatzinformationen zu den Materialien

Q1, Q2, D1–D3 Albrecht Tyrell erklärte den Aufstieg der NSDAP zur Macht folgendermaßen: „Mehr als jede andere Partei der Weimarer Republik entsprach die NSDAP dieser Jahre in ihrer sozialen Zusammensetzung einer Volkspartei. Ihre Wähler und ihre Mitglieder kamen überdurchschnittlich stark aus dem alten selbstständigen und dem neuen, unselbstständigen Mittelstand, aber zu zahlenmäßig sehr beachtlichen Anteilen auch aus der Oberschicht und aus der nicht im sozialdemokratischen oder kommunistischen Milieu verwurzelten Arbeiterschaft. Protestanten waren weitaus anfälliger als Katholiken."

Zu den Arbeitsvorschlägen und Fragen

1 Der Karikaturist führt den Wahlerfolg der Nationalsozialisten auf das strategische Geschick Hitlers zurück, der es verstand, je nach Publikum (Arbeiterschicht ↔ bürgerliche Kreise) sein „Firmenschild" (Parteiprogramm) auszutauschen und die NSDAP als sozialrevolutionäre bzw. nationalkonservative Partei darzustellen, um so für unterschiedliche gesellschaftliche Gruppen attraktiv zu sein.

2 siehe Tafelbild

Wer wählte die NSDAP?

Mittelschicht-Theorie

Auch wenn bestimmte Gruppierungen innerhalb der Mittelschicht unter den Wählern der NSDAP stärker vertreten waren, als es ihrem Anteil an allen Wahlberechtigten entsprach, köderte die Hitler-Partei mit schichtspezifischen Versprechungen erfolgreich Stimmen in allen gesellschaftlichen Gruppen.

Arbeitslosen-Theorie

Die Arbeitslosen trugen zum Aufstieg der NSDAP nur wenig bei. Sie gaben ihre Stimme sehr viel häufiger der KPD.

Protest-Theorie

Wirtschaftskrise und Massenarbeitslosigkeit hatten das ohnehin geringe Vertrauen der Bevölkerung in das parlamentarische System endgültig zerstört. Davon profitierte vor allem die NSDAP als Sammelbewegung des sozialen und wirtschaftlichen Protestes.

10 Warum scheiterte die erste deutsche Demokratie? (Schülerbuch S. 72/73)

Mögliche Unterrichtsgestaltung

Einstieg mit der Frage, warum die erste deutsche Demokratie scheiterte. Es sollen vier unterschiedliche Materialien bearbeitet werden: Zwei zeitgenössische Darstellungen (Gemälde, Collage) und zwei wissenschaftliche Abhandlungen (Erdmann, Kolb).

*Erarbeitung 1: Die Schülerinnen und Schüler lesen die Texte der beiden Historiker (**D1 + D2**) und stellen die dort genannten Gründe für den Untergang von Weimar tabellarisch gegenüber. Sie präsentieren ihre Ergebnisse und diskutieren anschließend darüber, welche Position sie für nachvollziehbarer halten.*

*Erarbeitung 2: Analyse von **Q1** und **Q2** unter der Fragestellung, wen oder was die zeitgenössischen Künstler George Grosz und John Heartfield 1926 bzw. 1932 für die kränkelnde Republik verantwortlich machten.*

Vertiefung: Abschließend können weitere Punkte, die zum Untergang der ersten deutschen Demokratie beigetragen haben, gesammelt, gewichtet und diskutiert werden, wobei den Schülerinnen und Schülern ausreichend Gelegenheit gegeben werden sollte, ihre persönliche Meinung zu formulieren.

Zusatzinformationen zu den Materialien

Q1 In George Grosz' sozialkritischem Bild, dessen Titel in ironischem Gegensatz zum Inhalt steht, verkörpern die einzelnen Figuren soziale Gruppen und gesellschaftliche Verhaltensweisen: Beispielsweise steht vorne rechts ein aggressiv wirkender Mann, auf dessen Krawatte sich ein Hakenkreuz befindet. Aus der geöffneten Schädeldecke springt ein reitender Soldat heraus, zudem sind vereinzelt Gesetzesparagraphen zu erkennen. Der Säbel, die Narben in seinem Gesicht und das Kriegsszenario in seinem Kopf symbolisieren Machtdrang, Eroberungsgier und Gewaltbereitschaft des mutmaßlichen Juristen.

Zu den Arbeitsvorschlägen und Fragen

1 siehe Tafelbild
2 Die monokausale Ursachenzuschreibung Erdmanns, der die Zerstörung der Republik ausschließlich auf das Versagen der demokratischen Parteien zurückführt, greift zu kurz und ist aus heutiger Sicht nicht mehr haltbar. Vielmehr muss Kolb beigepflichtet werden, der es als ein kleines Wunder und als eine beachtliche Leistung der Politiker bezeichnet, dass es gelang, die Weimarer Demokratie durch die problematischen Anfangsjahre hindurchzuretten.
3 Politische Unreife des deutschen Volkes, Mängel der Weimarer Verfassung, Härte des Versailler Vertrages, unheilvolle Kontinuität in den gesellschaftlichen Machtinstanzen, Wirtschaftskatastrophe von 1929.

Wie kam es zum Untergang der Weimarer Republik?

Karl Dietrich Erdmann (1973)

- *Der Parlamentarismus der Weimarer Republik hat sich durch den Bruch der Großen Koalition 1930 selber zu Fall gebracht.*
- *Den Parteien fehlte eine zum Kompromiss fähige Staatsgesinnung. Nur deshalb kam die Präsidialgewalt zur Geltung.*
- *Das Versagen der demokratischen Parteien, die sich nicht zum Interessenausgleich bereit und fähig zeigten, machte den Weg frei für Hitler.*

Eberhard Kolb (2002)

- *Die parlamentarische Demokratie wurde stets nur von einer Minderheit der Bevölkerung wirklich akzeptiert.*
- *Starke antidemokratische Kräfte vom rechten und linken Rand haben die Republik von ihrer Gründung bis zu ihrem Ende kontinuierlich bekämpft.*
- *Der Übergang zum Präsidialsystem hat den Weg in die Diktatur geebnet.*
- *Die zur Abkehr von Weimar entschlossenen alten Eliten des Kaiserreiches glaubten irrtümlich, dass sie die Hitler-Partei für ihre Ziele benutzen könnten.*

Der Nationalsozialismus

Einleitung

„Der Nationalsozialismus missbrauchte nationale und soziale Ideen und brach radikal und programmatisch mit den demokratischen Traditionen. Seine verbrecherische Politik führte in die Katastrophen des Zweiten Weltkrieges und in den Holocaust. Eine mehr als 40-jährige Teilung Deutschlands war die Folge. Es ist Aufgabe der Schule, die Schülerinnen und Schüler mit den wesentlichen Momenten der Entwicklung Deutschlands vertraut zu machen und dabei auf Kontinuitäten und Brüche besonders der neueren deutschen Geschichte einzugehen." (Kultusministerkonferenz – KMK 1995). Diese Überlegungen sind für die Lehrplangestaltung der Bundesländer im Unterrichtsfach Geschichte wegweisend. Die KMK hebt diesbezüglich stets die grundgesetzlich verankerten Wertmaßstäbe des freiheitlich demokratischen Rechtsstaates hervor. Für die Auseinandersetzung mit der Epoche des 20. Jahrhunderts bedeutet dies, die mahnende Erinnerung an die Schreckensherrschaft des Nationalsozialismus aufrecht zu erhalten. Eine intensive Auseinandersetzung mit den Ursachen des Nationalsozialismus, dem Wesen des NS-Staates, dem Alltagsleben in der Diktatur und der zielgerichteten Ausgrenzung bis hin zum systematischen Mord ist für den Geschichtsunterricht unverzichtbar. Mit Hilfe der angebotenen Materialien und Quellen sollen dabei auch fächerübergreifende Zugänge ermöglicht werden. Emanzipation, Anregung zu kritischem Denken, selbstbestimmtes, methodenorientiertes und problemlösendes Lernen, die Fähigkeit zur Empathie sowie Handlungs- und Produktorientierung sind Kategorien, die für historisch-politisches Lernen – gerade bei dieser Thematik – unverzichtbar sind.

Erkenntnisleitende Fragen

- Wie festigten die Nationalsozialisten ihre Machtposition und wie bauten sie diese aus?
- Wie gelang es den Nationalsozialisten, die Gleichschaltung von Gesellschaft, Wirtschaft, Kultur und Politik durchzusetzen?
- Führerkult und Propaganda – welche Rolle spielte der „Faktor Hitler"?
- Wie gelang es den Nationalsozialisten, die Bevölkerung für ihre Politik einzunehmen?
- Terror, Gewalt und Unterdrückung – wie gingen die Nationalsozialisten mit Andersdenkenden um?
- Welches Ziel verfolgte die NS-Wirtschaftspolitik?
- Wie wurden Jugendliche im NS-Staat vereinnahmt?
- Ausgrenzung, Entrechtung und Vernichtung – warum konnte der Holocaust geschehen?
- Weshalb blieb der Widerstand weitestgehend erfolglos?
- Erinnern an die Vergangenheit – aber wie?

Mögliche Unterrichtsreihe

Deutschland wird eine Diktatur – der totale Staat	*Kap. 1–5*
Alltag im NS-Staat	*Kap. 6–8*
Die Verfolgung und Vernichtung der Juden	*Kap. 9, 12*
Der Zweite Weltkrieg	*Kap. 10, 11, 13*
Widerstand gegen das Regime	*Kap. 15*
Erinnern an die Vergangenheit	*Kap. 16, 17*
***Abschluss:** Die Zeit des Nationalsozialismus*	*Kap. 18*

Auftaktdoppelseite S. 76/77

Die ADS behält auch bei dieser sehr sensiblen Thematik die bewährten Orientierungselemente (Zeitstrahl, Geschichtskarte, Anmoderation, Foto) bei. Der Zeitstrahl greift vor allem jene wesentlichen Ereignisse der zwölfjährigen NS-Diktatur auf, die den verbrecherischen Charakter der nationalsozialistischen Herrschaft dokumentieren. Als symbolisch für die menschenverachtende NS-Politik kann das zentrale Foto der ADS, das die Deportation einer jüdischen Familie in ein Vernichtungslager zeigt, betrachtet werden.
Die Geschichtskarte verdeutlicht mit der Darstellung der Machtausdehnung des Deutschen Reiches im Zeitraum von 1933 bis 1939 die aggressive Zielrichtung NS-Deutschlands bereits zu Friedenszeiten. Der einleitende Text schließlich wirft die zentralen Fragen der Themeneinheit auf: Wie konnte sich die NS-Diktatur in Deutschland etablieren und warum wehrten sich so wenig Menschen gegen das Unrechtsregime?

1 Kam Hitler legal an die Macht?
(Schülerbuch S. 78/79)

Mögliche Unterrichtsgestaltung

Einstieg: Brainstorming zum Thema „30. Januar 1933"

Erarbeitung 1: Gelenktes Unterrichtsgespräch unter Einbeziehung der Schülerassoziationen zum Themenaspekt „Hitler wird Reichskanzler".

*Erarbeitung 2: Mit Hilfe von **Q2** bis **Q6** sowie gezielter Lehrerinformationen sollen in Gruppenarbeit die Folgen des Reichstagsbrandes erarbeitet werden.*

*Auswertung: Die einzelnen Gruppen stellen ihre Ergebnisse vor. Die Auswertung sollte unter der Berücksichtigung der Aussage von **Q5** erfolgen.*

Zusatzinformationen zu den Materialien

Q1 Das Gemälde von Arthur Kampf ist erst 1938 fertig gestellt worden. Im Jahr 1936 ließen die Nationalsozialisten den Fackelzug durchs Brandenburger Tor für einen Propagandafilm nachstellen. Die meisten Fotografien des Fackelzuges stammen demnach aus dem Jahr 1936.
Q3a Die Rede von Otto Wels gilt als letzte freie Rede im Reichstag. Wels emigrierte schon kurze Zeit später nach Prag, wo er die Exil-Organisation der SPD aufbaute.

Zu den Arbeitsvorschlägen und Fragen

1 Der Reichstagsbrand, dessen Brandstifter bis heute nicht eindeutig bekannt ist, kann als Schlüsselereignis zur Abschaffung der Demokratie gesehen werden. Denn durch die Notverordnung vom 28. Februar 1933 wurden die wichtigsten Grundrechte außer Kraft gesetzt. Unmittelbare Auswirkungen waren willkürliche Verhaftungen sowie die Behinderung des Wahlkampfes der politischen Gegner. Dennoch erreichten die Nationalsozialisten bei den Wahlen nicht die absolute Mehrheit.
2 In seiner berühmten Rede zum Ermächtigungsgesetz weist Otto Wels eindringlich darauf hin, dass die Regierungsparteien die Mehrheit besitzen und sie deshalb nach dem Sinn und Wortlaut der Verfassung regieren sollen. Hitler will hingegen die Entmachtung des Reichstages und damit diktatorische Vollmacht. Die Gegner der nationalsozialistischen Bewegung sollen weder ein Forum noch ein wirksames Instrument für ihre Gegnerschaft besitzen.
3 Durch das Ermächtigungsgesetz vom 23. März 1933 wird die Diktatur installiert. Das heißt, die Regierung hat alle und die Opposition keine Rechte.
4 Die Machtübernahme der Nationalsozialisten ist zum einen das Ergebnis der „Machtübertragung" durch die verfassungsgemäße Ernennung Hitlers zum Reichskanzler, zum anderen die Folge der „Machterschleichung" im Zuge des Reichstagsbrandes. Erst die Reichstagsbrandverordnung und das Ermächtigungsgesetz führten zur diktatorischen und daher unbeschränkten Macht Hitlers. Der Begriff „Machtergreifung" ist unpräzise, impliziert er doch aktives, planmäßiges Handeln der Nationalsozialisten und blendet die Verantwortung der konservativen Machteliten aus.
5 siehe Tafelbild

Hitlers Weg zur Macht

Hitler wird Reichskanzler (30. 1. 1933) → schwache Machtbasis (Koalitionsnotwendigkeit, nur zwei Ministerämter für NSDAP)

↓

Reichstagsbrand (27./28. 2. 1933) → Reichstagsbrandverordnung setzt wichtige Grundrechte außer Kraft

↓

unfreie Wahlen (5. 3. 1933) → NS-Terror verhinderte demokratische Versammlungs- und Meinungsfreiheit und somit die verfassungsmäßig garantierte Entfaltung anderer Parteien

↓

„Ermächtigungsgesetz" (23. 3. 1933) → NSDAP verfehlte – trotz unfreier Wahlen – absolute Mehrheit; das Gesetz sollte den totalen Machtanspruch verfestigen

2 Auf dem Weg in den Führerstaat
(Schülerbuch S. 80/81)

Mögliche Unterrichtsgestaltung

Einstieg: Brainstorming zum Thema „Führerstaat"; gelenktes Unterrichtsgespräch unter Einbeziehung der Schülerkenntnisse zum Themenbereich „Die Nationalsozialisten sichern ihre Macht und bauen sie aus"

*Erarbeitung 1: Erläuterung und Besprechung von **D1** (möglichst als Foliendarstellung)*

*Erarbeitung 2: Gruppenarbeit zum Thema „Ausschaltung und Gleichschaltung". Verwendung des **VT** und der Quellen **Q1** bis **Q5**. Gezielte Lehrerinformation.*

Auswertung: Die einzelnen Gruppen stellen ihre Ergebnisse vor und bewerten sie.

Zusatzinformationen zu den Materialien

D1 Das Schaubild vereinfacht die Struktur des Herrschaftssystems der Nationalsozialisten. Hitlers persönliche Machtbasis beruhte zum Teil auf Ämter-Wirrwarr und etlichen Kompetenzüberschneidungen. Dieses herrschende Chaos ermöglichte es ihm, seine Parteigenossen gegeneinander auszuspielen und als letzte Entscheidungsinstanz zu fungieren.

Zu den Arbeitsvorschlägen und Fragen

1 Stichworte: die Reichstagsbrandverordnung setzt wichtige Grundrechte außer Kraft; Parlamentskontrolle durch Ermächtigungsgesetz abgeschafft; Parteien und Gewerkschaften verboten; keine freien Wahlen; Unabhängigkeit der Justiz und des Beamtentums beseitigt; keine Gewaltentrennung mehr: Hitler ist Reichskanzler, Staatsoberhaupt, Oberbefehlshaber der Wehrmacht

2 „Gleichschaltung" bedeutete, dass sich alles den Nationalsozialisten, insbesondere dem Willen des „Führers", unterzuordnen hatte. Das bedeutete: keine Kontrolle der Regierung, keinerlei Opposition, dagegen Unterdrückung und Verfolgung Andersdenkender. **Q2** und **Q3** beschreiben die Durchsetzungsstrategie. Hatte man erst alle gesellschaftlichen und politischen Institutionen unter Kontrolle, konnte der existenzielle Druck die individuelle Gleichschaltung vorantreiben. → TB

3 Angestellte und Arbeiter fürchteten um ihren Arbeitsplatz, wenn sie sich nicht im Sinne der Machthaber verhielten. Selbstständige wurden arbeitslos, wenn sie aus der Berufskammer entfernt wurden, leitende Positionen innerhalb des Staates wurden von Parteigenossen besetzt.

4 Es gab unterschiedliche Gründe: Viele ließen sich „gleichschalten", weil sie sich davon persönliche Vorteile versprachen. Andere stimmten mit den Zielen und der Politik der Nationalsozialisten überein und hatten kein Problem mit der „Gleichschaltung". Viele schließlich wehrten sich aus Furcht nicht gegen die „Gleichschaltung", drohte doch denen, die sich verweigerten, Arbeitslosigkeit, Verhaftung, Folter und Mord.

Ausschaltung der Opposition – Anfänge der Diktatur

- *Gesetz zur Wiederherstellung des Berufsbeamtentums (April 1933)*
- *Gesetz zur Gleichschaltung der Länder (April 1933)*

↓

- *Entlassung missliebiger Beamter*
- *keine Eigenständigkeit der Länder (Zentralismus)*

- *Zerschlagung der Gewerkschaften (ab Mai 1933)*
- *Gesetz gegen die Neubildung von Parteien (Juli 1933)*

↓

- *Arbeitnehmer ohne betriebliche und politische Organisationsfähigkeit*
- *NSDAP einzige Partei*

3 Adolf Hitler – Führerkult und Propaganda (Schülerbuch S. 82/83)

Mögliche Unterrichtsgestaltung

*Einstieg: Bildbeschreibung **Q1***
Der hier gewählte Einstieg soll verdeutlichen, dass die Nationalsozialisten jegliche Form der Propaganda nutzten.

Problematisierung: Die Arbeitsergebnisse der beiden vorangegangenen Stunden sollen unter der Überschrift „Machtübernahme und Gleichschaltung“ noch einmal stichwortartig zusammengefasst werden.
Anschließend Überleitung zur Kernfrage dieser Stunde: „Warum erhielten Hitler und seine Partei so viel Zustimmung?“

*Erarbeitung: In arbeitsteiliger Gruppenarbeit sollen die Bereiche „Führerkult“ und „Propaganda“ insbesondere mit Hilfe von **Q2** bis **Q5** behandelt werden. Ergebnispräsentation der einzelnen Gruppen (wichtigste Aussagen im Tafelbild festhalten).*

Zusatzinformationen zu den Materialien

Q4 Der Rundfunk spielte bei der Erringung der Meinungsführerschaft für die Nationalsozialisten eine besondere Rolle. Der so genannte Volksempfänger wurde auf Veranlassung des Propagandaministeriums entworfen und gebaut. Er besaß nur einen Mittelwellenteil, so dass ausländische Sender kaum empfangen werden konnten. Die Ausstattung der Bevölkerung mit Volksempfängern stieg zwischen 1933 (25 %) bis 1945 (65 %) kontinuierlich. In einer Tagebucheintragung vom 10. 5. 1942 verweist Goebbels darauf, dass Nachrichtenpolitik besonders im Krieg der Kriegsführung und nicht der Information zu dienen habe.

Q5 Aus zweierlei Gründen wurde gerade Nürnberg die Stadt propagandistischer Reichsparteitage: (1) sie war bereits frühzeitig eine nationalsozialistische Hochburg gewesen; (2) hier hatten die Reichstage des „ersten Reiches der Deutschen“ getagt

Zu den Arbeitsvorschlägen und Fragen

1 Q1: Volksverbundenheit; Ehrfurcht, Begeisterung und Beliebtheit bei der Jugend **Q5:** Ordnung; Symmetrie; „Führer wir folgen dir“; Uniformität; Wirkungsmacht

2 Reden, Plakate, Fotos, Filme, Radio, Presse, jedes Mittel war den Nationalsozialisten recht, um Einflussnahme auszuüben.

3 Thamer argumentiert, dass die mythologische Wirkungsmacht Hitlers auch Ergebnis seiner selbstdarstellerischen Fähigkeiten ist. Letztlich sei aber das Phänomen des massenhysterischen Eifers auf die Schwere der vorangegangenen Krisenjahre und die damit verbundene Selbsttäuschung zurückzuführen. Nur allzu gern sahen viele in Adolf Hitler jenen „Retter“ und sozialen Wohltäter, auf den sie seit Jahren warteten. Aspekte, die nicht diesem Wunschbild entsprachen, wurden verdrängt oder ignoriert.

Propaganda und Führerkult

- *Steuerung des Führerkultes durch inszenierte Appelle, Massenaufmärsche usw.*
- *instrumentalisierte Presse*
- *Einsatz moderner Rundfunk-, Fototechnik*
- *eigens ein Propaganda-Ministerium*
- *Zuspitzung auf eine „übernatürliche“ Person*

⟺

- *Volksbegeisterung durch Redetalent*
- *Hetze gegen die Demokratie für Arbeit, Ordnung, „Frieden“*
- *Hetze gegen Versailler Vertrag, Reparationszahlungen, Rheinlandbesetzung*
- *der Führer fordert bedingungslose Unterwerfung für radikale Krisenüberwindung*

4 Ziele und Ideen der Nationalsozialisten – wie reagierten die Deutschen? (SB S. 84–87)

Mögliche Unterrichtsgestaltung

*Einstieg: Bildbeschreibung von **Q1** und **Q2**. Vergleich der beiden Bilder.*

*Erarbeitung: In arbeitsteiliger Gruppenarbeit sollen – entsprechend der Abschnitte des **VT** – folgende Themen stichpunktartig erarbeitet werden: Volksgemeinschaft, Rassenlehre und die Vorstellung vom „Lebensraum“, Terror gegen Andersdenkende sowie die Einstellung der Bevölkerung gegenüber der NS-Politik.*

Auswertung: Ergebnispräsentation und Diskussion anhand der Fragestellung: „Waren die Deutschen überzeugte Nazis?“

Zusatzinformationen zu den Materialien

Q5 Die Gesamtauflage von „Mein Kampf“ erreichte rund zehn Millionen Exemplare. Hitler schildert in dem 1924 verfassten Band seine Vorstellungen einer Rassenlehre sowie seine außenpolitischen Zielsetzungen.

Zu den Arbeitsvorschlägen und Fragen

1 Die Rassenlehre ist der Kern der Ideologie Hitlers. Danach findet zwischen den Rassen ein ständiger und unerbittlicher Kampf um „Lebensraum“ und die Vorherrschaft in ihm statt. Die nordische bzw. arische Rasse sei die wertvollste, alle übrigen Rassen seien minderwertig. Der Gedanke des Lebensraumes sei daher besonders maßgeblich für den Eroberungsfeldzug im Osten, welcher der „Herrenrasse“ den „ihr gebührenden Grund und Boden“ sichern sollte.

2 Stichworte: Propaganda einer Gesellschaft ohne Klassenunterschiede; Volksgemeinschaft und Zusammengehörigkeitsgefühl; sozialpolitische Maßnahmen (Freizeit-, Spendenprogramme); preisgünstige Automobile

3 siehe Tafelbild

4 Seit der nationalsozialistischen Machtübernahme wurden politische Gegner bzw. Andersdenkende systematisch bedroht und verfolgt. Die Bücherverbrennung 1933 zeigt, dass auch Schriftsteller und Intellektuelle bzw. deren Schriften und Meinungsäußerungen öffentlich diskriminiert, geschmäht und verboten wurden. Regimegegner konnten ohne gerichtliche Anordnung in die so genannte „Schutzhaft“ genommen werden. Den Gefangenen wurde kein Recht auf eine richterliche Anhörung oder einen Anwalt gewährt. Die Verschleppung in Konzentrationslager und Gestapo- bzw. SA-Quartiere führte durch die dort herrschende willkürliche Gewalt und Folter oftmals in den Tod.

5 Die Motive waren sicherlich Missgunst und Neid, eventuell auch ideologische Überzeugung.

6 Die Nazis verbrannten beispielsweise Werke von Egon Erwin Kisch, Klaus Mann, Erich Maria Remarque, Arthur Schnitzler, Anna Seghers und Stefan Zweig.

Ideal und Wirklichkeit der Volksgemeinschaft

nationalsozialistisches Ideal der Volksgemeinschaft:
- *Verschmelzung aller gesellschaftlichen Gruppen*
- *Gesellschaft ohne Klassen- und Standesunterschiede*
- *ein Volk ohne Parteienstreit*
- *Einzelinteresse ordnet sich dem Gemeinschaftswohl unter*

in Wirklichkeit war „Volksgenosse“:
- *wer sich privat und beruflich „gleichschalten“ ließ*
- *sich Kontrolle und möglicher Repression unwidersprochen aussetzte*
- *den Rassevorstellungen der NS-Ideologie entsprach*
- *politische Auflehnung in jeglicher Hinsicht unterließ*

aus der Volksgemeinschaft von vornherein ausgeschlossen waren:
- *sog. „nicht-arische“ (bspw. Juden) und „rassisch-minderwertige“ Menschen (bspw. Sinti und Roma)*
- *politisch Andersdenkende, Oppositionelle und Widerständler*

5 NS-Wirtschaftspolitik – den Krieg im Visier (Schülerbuch S. 88/89)

Mögliche Unterrichtsgestaltung

Einstieg: Kurzes Lehrerstatement: „In Folge der Weltwirtschaftskrise gab es 1933 in Deutschland mehr als fünf Millionen Arbeitslose. Wie gelang es den Nationalsozialisten bis 1936 nahezu Vollbeschäftigung herzustellen?"

*Erarbeitung 1: Bildbeschreibung **Q1** unter der Frage: „Welche weiteren arbeitsschaffende Maßnahmen könnten zur Ankurbelung der Wirtschaft ergriffen worden sein?"*

*Erarbeitung 2: Lesen des **VT**, Analyse von **D1***

Sicherung: siehe Tafelbild

Erarbeitung 3: Arbeitsteilige Gruppenarbeit: a) Wie bewerte ich persönlich die nationalsozialistische Wirtschaftspolitik? b) Wie sieht sie Sebastian Haffner? c) Wie steht Werner Bührer dazu?

Auswertung: Die einzelnen Gruppen stellen ihre Ergebnisse vor und diskutieren sie.

Zusatzinformationen zu den Materialien

Als Ergänzung zu Haffner und Bührer kann auch noch die Position des Historikers Eberhard Aleff herangezogen werden: Kaum hatten die staatlichen Konjunkturspritzen die Wirtschaft wieder etwas belebt, begann Hitler Anfang 1934 die bereits im Vorjahr angelaufene Aufrüstung verstärkt anzukurbeln. Die Rüstungskosten schnellten 1933–1939 von 1,2 auf 23,7 Prozent des Sozialprodukts, von 8,6 auf 61,4 Prozent der Reichsausgaben. Trotz steigender Steuereingänge konnten sie nur durch riesige Haushaltsdefizite finanziert werden.

Zu den Arbeitsvorschlägen und Fragen

1 Die Nationalsozialisten waren mit dem Versprechen angetreten, innerhalb der nächsten Jahre die wirtschaftlichen Probleme zu lösen und damit die Arbeitslosigkeit zu überwinden. Der schnelle Wirtschaftsaufschwung wurde hauptsächlich durch eine gefährliche Schuldenpolitik finanziert. Zudem schuf die Aufrüstung neue Arbeitsplätze.

2 Die Ausgaben im Bereich von Rüstung und Reichswehr stiegen explosionsartig an, während der Lebensstandard der Bevölkerung sank.

3 Auf den ersten Blick war Hitlers Wirtschaftspolitik erfolgreich. Sie diente aber nur einem Ziel: Das Land sollte kriegsfähig gemacht werden. Die enormen Schulden des Staates konnten unter normalen Umständen nie zurückbezahlt werden. Ein Krieg gehörte folglich zur festen Planung zur Refinanzierung der Schulden.

4 Haffner bewertet die Wirtschaftspolitik sehr positiv, er spricht von einem Wirtschaftswunder, konzentriert sich dabei aber nur auf die Arbeitslosenstatistik.
Bührer sieht auch die wirtschaftlichen Erfolge, schreibt deren Ursachen aber ausschließlich der Aufrüstung zu.

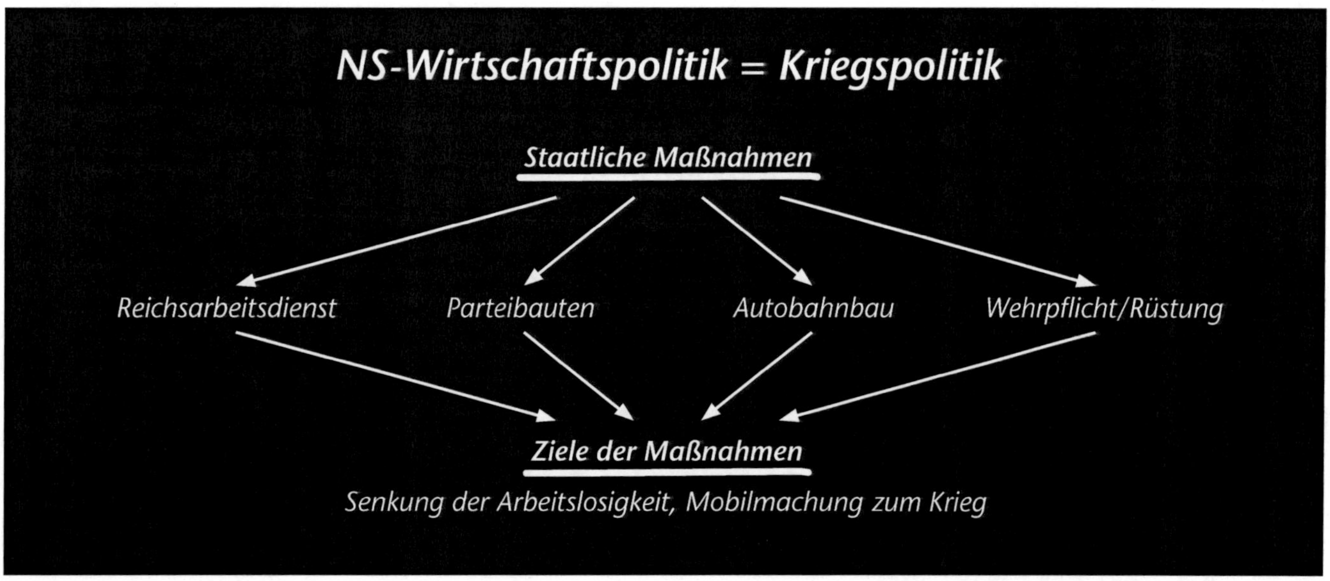

6 Jugend unter dem Hakenkreuz
(Schülerbuch S. 90–93)

Mögliche Unterrichtsgestaltung

Einstieg: Unter der Fragestellung „Wie werden Mädchen und Jungen angesprochen, um sie für die NS-Bewegung zu begeistern?" sollen die Bilder ***Q1, Q4*** *beschrieben werden.*

Arbeitsteilige Gruppenarbeit: Die HJ entwickelt sich zur Massenorganisation
- *a) Wieso begeisterten sich Jugendliche für die HJ? Analyse von* ***Q3, Q5, Q6, Q7.***
- *b) Erziehung in der HJ – welche Absichten hatten die Nationalsozialisten? Analyse von* ***Q2, Q5, Q6, Q11.***
- *c) Konnte man sich der HJ entziehen? Analyse von* ***Q8, Q9, Q10, Q11, Q12.***

Auswertung: Die Gruppen stellen ihre Ergebnisse vor.

Ergebnissicherung: Erstellung des Tafelbildes

Fakultativ: Ausstellung der Gruppenergebnisse (in Form einer Wandzeitung o. ä.)

Zu den Arbeitsvorschlägen und Fragen

1 Hauptziel der nationalsozialistischen Jugenderziehung war die Vermittlung der NS-Gesinnung. Das bedeutete: Erziehung zur Volksgemeinschaft und zu Opferbereitschaft sowie die paramilitärische Vorbereitung auf einen möglichen Krieg. Die Hitler-Jugend sollte die Verwirklichung dieser Ziele gewährleisten, die Jugendlichen kontrollieren und zu Gehorsam erziehen. Zwar gab es auch jugendliche Verweigerung und Abneigung, allerdings nahmen viele Jungen und Mädchen die spezifischen Erziehungsziele der Nationalsozialisten an. (siehe TB)
2 Die Gründe für die Faszination nationalsozialistischer Jugendorganisationen lagen unter anderem in ihrer von der Jugendbewegung übernommenen erlebnisreichen Gestaltung, in einem diffusen Reiz des Neuen sowie teils auch in der Möglichkeit, aus dem Elternhaus „auszubrechen".
4 Die Nationalsozialisten planten die Gleichschaltung des Menschen vom frühen Jugendalter an. Das heißt, Jungvolk, HJ und BDM waren die ersten Organisationen in denen die Deutschen ideologisch erzogen werden sollten. Hitlers Zitat verweist auf die lebenslange Kontinuität dieses Anspruchs, auf die permanente Organisationsbindung (bspw. NSDAP, Arbeitfront, SA, SS).
5 Die Brutalität gegen jugendliche Verweigerer entsprach der Radikalität nationalsozialistischer Ideologie und sollte vor allem ein „gefährliches Umsichgreifen" politischer Opposition frühzeitig verhindern.

Erziehung im „Dritten Reich"

NS-Erziehungsziele
Auslese- und Führerprinzip; starke, strapazier- bzw. widerstandsfähige Menschen; Kontrolle der Menschen durch Gleichschaltung; körperliche Erziehung/Wehrertüchtigung; Förderung der Eigenschaften: Treue, Opferbereitschaft, Gehorsam; Selbstverständlichkeit des Diskriminierens/Strafens/Verstoßens von Verweigerern

Begeisterung für die HJ	Verweigerung der Mitgliedschaft und Beteiligung an der HJ
• Gemeinschaft; Kameradschaft; Wanderungen; Fahrten; Spiele; Sport • Vormilitärische Ausbildung bspw. Schießübungen; Stärkung Selbstbewusstsein	• Verweigerung war möglich: Bsp. Edelweißpiraten; Swing-Gruppen • schwerwiegende Folgen: Diskriminierung durch Lehrer und Mitschüler; Strafen/Verfolgung; Haft in Konzentrationslagern • Verfolgungsgrund: NS-Erziehung war auf die Gleichschaltung der Menschen (Volksgemeinschaft) ausgerichtet; Einzelmeinungen, Individualität, Aufbegehren standen dem entgegen

7 Schule im NS-Staat
(Schülerbuch S. 94/95)

Mögliche Unterrichtsgestaltung

*Einstieg: Unser Klassenraum, hat er Besonderheiten? Anschließend wird **Q1** besprochen.*

Erarbeitung: Gruppenarbeit zum Thema „Schule und Unterricht im NS-Staat"
a) Kennzeichen der nationalsozialistischen Schulbildung
b) Methoden und Inhalte des Unterrichts
c) NS-Eliteschulen

Sicherung: Auswertung und Präsentation der Gruppenarbeit.

Ergebnissicherung: Tafelbild

Zusatzinformationen zu den Materialien

Verfassertext und Quellen verweisen nur bedingt auf die Rassendiskriminierung. Ausführlich wird die Thematik in Kapitel 9 und in Kapitel 12 behandelt.

Zu den Arbeitsvorschlägen und Fragen

1 Heinrich Bölls Zitat verweist darauf, dass die schulische Erziehung auch die Vorbereitung auf einen Krieg im Blick hatte. Tatsächlich hatten körperliche Ertüchtigungen Vorrang vor der Herausbildung intellektueller Fähigkeiten. Viele Schulbücher beinhalteten Gewalt verherrlichende Motive. Naturwissenschaftliche Fächer wurden für Kriegsszenarien – Versuche mit Kampfstoffen, Errechnung möglicher Bombenabwürfe – benutzt.
2 siehe Tafelbild
3 **Q5** verweist auf die Ignorierung des Hitlergrußes; die Beibehaltung des Morgengebetes und das Arbeiten mit selbst erstellten Texten (statt mit ideologisch geprägten Schulbüchern).
4 Der Staat nimmt Einfluss durch Schulgesetze, Verordnungen und Erlasse. Dabei folgen diese, im Unterschied zur nationalsozialistischen Jugenderziehung, keiner bestimmten staatlichen Ideologie, sondern sind das Ergebnis demokratischer Willensbildungsprozesse.

8 Frauen im NS-Staat
(Schülerbuch S. 96/97)

Mögliche Unterrichtsgestaltung

Vorbemerkung: Es bietet sich an, die Thematik „Frauen im NS-Staat“ fächerübergreifend mit dem Fach Politik unter dem Aspekt „Frauenbewegung in der Geschichte“ zu behandeln und anschließend die vielfältigen Ergebnisse auszustellen.

Einstieg: Vergleich der beiden Bilder ***Q1***

▼

Erarbeitung: Arbeitsteilige Gruppenarbeit
a) Idealbild der Frau im NS-Staat
b) Rolle der Frau in der Realität

▼

Auswertung: Die einzelnen Gruppen stellen ihre Ergebnisse vor, diskutieren sie und vergleichen sie mit dem heutigen Rollenverständnis.

▼

Sicherung: Zusammenfassung der Ergebnisse im Tafelbild

Zusatzinformationen zu den Materialien

Q8 Das Mutterkreuz wurde alljährlich im August, am Geburtstag von Hitlers Mutter, feierlich verliehen. Es gab drei Stufen des Mutterkreuzes. Mindestens vier Kinder musste eine Mutter haben, damit sie geehrt wurde. Das Mutterkreuz erster Klasse erhielten Mütter, die acht oder mehr Kinder geboren hatten.

Zu den Arbeitsvorschlägen und Fragen

1 Das nationalsozialistische Frauenbild stand im Gegensatz zu dem der Weimarer Republik. Selbstbewusste und vor allem berufstätige Frauen – die möglicherweise auch noch ein eigenständiges Leben führten – widersprachen dem völkischen Hausfrauen- und Mutterbild.

2 Die zugemessene Bedeutungsschwere des so genannten Muttertages unterstrich die Rolle der Frau in Staat und Familie. Der Muttertag erlaubte, alljährlich wieder, kinderreiche Mütter öffentlichkeitswirksam mit Orden und Auszeichnungen zu ehren.

3 Beide Zeitungsannoncen spiegeln das NS-Frauenbild durch die vorwiegende Verwendung typischer Adjektive wieder. Bsp.: arisch, bescheiden, sparsam, breithüftig, kinderlieb

4 Die Kriegsnotwendigkeiten bzw. der entstandene Arbeitskräftemangel veranlassten die Nationalsozialisten von ihrer ursprünglichen Frauenpolitik abzurücken. Frauen mussten nunmehr auch in „klassischen Männerberufen“, bspw. der Rüstungsindustrie, arbeiten.

Frauenpolitik im Nationalsozialismus

Ideologie

- *Ziel: Frau = gehorsame, bescheidene Begleiterin des Mannes = „deutsche“, kinderreiche Mutter und fleißige Hausfrau; Ablehnung jeglicher Emanzipation*
- *Instrumente: übersteigerte Verherrlichung insbesondere der Mutter (Muttertag, Mutterkreuz); möglichst Verzicht auf Ausbildung und Beruf; Förderung körperlicher und weniger geistiger Werte*

Realität

- *Orden und Auszeichnungen für Mütter; die Begrenzung der Studienplätze und die Verdrängung von Frauen aus Leitungspositionen folgt zunächst den ideologischen Vorgaben*
- *mit dem Beginn des Krieges ändert sich die nationalsozialistische Frauenpolitik, weil erhöhter Arbeitskräftebedarf besteht*
- *v. a. Einsatz in Pflege-, Kranken- und landwirtschaftlichen Bereichen, der Rüstungsindustrie und als Wehrmachtshelferinnen*
- *die Kriegspolitik reißt Familien auseinander*

9 Ausgegrenzt, verfolgt, ermordet
(Schülerbuch S. 98–101)

Mögliche Unterrichtsgestaltung

Einstieg: Bildbetrachtung von Q3
Leitfrage: Wie sind der Inhalt aber auch die Wortwahl der Schildertexte zu bewerten?

Erarbeitung: In einer Gruppenarbeit soll die systematische Entrechtung und Verfolgung der Juden durch die Nationalsozialisten dargestellt werden. Dabei sollte zwischen verschiedenen Phasen unterschieden werden:
a) 1933 Boykottaktion gegen Juden
b) 1935 Nürnberger Gesetze
c) 1938 Pogromnacht

Auswertung: Die Schülerinnen und Schüler stellen ihre Ergebnisse vor und diskutieren sie. Sie planen eine Dokumentation und stellen eine Wandzeitung her: „Ausgegrenzt, verfolgt und ermordet" – Wie gehen wir heute damit um?

Zusatzinformationen zu den Materialien

Q12, Q13 Das unter strenger Geheimhaltung stattfindende Euthanasie-Programm lief unter dem Decknamen „Aktion T4", benannt nach seiner Organisationszentrale in der Berliner Tiergartenstraße 4. Gemordet wurde hauptsächlich in ausgesuchten Anstalten, z. B. in Grafeneck, Hadamar, Hartheim und Sonnenstein bei Pirna/Sachsen.

Zu den Arbeitsvorschlägen und Fragen

1 Opfer des NS-Terrors: Juden, politisch Andersdenkende und Oppositionelle, so genannte „rassisch minderwertige" Menschen, wie Sinti und Roma oder auch geistig und körperlich behinderte Personen, außerdem all jene, die nicht bereit waren, sich in die NS-Volksgemeinschaft zu integrieren.
2 siehe Tafelbild
3 Teile der Bevölkerung akzeptierten zwar eine gewisse Diskriminierung der Juden, der Großteil der Deutschen jedoch lehnte Gewalttaten, Verfolgung und Morde ab. An den Pogromen 1938 beteiligten sich nur wenige Menschen direkt. Allerdings gab es auch wenig Protest. Stattdessen bestimmte Angst, Anpassung und Gleichgültigkeit das Verhalten der Deutschen.
4 Der Zeitungsbericht entspricht der nationalsozialistischen Propaganda, wonach die „feige jüdische Mörderhand" am 9. November 1938 den spontanen Zorn des deutschen Volkes zu spüren bekam. Die Exil-SPD erklärt diese Ausschreitungen hingegen als geplanten Pogrom. Die Deutschen seien überwiegend empört, obgleich Einschüchterung und Angstgefühle einen ernsthaften Widerstand gegen die nationalsozialistischen Gewaltexzesse verhindert hätten.
5 Die nationalsozialistische Ideologie behauptete, dass Erbkranke und Behinderte den Staat belasten würden (Q13). Beispiele aus der Natur (Q12) sollten propagandistisch die Normalität der „Ausmerzung des Kranken und Schwachen" dokumentieren.

Systematische Ausgrenzung und Verfolgung jüdischer Bürger

Judenboykott (1. 4. 1933)	„Nürnberger Rassegesetze" (1935)	Pogromnacht (9. 11. 1938)
• konzertierte Aktion gegen jüdische Geschäfte, Arztpraxen und Anwaltskanzleien • Verbreitung von Schmähschriften; Zutrittsverweigerung durch SA-Posten; Entlassung jüdischer Beamter	• Entrechtung der Juden • Verbot der Übernahme eines öffentlichen Amtes; Zwangsverkauf jüdischer Unternehmen; Berufsverbote; Passkennzeichnung; Eheschließungs- und Kontaktverbote zwischen Juden und Nichtjuden; Verbot öffentlicher Verkehrsmittelbenutzung	• Ziele: Aneignung des jüdischen Besitzes; endgültige Ausschaltung der Juden aus dem öffentlichen Leben • Misshandlungen und Ermordungen; Zerstörung und Plünderung von Synagogen und Geschäften; Einweisung in Konzentrationslager

10 Der Weg in den Krieg
(Schülerbuch S. 102/103)

Mögliche Unterrichtsgestaltung

Einstieg: Die Interpretation der Karikatur ***Q6****: „Der Mann mit den zwei Gesichtern", verdeutlicht die ganze Bandbreite der Themendoppelseite. Siehe Tafelbild.*

Erarbeitung 1: Mit Hilfe des ***VT, Q3, Q4*** *und* ***Q5*** *soll die Aussage „Den Frieden verkünden, den Krieg vorbereiten" in Partnerarbeit thematisiert und ausgewertet werden.*

Erarbeitung 2: Mit Hilfe von ***Q1*** *und dem* ***VT*** *soll die Appeasement-Politik untersucht werden.*
- *Was bedeutet der Begriff „Appeasement"?*
- *Ab wann setzt diese Politik ein, und welche Hoffnungen und Motive verbanden die daran beteiligten Länder mit ihr?*
- *Wann und warum scheiterte diese Politik?*

Zusatzinformationen zu den Materialien

Q3 Am 5. November 1937 trafen die drei Oberbefehlshaber der Wehrmacht in der Reichskanzlei zu einer Besprechung mit Hitler, dem Reichskriegsminister und dem Außenminister des Reiches zusammen. Hitler schilderte dabei seine kriegerischen außenpolitischen Zielsetzungen und kündigte für 1938 die Annexion Österreichs und der Tschechoslowakei an. Der ebenfalls anwesende Wehrmachtsadjutant Hoßbach machte sich Notizen von der Besprechung und schrieb diese im Anschluss nieder.

Zu den Arbeitsvorschlägen und Fragen

1 Eingliederung des Saarlandes (1935), Besetzung der entmilitarisierten Rheinlandzone (1936), Einmarsch in Österreich (1938), Eingliederung des Sudetenlandes (1938), Annexion von Böhmen, Mähren und des Memellandes (1938), Einmarsch der Truppen in die Tschechoslowakei (1939).

2 Hitlers außenpolitisches Handeln war gekennzeichnet von Täuschungen über seine wirklichen Vorhaben und Ziele. Während er in öffentlichen Erklärungen den deutschen Friedenswillen bekundete, liefen seine Planungen von Anfang an auf einen Krieg hinaus. Ab 1936 begannen militärische Besetzungen und Annexionen, die 1939 schließlich in den Zweiten Weltkrieg mündeten.

3 Die Karikatur **Q4** soll das Entsetzen Polens über den so genannten „Hitler-Stalin-Pakt" (1939) darstellen.

4 Der „Anschluss" Österreichs (1938) war in Wirklichkeit – und trotz breiter Akzeptanz bei der österreichischen Bevölkerung – die gewaltsame Besetzung und Grenzverletzung eines souveränen Staates. Propagandistisch sollte der Begriff „Anschluss" vor allem die Redlichkeit der Friedensbeteuerungen Hitlers unterstreichen und vom militärischen Charakter der Aktion ablenken.

Der Weg in den Krieg

1933	1935	1936	1938	1939
Hitler bekräftigt in der Regierungserklärung vom 23.3. seinen „Friedenswillen"; Austritt aus dem Völkerbund	Verstoß gegen Vertrag von Versailles: Einführung Wehrpflicht; Flottenabkommen mit England	Berliner Olympiade, Friedensfest der Völker; Besetzung des Rheinlandes	militärische Besetzung Österreichs und des Sudetenlandes (Münchner Abkommen)	Besetzung Tschechoslowakei; 1. 9. Einmarsch in Polen, Beginn II. WK

- wie der Zeitstrahl zeigt, verkündet Hitler nur scheinbar seinen Friedenswillen
- Aufrüstung/Kriegsdrohung/militärische Besetzung zeigen, dass Hitlers Friedensbeteuerungen jeglicher Grundlage entbehrten.

11 Der Krieg in Europa – Völkervernichtung
(Schülerbuch S. 104/105)

Mögliche Unterrichtsgestaltung

Einstieg: Lehrervortrag: Am 1. September 1939 griffen deutsche Soldaten ohne Kriegserklärung Polen an. Hitler hatte bis zum letzten Augenblick gezweifelt, dass Frankreich und England an der Garantieerklärung für Polen festhalten würden. Jedoch erklärten beide Staaten am 3. September 1939 Deutschland den Krieg. Aufgrund unzureichender Kriegsvorbereitungen verhielten sich die Westmächte anfangs sehr defensiv.

Erarbeitung 1: In Partnerarbeit sollen mit Hilfe des ***VT*** *und* ***D1*** *die so genannten deutschen „Blitzsiege" analysiert werden.*

*Erarbeitung 2: Thematisierung des Vernichtungskrieges im Osten. Gegenüberstellung der Unterschiede „Krieg im Westen" – „Krieg im Osten" in Partnerarbeit (**VT, Q1–Q4**). → TB*

Abschlussdiskussion: „Nicht nur die SS, sondern auch Teile der Wehrmacht haben unmenschliche Taten begangen, die nicht vergessen und wohl auch nicht vergeben werden können".

Zusatzinformationen zu den Materialien

Q1–Q4 Am 4. Oktober 1943 hielt der Reichsführer der SS, Heinrich Himmler, eine Rede, die den fanatischen Vernichtungswillen und die Unmenschlichkeit der nationalsozialistischen Ideologie dokumentiert: „Ein Grundsatz muss für den SS-Mann absolut gelten: Ehrlich, anständig, treu und kameradschaftlich haben wir zu Angehörigen unseres eigenen Blutes zu sein und zu sonst niemandem. Wie es den Russen geht, wie es den Tschechen geht, ist mir total gleichgültig. Ob die anderen Völker im Wohlstand leben oder ob sie verrecken vor Hunger, das interessiert mich nur soweit, als wir sie als Sklaven für unsere Kultur brauchen, anders interessiert mich das nicht. Ob bei dem Bau eines Panzergrabens 10000 russische Weiber an Entkräftung umfallen oder nicht, interessiert mich nur in soweit, als der Panzergraben für Deutschland fertig wird."

Zu den Arbeitsvorschlägen und Fragen

1 Beide Bilder dokumentieren das Kriegsregime der Deutschen in den eroberten Gebieten im Osten. Zu **Q2**: Der Anblick öffentlich Hingerichteter mag bei der Bevölkerung Trauer und Entsetzen, aber auch Hass und Wut auf die Besatzer ausgelöst haben.
2 siehe Tafelbild
3 Die erbarmungslose Grausamkeit des nationalsozialistischen Vernichtungskriegs – Ausbeutung und Ermordung von Millionen Kriegsgefangenen und Zivilisten – lässt die Völker Osteuropas nicht vergessen und wohl auch nicht vergeben.

Die „Blitzkriege" im Westen und der Vernichtungskrieg im Osten

• *„Blitzkriege": 1939–1941 in Nord- und Westeuropa; kurze und schnelle Entscheidungen durch die überlegene Panzer- und Luftwaffe – kaum deutsche Verluste; Besetzung Dänemarks, Norwegens, der Niederlande, Belgiens, Luxemburgs und Frankreichs* • *Ziel: Ausweitung des Einflussgebietes, Zugriff auf kriegswichtige Rohstoffe*	• *Vernichtungskrieg: 1939 Besetzung Polens; 1941 Angriff auf Sowjetunion anfänglich wirkt auch hier das Konzept „Blitzkrieg"* • *Ziel: systematische Ausbeutung der Länder und Ausrottung der Bevölkerungen (vor allem Intelligenz/Führungsschichten)* • *Bsp. Kriegsbilanz Sowjetunion: 20,6 Millionen Tote (13,6 Mio. Soldaten; 7 Mio. Zivilisten)*

12 Holocaust – Shoa
(Schülerbuch S. 106–109)

Mögliche Unterrichtsgestaltung

Einstieg: Bezugnahme auf Kapitel 9 „Ausgegrenzt, verfolgt, ermordet“. Alle Gruppen fassen noch einmal die Ergebnisse ihrer erarbeiteten Dokumentation zusammen. Hinweis des Lehrers: Mit Kriegsbeginn weitete sich der Terror gegenüber den Juden zum systematischen Massenmord aus. Ab 1941 wurden Juden in Vernichtungslager deportiert und dort ermordet. Insgesamt kamen etwa sechs Millionen Juden ums Leben.

Erarbeitung: Die in Gruppenarbeit erstellte Dokumentation soll weitergeführt und um den Themenaspekt „Holocaust“ ergänzt werden. Materialgrundlage können der ***VT*** *sowie sämtliche Quellen des Kapitels 12 sein. Gemeinsame Absprache über eine Gliederung des Themas. Evt. kann anschließend eine Ausstellung für andere Klassen zusammengestellt werden.*

Zu den Arbeitsvorschlägen und Fragen

1 Ruth Klüger schildert als Überlebende des Holocaust ihre Erlebnisse unverschleiert und direkt. Durch ihre Wortwahl gelingt es ihr, dass sich der Leser die unerträgliche Grausamkeit der Situation vorstellen kann. Ihre Verzweiflung und ihr Entsetzen über das Erlebte kann man förmlich spüren. Das Protokoll der Wannsee-Konferenz ist dagegen in nüchterner Bürokratensprache abgefasst, die den Plan des Massenmordes verschleiert. Die Aussagen von Höß über das erlebte Grauen schließlich lesen sich wie ein Börsenbericht. Von Emotionen oder Einsicht einer unerträglichen Schuld keine Spur.

2 Die Karte zeigt das Gebiet Deutschlands von 1937. Die eingezeichneten Vernichtungslager befanden sich alle außerhalb Deutschlands und in überwiegender Zahl auf polnischem Territorium. Daraus lässt sich schlussfolgern, dass die Nationalsozialisten die Existenz dieser Lager vor der deutschen Bevölkerung verbergen wollten.

3 Das den Menschen angetane Leid lässt sich in Ausmaß und Durchführung kaum begreifen und ist in der gesamten Menschheitsgeschichte einmalig.

4 Der Historiker Wolfgang Benz argumentiert, dass die Deutschen – durch Erzählungen/eigene Beobachtungen/Gerüchte – ein „mehr oder weniger deutliches Wissen“ über den Völkermord haben mussten. Die individuelle und kollektive Verneinung dieser Kenntnisse geschah aus „Selbstschutz“, aber auch aus Scham über die eigene Untätigkeit gegenüber den Verbrechen. Durch Verdrängung des konkreten Wissens oder zumindest einer dunklen Ahnung vom Völkermord versuchten viele, einer Auseinandersetzung mit den unvorstellbaren Verbrechen aus dem Weg zu gehen.

5 Die Leugnung des Holocaust wird vor allem durch neonazistische Extremisten betrieben. Hintergrund ist der Versuch, die NS-Ideologie zu rehabilitieren. Dafür erscheint es den Rechtsextremisten notwendig – entgegen aller historischen Fakten – Verbrechen der NS-Zeit zu relativieren oder ganz abzustreiten.

Holocaust – Shoa

Der Weg in die Katastrophe

- *1933–1935 Einzelmaßnahmen gegen Juden (z. B. wirtschaftlicher Boykott)*
- *1935–1938 schärfere Diskriminierung und Ausschluss aus dem öffentlichen Leben (z. B. Nürnberger Rassegesetze)*
- *1938 organisierte Ausschreitungen (Reichspogromnacht)*
- *1941–1945 Vernichtungslager – systematisch geplante und durchgeführte Massenmorde durch Zwangsarbeit, Erschießung und Vergasung in eigens dafür errichteten Vernichtungslagern (z. B. Auschwitz)*

13 Vom totalen Krieg zur Kapitulation (Schülerbuch S. 110/111)

Mögliche Unterrichtsgestaltung

Einstieg: Lehrervortrag
Als die 6. Armee Anfang 1943 in Stalingrad kapitulierte, wurde auch fast allen Deutschen deutlich, dass der Krieg eigentlich verloren war. Und dennoch wurde offiziell immer noch vom „Endsieg" gesprochen. Mit allen Mitteln versuchte die NS-Propaganda trotz der aussichtslosen Lage Siegeszuversicht zu vermitteln und rief den totalen Krieg aus. Alte und Jugendliche wurden nun Soldaten, Frauen arbeiteten in der Rüstungsindustrie. Von allen Deutschen wurde verlangt, dass sie den totalen Krieg mit all seinen Opfern und Leiden auf sich nahmen.

*Erarbeitung 1: Anhand des **VT** sowie **Q1**, **Q2** und **Q5** soll in Partnerarbeit untersucht werden, wie es zum totalen Krieg kam und was dieser für die Bevölkerung bedeutete.*

*Erarbeitung 2: Mit Hilfe des **VT** soll in Partnerarbeit geklärt werden, welche Faktoren letztlich zur „totalen Niederlage" Deutschlands führten.*

Sicherung: Die Ergebnisse der Partnerarbeit werden präsentiert und im Tafelbild festgehalten.

Zusatzinformationen zu den Materialien

Q4 Über Deutschland wurden im Verlauf des gesamten Krieges 1,35 Millionen (Mio.) Tonnen Bomben abgeworfen. Dabei wurden 3,6 Mio. Wohnungen zerstört. 300.000 Zivilisten starben und 700.000 wurden verletzt. Insgesamt brachte der Zweite Weltkrieg rund 5,5 Mio. Deutschen den Tod. Weitaus mehr Opfer hatte die Sowjetunion mit etwa 25 Mio. Toten zu beklagen. Weltweit liegt die Zahl der Toten des Krieges bei rund 55 Mio.

Zu den Arbeitsvorschlägen und Fragen

1 „Totaler Krieg" hieß Mobilisierung und Einsatz aller Reserven zur Vernichtung des Gegners.
- Kampfeinsatz des „Volkssturms" und der Hitlerjugend
- Frauenarbeitseinsatz in Rüstungsbetrieben
- auf dem Rückzugsgebiet wird nur „verbrannte Erde" hinterlassen (Zerstörung wichtiger Infrastruktur für die Alliierten)

2 Die Umstellung auf den „totalen Krieg" schob das Kriegsende hinaus. Die NS-Führung hielt in mangelnder Einsicht in die mittlerweile unausweichliche Niederlage an propagandistischen Durchhalteparolen und an militärischer Gegenwehr fest. In diesem Zuge wurde auch die Bevölkerung unter Druck gesetzt, die letzten Reserven zu mobilisieren.

3 Bereits durch die alliierten Luftangriffe waren die meisten deutschen Großstädte in Schutt und Asche gebombt worden. Hitlers Anordnung – die Zerstörung überlebensnotwendiger Infrastruktur – hätte noch mehr Leid und Chaos über die deutsche Zivilbevölkerung gebracht.

Die „totale Niederlage" des Dritten Reiches

schwindender „Endsiegglaube" der Bevölkerung
- *die Zerstörung von Fabriken und Verkehrswegen, schwere Verluste unter der Zivilbevölkerung und an der Front unterhöhlen den Glauben an das Nazi-Regime*

Kriegseintritt USA (1941)
- *stärkt die alliierten Truppen in Europa*

Niederlage von Stalingrad (1942/43)
- *hat militärisch und moralisch verheerende Auswirkungen für das Dritte Reich*

Bombardierungen (1941–1945)
- *flächendeckende Bombenangriffe der Alliierten zermürben die Deutschen*

alliierte Offensiven
- *Landung in der Normandie (1944)*
- *unaufhaltsamer Vormarsch Rote Armee (seit 1942/43)*

15 Widerstand, Protest, Verweigerung (Schülerbuch S. 114–117)

Mögliche Unterrichtsgestaltung

*Einstieg: Brainstorming zu den Begriffen Widerstand, Protest, Verweigerung. Anschließend Vergleich mit dem Lexikonbegriff „Widerstand" im Schülerbuch. Diskussion, ob das Foto **Q1** Widerstand dokumentiert (vgl. Aufgabe 2).*

*Erarbeitung: Gemeinsame Lektüre des ersten Abschnitts des **VT** unter der Fragestellung „Wer leistete warum Widerstand?". Anschließend Erarbeitung einzelner Widerstandsgruppen in Gruppenarbeit:*
*a) Politischer Widerstand (2. Abschnitt **VT, Q8**)*
*b) Christlicher Widerstand (3. Abschnitt **VT, Q7**)*
*c) Attentat des 20. Juli 1944 (4. Abschnitt **VT**)*
*d) Einzelkämpfer (5. Abschnitt **VT, Q5**)*
*e) Weiße Rose (6. Abschnitt **VT, Q6**)*
Die einzelnen Gruppen untersuchen ihren Themenbereich unter folgenden Fragestellungen:
– Warum wurde Widerstand geleistet?
– Wie widersetzten sich die Menschen?
– Welche Ziele wurden verfolgt?

Auswertung: Die einzelnen Gruppen stellen ihre Ergebnisse vor (siehe auch Tafelbild).

Zusatzinformationen zu den Materialien

Q3 Misslungene Attentate auf Hitler, wie das von Stauffenberg am 20. Juli 1944 ausgeführte, gab es einige. Adolf Hitler bewegte sich, trotz permanenter Sicherheitsbedenken seiner unmittelbaren Umgebung, recht frei, um so das Propaganda-Bild des „volksnahen Führers" zu untermauern. Eine Vielzahl unglaublicher Zufälle verhinderte den Erfolg und damit auch die Publikation einer Reihe von Anschlägen. Allein vor dem Jahr 1933 gab es vier Versuche, Hitler umzubringen.

Zu den Arbeitsvorschlägen und Fragen

1 siehe Tafelbild
2 Das Verhalten August Landmessers lässt sich als Verweigerung gegenüber dem NS-System bezeichnen. Er leistet eine Art des passiven Widerstands, indem er den obligatorischen Hitlergruß nicht ausführt. Dies tut er öffentlich, für alle Umstehenden sichtbar, und geht somit ein gewisses Risiko ein. Landmessers Protest ist persönlicher Natur. Er richtet sich gegen die Nürnberger Rassegesetze und das daraus resultierende Verbot, seine jüdische Lebensgefährtin heiraten zu dürfen.
5 Widerstand im NS-Staat war ein Beitrag für den späteren demokratischen Neubeginn, da einerseits Pläne alternativer Staatsmodelle entstanden, andererseits die Menschen des Widerstandes mit ihrer Arbeit ein moralisches Zeichen setzten gegen Unterdrückung, Ausgrenzung, Terror und Mord und somit späteren Generationen als Vorbild dienen konnten.

Widerstand gegen den Nationalsozialismus

Widerstandsgruppe	Widerstandsmotiv	Widerstandsform
Sozialisten, Kommunisten, Gewerkschafter	politischer Kampf gegen die NS-Bewegung; überzeugte Gegner bereits vor 1933	Sabotage in Kriegsbetrieben, Flugblattaktionen
Vertreter der katholischen und evangelischen Kirche	staatlicher Eingriff in Kirchenangelegenheiten; Mord an Behinderten	Predigten, Schriften, Seminare
bürgerlich-militärische Kreise	außenpolitischer Kriegskurs; zunehmender innenpolitischer Terror	mehre Attentatsversuche mit den Zielen: Kriegsende, neue Regierung
Einzelkämpfer	Protest und Widerstand aus vielfältigen persönlichen und politischen Gründen	Attentatsversuche, Flugblattaktionen, passiver Widerstand: Verweigerung bestimmter Regeln der Volksgemeinschaft
Jugendliche und Studenten	Unfreiheit in der Diktatur; Krieg; Entrechtung und Vernichtung der Juden	v. a. Flugblattaktionen zur Bevölkerungsaufklärung; Mobilisierung Gleichgesinnter

17 Erinnern an die Vergangenheit (Schülerbuch S. 120–123)

Mögliche Unterrichtsgestaltung

Einstieg: Lehrerhinweis: „In den ersten Jahren nach Beendigung des Zweiten Weltkrieges waren nur wenige Deutsche an einer kritischen Aufarbeitung des Nationalsozialismus interessiert. Aber das Vergangene kann man nicht so einfach verdrängen."

Erarbeitung 1: Den Schülerinnen und Schülern soll im Rahmen eines allgemeinen Unterrichtsgesprächs verdeutlicht werden, wie schwer es der Nachkriegsgeneration fiel, sich mit den Verbrechen der nationalsozialistischen Ära auseinander zu setzen. Dabei soll das zentrale Vermittlungsziel die – auch über die Nachkriegsgeneration hinausreichende – historische Verantwortung der Deutschen sein. Bildbetrachtung von ***Q1*** *und* ***Q2****. Lektüre der Abschnitte 1–4 des* ***VT*** *sowie von* ***Q4*** *und* ***Q5****.*

Erarbeitung 2: Mit Hilfe des Abschnittes 5 des ***VT*** *und der Quellen* ***Q6–Q8*** *sollen in Gruppenarbeit die folgenden Fragen beantwortet werden:*
- *Was treibt Jugendliche in den Rechtsextremismus?*
- *Was bieten rechtsextreme Organisationen?*
- *Welche gesellschaftspolitischen Maßnahmen müssen dagegen ergriffen werden?*

Sicherung: Die Ergebnisse der Gruppenarbeit werden präsentiert und im Tafelbild festgehalten.

Zu den Arbeitsvorschlägen und Fragen

1 Verdrängung der Hinnahme von Menschenrechtsverletzungen, Terror und Mord. Motive: fehlendes Schuldbewusstsein; Scham und Entsetzen über die individuelle und kollektive Tatenlosigkeit; Probleme der Nachkriegszeit und des Wiederaufbaus überlagern NS-Vergangenheit.

2 Benda spricht sich gegen die Verjährung aus. Stattdessen sollten NS-Verbrechen gerichtlich aufgearbeitet werden, gerade um die „Ehre der Nation" wieder herzustellen.

4 Sowohl Gerhard Schröders als auch Paul Spiegels Äußerungen zum Umgang mit der NS-Vergangenheit beinhalten die zentrale Aufforderung zum verantwortungsbewussten Umgang mit Geschichte. Danach tragen auch Menschen ohne Schuld Verantwortung. Diese liege im Handeln und Lernen für Gegenwart und Zukunft.

Erinnern an die Vergangenheit – auch heute noch!

Attraktion des Rechtsextremismus
Provokation, Macht, Gewalt, Gemeinschaft, Zusammenhalt, Abenteuer

↕

Ursachen des jugendlichen Rechtsextremismus
Einsamkeit, soziale Schieflage, Gleichgültigkeit, aussichtslose Lage, Langweile, Orientierungslosigkeit, Unkenntnis historischer Zusammenhänge

Kampf gegen Rechtsextremismus (→ wirkt auf Attraktion und Ursachen)
- *Bezüge von Vergangenheit und Gegenwart noch stärker in die Öffentlichkeit tragen (bspw. Demonstrationen gegen das Vergessen; Parlamentsdebatten)*
- *vorbeugende Maßnahmen welche Jugendliche vom Einstieg in den Extremismus abhalten (Sozialarbeit – Förderung interkulturellen Austauschs, historische Projektarbeit)*
- *Aufklärung und Diskussion im eigenen familiären Umfeld und Freundeskreis*
- *Entwicklung einer Erinnerungskultur (Mahnmale, Gedenktage)*

Deutschland nach 1945 – besetzt, geteilt und wieder vereint

Einleitung

Das Erkennen der Probleme und Aufgaben, die heute vor den Menschen im wiedervereinten Deutschland stehen, erfordert von den Schülerinnen und Schülern eine intensive Auseinandersetzung mit der vielschichtigen Geschichte der Deutschen bei der Entwicklung ihrer Nation. Deshalb ist die Themeneinheit in Anlehnung an den Lehrplan als historische Längsschnittuntersuchung zweier Zeitabschnitte konzipiert:

1. Vom Beginn des 19. Jahrhunderts bis zum Ende des Zweiten Weltkrieges, unterteilt in die Epochen:

- Vom Deutschen Bund zum Deutschen Reich 1815 - 1871
- Das deutsche Kaiserreich von 1871 –1918
- Vom demokratischen Nationalstaat zur NS-Diktatur 1918–1945

2. Von 1945 bis zur Gegenwart

Die Aufbereitung des ersten Zeitabschnitts im Schulbuch geht davon aus, dass der historische Zeitraum von 1815 bis 1945 bereits Unterrichtsgegenstand war. Die Längsschnittuntersuchung orientiert deshalb speziell auf wesentliche historische Prozesse und Ereignisse, die für die Entwicklung der deutschen Nation, des Nationalbewusstseins der Deutschen und der Beziehungen der Deutschen zu den anderen Völkern bedeutsam waren. Mit dieser Konzeption werden Wiederholungen von bereits in Band 2 behandeltem Stoff vermieden. Die Schülerinnen und Schüler werden befähigt, weitestgehend selbstständig den langen widersprüchlichen Weg der Deutschen zu einer demokratischen Nation nachzuvollziehen. Die Doppelseite „Eine Zeitleiste gestalten" (S. 142/143) orientiert in diesem Sinne darauf, in Projektarbeit die Bedeutung wesentlicher Ereignisse der deutschen Geschichte bei der Lösung der nationalen Frage näher zu bestimmen.

Die historischen Prozesse und Ereignisse des zweiten Zeitabschnitts ragen vielschichtig in unsere Gegenwart hinein. Die Großeltern und Eltern der Schüler haben zum Teil die Entwicklung selbst miterlebt und ihr politisches Bewusstsein wurde davon geprägt. Die Auseinandersetzung der Jugendlichen mit diesem Abschnitt deutscher Geschichte ist wichtig für die Herausbildung und Festigung eines demokratischen Wertebewusstseins, des Zusammengehörigkeitsgefühls der Deutschen und für das Erkennen der Aufgaben der Deutschen bei der Gestaltung eines demokratischen Europas.

Erkenntnisleitende Fragen

- Welche Ereignisse beeinflussten den Weg der Deutschen zu einem Nationalstaat von 1815–1871?
- Wodurch waren die Beziehungen zu anderen Völkern in der Zeit von 1871 bis 1945 gekennzeichnet?
- Welche Bedeutung hatte der Nationalsozialismus für die Entwicklung der deutschen Nation?
- Welchen Stellenwert hatte die Wiedervereinigung Deutschlands im Leben der Menschen und in der Politik der beiden deutschen Staaten von 1949 bis 1990?
- Welche Faktoren waren für den Untergang der DDR und für die Wiedervereinigung Deutschlands entscheidend?
- Was brachte die Wiedervereinigung den Deutschen in den alten und neuen Bundesländern?

Mögliche Unterrichtsreihe

1. Die Deutschen und ihre Nation	*Kap. 1*
2. Die deutsche Nation von 1815–1945	*Kap. 2–5*
3. Unter alliierter Besatzung 1945–1949	*Kap. 6–9*
4. Zwei deutsche Staaten 1949–1989:	*Kap. 10–17*
– Leben im geteilten Deutschland	
– Konfrontation und Annäherung	
– Die Deutschen und die anderen Völker	
5. Der Weg zur Wiedervereinigung	*Kap. 18–20*
6. „Aufbau Ost" – eine Bilanz	*Kap. 21*

Auftaktdoppelseite S. 126/127

Im Zentrum der ADS steht das Foto, das die überschäumende Freude der Deutschen in Ost und West bei der Öffnung der Mauer im November 1989 dokumentiert. Karte und Zeitleiste verdeutlichen wesentliche Ereignisse deutscher Geschichte vom Ende des Zweiten Weltkrieges bis zur Gegenwart. Sie geben den Schülerinnen und Schülern einen ersten Einblick in die wechselhafte Geschichte der Deutschen in diesem Zeitraum. Im nachfolgenden Unterricht kann hierauf als Orientierungshilfe immer wieder zurückgegriffen werden.

1 Die Deutschen und ihre Nation
(Schülerbuch S. 128/129)

Mögliche Unterrichtsgestaltung

*Einstieg: Bildbetrachtung und -auswertung von **Q1** und des **VT** dienen dazu, die Schüler mit dem Thema „Bindung des Einzelnen an die Nation" zu konfrontieren (vgl. Aufgabe 1).*

▼

*Erarbeitung 1: Warum ist es wichtig, sich mit der Geschichte seiner Nation auseinander zu setzen? Analyse von **Q2** (vgl. Aufgabe 2).*

▼

*Erarbeitung 2: Wie die Nachbarn die Deutschen zu unterschiedlichen Zeiten sahen. Auswertung der Karikatur **Q4**. Vgl. Aufgabe 3 und 4.*
Hinweis: Aufgabe 4 kann als Hausaufgabe gegeben werden.

▼

*Erarbeitung 3: Die Auseinandersetzung mit der Teilung der Deutschen in zwei Staaten ist „nicht überholt". Auswertendes Unterrichtsgespräch über **Q3** (vgl. Aufgabe 5). → Tafelbild (TB)*

Zusatzinformationen zu den Materialien

Q1 Das Foto regt an, darüber zu diskutieren, dass berechtigter nationaler Stolz nicht in Überheblichkeit gegenüber anderen Nationen ausarten muss. Das gemeinsame Erleben sportlicher Auseinandersetzungen kann freundschaftliche Beziehungen zwischen Menschen unterschiedlicher Nationen befördern.

Q4 In einem Längsschnitt zeigt der Karikaturist Fritz Behrendt, wie die Nachbarvölker zu unterschiedlichen Zeitpunkten „den Deutschen" gesehen haben. Behrendt dokumentiert gesellschaftliche Zustände im Deutschland des 20. Jahrhunderts:
1900: den preußisch-deutschen Militarismus im Kaiserreich,
1930: die „unpolitischen", nicht die Gefahr des Nationalsozialismus sehenden Deutschen am Ende der Weimarer Republik,
1940: den Zweiten Weltkrieg, der anderen Völkern unbeschreibliches Leid brachte,
1995: ein mit der Wiedervereinigung entstandenes starkes Deutschland in Europa.

Zu den Arbeitsvorschlägen und Fragen:

1 In Zeitreise 2 erfolgte bereits folgende Definition des Begriffes Nation, auf die zurückgegriffen werden kann: Wenn eine große Zahl von Menschen durch gemeinsame Abstammung, Sprache, Geschichte und Kultur miteinander verbunden ist, spricht man von einer Nation. Menschen einer Nation können auch auf mehrere Staaten verteilt leben. Im 19. Jahrhundert waren viele Deutsche damit nicht mehr zufrieden, sie wollten einen gemeinsamen Staat, einen Nationalstaat.
2 Die Lösung der nationalen Frage erfordert, aus der Geschichte zu lernen, um begangene Irrtümer und Fehlentwicklungen zu vermeiden.
4 Die Arbeitsergebnisse sollten unbedingt die Grundlage für eine Diskussion in der Klasse sein.
5 Die Aufgabe könnte genutzt werden, aktuelle Probleme des Zusammenwachsens der neuen und alten Bundesländer anzusprechen.

Was verbindet uns Deutsche mit Deutschland?

- *in Deutschland geboren und aufgewachsen zu sein, sich hier zu Hause zu fühlen, die gleiche Sprache zu sprechen*
- *das gemeinsame Territorium*
- *gemeinsame Abstammung, Geschichte und Kultur*

„Wenn ein Volk nicht weiß, wie es zu seiner Vergangenheit steht, kann es in der Gegenwart leicht stolpern", d. h.:

▼

Wir sollten …

- *die positiven Leistungen großer Deutscher würdigen (bspw. Goethe, Schiller, Kant, Einstein)*
- *aber auch aus schrecklichen, teils verbrecherischen Ereignissen der Vergangenheit lernen (bspw. aus den zwei Weltkriegen, dem Nationalsozialismus, der 40-jährigen Teilung Deutschlands*

2 Vom Deutschen Bund zum Deutschen Reich (Schülerbuch S. 130–133)

Mögliche Unterrichtsgestaltung

Vorbemerkung:
Eventuell zwei Unterrichtsstunden zum Thema:
1. Stunde: Einstieg und Gruppenarbeit.
2. Stunde: Auswertung der Gruppenarbeit in der Klasse, Erarbeitung des Tafelbildes.

*Einstieg: Kartenarbeit **D1**. Deutschland von 1815–1871, das Territorium und die Einzelstaaten (vgl. Aufgabe 1).*

Erarbeitung 1: Gruppenarbeit
Das Streben der Deutschen nach einem Nationalstaat in den Jahren 1815–1871:
1. *Gruppe: Zeitraum 1815–1847*
   ***VT** (1. Abschnitt), **Q3**; vgl. Aufgabe 2*
2. *Gruppe: Zeitraum 1848/1849*
   ***VT** (2. Abschnitt), **Q1**, **Q4**; vgl. Aufgabe 3 und 4*
3. *Gruppe: Zeitraum 1850 bis 1871*
   ***VT** (3. Abschnitt), **Q2**, **Q5**, **Q6**, **Q7**, vgl. Aufgabe 5 und 6*

Aufgabenstellung: Erläutere das Ringen der Deutschen um einen Nationalstaat. Welche Probleme gab es? Welche Ergebnisse wurden erreicht? Orientiere dich an den Arbeitsvorschlägen. Berücksichtige dabei auch die angegebenen Quellen und Bilder.

Erarbeitung 2: Auswertung der Gruppenarbeit → Tafelbild (TB)

Zusatzinformationen zu den Materialien

Q1 Die Haltung Friedrich Wilhelms IV. zu der ihm angebotenen Kaiserkrone wird in einem Brief vom Dezember 1848 deutlich: Sie sei behaftet mit dem „Ludergeruch der Revolution" und sie sei ein „imaginärer Reif aus Dreck und Letten (Lehm) gebacken".
Q2 Die Pickelhaube war das Symbol des preußischen Militarismus. Sie versinnbildlichte den Kampf gegen Freiheit, Demokratie und Selbstbestimmung.

Zu den Arbeitsvorschlägen und Fragen

2 Freiherr vom Stein forderte die Schaffung eines starken selbstständigen und unabhängigen deutschen Nationalstaates, auch im Interesse Europas.
3 Es geht darum, die Begründungen der Abgeordneten für ihre unterschiedlichen Sichten herauszuarbeiten.
4 Friedrich Wilhelm IV. ist ein entschiedener Gegner der Revolution. Das gewählte Parlament ist in seinen Augen nicht legitimiert, den deutschen Kaiser einzusetzen. Das Recht hierfür haben nur die Fürsten.
5 Auf den nachfolgenden vier Seiten werden Fakten genannt, die zeigen, wie die deutsch-französischen Beziehungen belastet wurden, u. a.:
Annexion französischer Gebiete; nationale Überheblichkeit und Demütigung Frankreichs fördern den Hass der Franzosen auf den „Erbfeind" und stärken den Willen, begangenes Unrecht zu sühnen.
6 Kaiser und Regierung missachten das Völkerrecht auf nationale Selbstbestimmung.

Der Weg der Deutschen zum Nationalstaat (1815–1871)

<u>1815–1847:</u>

1815: Gründung des Deutschen Bundes als loser Staatenbund, in dem die Fürsten weiterhin die Macht besaßen.
Alle Bestrebungen nach nationaler Einheit und Freiheit (Wartburgfest 1817, Hambacher Fest 1832) wurden unterdrückt.

<u>1848/1849:</u>

Revolution in Deutschland: Frankfurter Nationalversammlung arbeitet eine Verfassung aus:
- *Deutschland soll eine parlamentarische Monarchie werden ohne Einbeziehung Österreichs und unter Führung Preußens („kleindeutsche" Lösung).*

***Aber:** Revolution wird blutig niedergeschlagen.*

<u>1850–1871:</u>

1871: Gründung des deutschen Kaiserreiches durch „Blut und Eisen" unter Führung Preußens.
***Aber:** kein friedliebender, demokratischer Nationalstaat, Vorherrschaft Preußens, Aneignung von Elsass-Lothringen.*

3 Das deutsche Kaiserreich von 1871–1918 (Schülerbuch S. 134–137)

Mögliche Unterrichtsgestaltung

Vorbemerkung:
Eventuell zwei Unterrichtsstunden zum Thema:
1. Stunde: Einstieg zum Gesamtthema und „Nationale Überheblichkeit"
2. Stunde: Kolonien und Diskriminierung

Einstieg: Bildanalyse von ***Q1, Q2*** *in Verbindung mit Gedichtsanalyse „Epilog zum Kriege" (****Q3****), (vgl. Aufgabe 2 und 3)*

Erarbeitung 1: Analyse des ***VT*** *(1. Abschnitt) mit der Aufgabenstellung:*
- *Welche Vorstellungen hatten viele Deutsche von der Stellung der deutschen Nation in der Welt? → TB*

Erarbeitung 2: Analyse von ***Q4***
- *Welchen Platz ordnet Otto Preuß Deutschland unter den Nationen ein und wie begründet er seine Auffassung?*
- *Welche Wirkung konnten solche Reden für die Menschen*

a) in Deutschland (vgl. Aufgabe 2)
b) bei den Nachbarvölkern haben? → TB

Erarbeitung 3: Analyse des ***VT*** *(2. Abschnitt):*
- *Wie werden Kolonialerwerb und Antisemitismus begründet? → TB*

Erarbeitung 4: Gruppenarbeit
*Gruppe 1: Kolonialpolitik (****Q5*** *sowie* ***Q6–Q8****). Vgl. Aufgabe 4 → TB*
*Gruppe 2: Antisemitismus (****Q12; Q9–Q11****). Vgl. Aufgabe 5 und 6 → TB*

Zusatzinformationen zu den Materialien

Q9–Q12 Der Antisemitismus im deutschen Kaiserreich war bereits Gegenstand der Behandlung (vgl. *Zeitreise 2, S. 146/147*). Hier erfolgte auch die Definition des Begriffes.

Zu den Arbeitsvorschlägen und Fragen

1 Aussagen: Drohung und Einschüchterung gegenüber anderen Völkern; den Menschen in den Kolonien sollen die „deutschen Lebensvorstellungen" aufgezwungen werden, was zum Verlust ihrer Identität führt.
2 Verherrlichung des Soldaten als Bestandteil der militaristischen Erziehung.
3 Herwegh beschreibt negative Merkmale des Kaiserreiches:
- entstanden auf der Grundlage von Annexionen,
- Großmannssucht und Überheblichkeit gegenüber anderen Völkern sowie Verletzung der Menschenrechte.

5 Die Karikatur **Q10** ist sehr aussagekräftig. Sie sollte deshalb ausführlich beschrieben werden. Hier wird die Verunglimpfung der jüdischen Mitbürger in mehreren Bilddetails sichtbar.
6 Aufgabe regt an, über aktuelle Erscheinungsformen von Antisemitismus und deren Ursachen zu sprechen.

Nationale Überheblichkeit und Antisemitismus

Nach der Reichsgründung 1871:

- *Aus nationaler Begeisterung wird Überheblichkeit gegenüber anderen Völkern: „Deutschland müsse einen führenden Platz in der Welt einnehmen."*
- *statt Freundschaft Hass auf andere Nationen*
- *Misstrauen und Angst der anderen Völker gegenüber den Deutschen wachsen*
- *Verunglimpfung der Kolonialvölker*
- *Antisemitismus: Die jüdischen Mitbürger werden als „minderwertige Menschen" eingestuft und als „Sündenböcke" abgestempelt.*

4 Vom demokratischen Nationalstaat zur NS-Diktatur (1918–1945) (SB S. 138–141)

Mögliche Unterrichtsgestaltung

Vorbemerkung:
Eventuell zwei Unterrichtsstunden zum Thema:
1. Stunde: Einstieg zum Gesamtthema und „Weimarer Republik"
2. Stunde: „Nationalsozialistische Diktatur"

*Einstieg: Kartenarbeit **D1** sowie Bildauswertung von **Q2** und **Q4** mit den Aufgabenstellungen:*
- *Welche territorialen Veränderungen gab es in den Jahren 1918/19 bis 1938? Was waren die Ursachen?*
- *Was sagen die beiden Bilder über die Beziehungen der Deutschen zu anderen Völkern aus?*

*Erarbeitung 1: Anhand des **VT** (1. Abschnitt) wird der Beitrag der Weimarer Republik zur Entwicklung einer demokratischen deutschen Nation herausgearbeitet → TB*

*Erarbeitung 2: Quellenanalyse **Q1** und **Q3***
Thema: Die Auseinandersetzungen zwischen den demokratischen und antidemokratischen Kräften in der Weimarer Republik (vgl. Aufgabe 1). → TB

*Erarbeitung 3: Anhand des **VT** (2. Abschnitt), der Bilder **Q4** und **Q5** und der Quellen **Q6** und **Q7** Begründung der Aussage: In der NS-Diktatur wurden die Grundlagen der demokratischen Nation zerstört (vgl. Aufgabe 3). → TB*

Die Weimarer Republik

Wie sieht Deutschlands Zukunft aus:

demokratischer friedliebender Staat
- *demokratische Verfassung*
- *Aufnahme in den Völkerbund*
- *Verträge von Rapallo und Locarno*
- *Aussöhnung mit Frankreich*

Diktatur und Krieg
- *radikale Kräfte gegen Demokratie und Völkerverständigung*
- *Antisemitismus*
- *nationale Überheblichkeit, Kriegshetze*

*Erarbeitung 4: Mithilfe der Quellen **Q8** und **Q9** sowie des Bildes **Q10** wird die Bedeutung des Widerstandes gegen die NS-Diktatur für die Errichtung einer demokratischen Nation herausgearbeitet (vgl. Aufgabe 4). → TB*

Zusatzinformationen zu den Materialien

Q4 Aus einer Befragung eines Angehörigen des I. Bataillons des SS- und Polizeiregiments 22: „Ich halte die Erschießung eines jeden Menschen für Unrecht, also auch eines Kindes. Ich bin aber der Meinung, dass der Befehl, ein Kind zu erschießen, ausgeführt werden muss. Die Verantwortung trug dann der Vorgesetzte (...)" (Praxis Geschichte, 6/1995, S. 38).

Zu den Arbeitsvorschlägen und Fragen

1 Hugenberg: Hass auf die parlamentarische Demokratie, die an den Missständen in der Weimarer Republik schuld sei. Ziel: „starker Staat".
Tucholsky: Bekenntnis zu einem demokratischen, friedliebenden Deutschland, scharfe Verurteilung des Nationalismus und Begründung des Rechtes und der Pflicht der deutschen Demokraten, allen Anfeindungen der antidemokratischen Kräfte entgegenzutreten.
2 siehe Antwort 1
4 Konzentration auf die Bedeutung der Aussagen für die Zukunft Deutschlands (siehe TB)
Hinweis: Beteiligt an der Erarbeitung des „Buchenwalder Manifestes" waren u. a. der Sozialdemokrat Hermann Brill und der spätere hessische CDU-Vorsitzende Werner Hilpert.

NS-Diktatur

=

Zerstörung der Grundlagen einer friedliebenden deutschen Nation

Nationalsozialistische Verbrechen
bringen anderen Völkern unermessliches Leid. Die Deutschen werden von vielen Menschen im Ausland verachtet.

Der Widerstand Deutscher gegen die NS-Diktatur
war wichtig für die Unterstützung der anderen Völker beim Aufbau einer friedliebenden deutschen Nation.

6 Der 8. Mai – Katastrophe oder Befreiung? (Schülerbuch S. 144/145)

Mögliche Unterrichtsgestaltung

Einstieg: Das Problem „Der 8. Mai – Katastrophe oder Befreiung?“ in der aktuellen Diskussion.
Was könnten die Ursachen sein?

Erarbeitung 1: Deutschland nach der Kapitulation
a) Politische Situation: ***VT*** *(1. Abschnitt) und Karte* ***D1*** *S. 147 (→ TB).*
b) Der Alltag der Deutschen, ihre Gefühle und Vorstellungen: ***VT*** *(2. Abschnitt),* ***Q1, Q2, Q4, Q5*** *(vgl. Aufgabe 1) → TB*

Erarbeitung 2: Meinungsbildung zum Problem: „Der 8. Mai – Katastrophe oder Befreiung?“
a) Analyse der Quelle ***Q3*** *(vgl. Aufgabe 3).*
b) Unterrichtsgespräch in der Klasse, wie die Schüler das Problem sehen.
c) Nochmaliges Aufgreifen des zu Beginn der Stunde aufgeworfenen Problems (Aktualität des 8. Mai) → TB.

Zusatzinformationen zu den Materialien

Q1 Die Lebensmittelrationen für Angestellte betrugen in Berlin ab 15. Mai 1945 pro Person und Tag (in Gramm): Brot 400, Kartoffeln 400, Nährmittel 40, Fleisch 40, Fett 10, Zucker 15, dazu monatlich Bohnenkaffee 60, Ersatzkaffee 100, Tee 20, Salz 400.
Q2, Q4 Etwa 400 Millionen Kubikmeter Schuttmassen lagen 1945 auf Deutschland. Damals schätzte man, dass der Wiederaufbau etwa 50 Jahre dauern würde. Männer von 14 bis 65 und Frauen von 15 bis 50 Jahren waren verpflichtet, bei der Trümmerbeseitigung zu arbeiten.

Zu den Arbeitsvorschlägen und Fragen

1/2 Die Kurzreportage kann auch als Hausaufgabe erfolgen. Dabei ist es möglich, die Ergebnisse der Befragung von Zeitzeugen einzubeziehen. Die Befragung sollte langfristig vorbereitet werden. Gruppenarbeit ist gefragt. Die Ergebnisse könnten auf einer Wandzeitung bzw. Stellwand präsentiert werden.
3 Die Quelle bietet gute Möglichkeiten einer multiperspektivischen Betrachtung von Geschichte. Aussage:
- Die Sicht auf den 8. Mai 1945 ist abhängig von den oft unterschiedlichen persönlichen Erfahrungen.
- Der 8. Mai war ein Tag der Hoffnung auf eine bessere Zukunft und das Ende einer Schreckensherrschaft. Für viele löste der Tag Ungewissheit aus, bei manchen auch Trauer.
- Der Weg in die Zukunft war für die Deutschen unterschiedlich. In der SBZ begann nach dem Ende des Nationalsozialismus eine neue Zwangsherrschaft.

4 Über die Wertung des 8. Mai 1945 als Tag der Katastrophe bzw. der Befreiung wird heute immer noch kontrovers diskutiert. Für viele Zeitgenossen war die Kapitulation beides: Katastrophe und Befreiung – letzteres im Sinne der Möglichkeit eines demokratischen Neuanfangs. Für uns heute gewinnt bei der Bewertung des 8. Mai 1945, rückblickend auf die Entwicklung der deutschen Nation, der Aspekt der Befreiung von der NS-Diktatur die entscheidende Bedeutung.

Der 8. Mai 1945

Katastrophe oder Befreiung?

Die Situation in Deutschland nach der Kapitulation:
- *Von den Siegermächten besetzt*
  - *4 Besatzungszonen, 4 Besatzungssektoren in Berlin*
  - *Besatzungsmächte regieren (Alliierter Kontrollrat)*
- *Deutschland ist zerstört*
  - *Viele Deutsche haben keine Wohnung, hungern und frieren. Männer sind im Krieg gefallen oder in Gefangenschaft. Viele sind enttäuscht, entmutigt und haben Angst vor der Zukunft.*

Aber auch:
- *Nationalsozialistische Diktatur ist beendet*

Der Aufbau einer demokratischen friedliebenden deutschen Nation ist möglich.

7 Flucht und Vertreibung
(Schülerbuch S. 146/147)

Mögliche Unterrichtsgestaltung

*Einstieg: Hinweis auf Landsmannschaften und Vertriebenenverbände heute und deren Aktivitäten. Dabei Arbeit mit der Karte **D1**.*

*Erarbeitung 1: Anhand des **VT** (1. Abschnitt), **Q1** und **Q3** werden Massenflucht und Zwangsausweisung thematisiert:*
- *Ursachen für Flucht und Vertreibung*
- *Verlauf und Ergebnisse (vgl. Aufgabe 1)*

*Erarbeitung 2: Anhand des **VT** (2. Abschnitt), sowie **Q2** und **Q4** werden die Lebensbedingungen der Flüchtlinge und Vertriebenen in der neuen Heimat analysiert.*

Zusatzinformationen zu den Materialien

D1 Vertreibungsgebiete:
Baltikum, Ostpreußen, Danzig, Ostpommern, Schlesien, Polen, Sudetenland, Rumänien, Ungarn, ehemaliges Jugoslawien.
Anzahl der Vertriebenen, u.a. aus:
Schlesien: 3200000
Sudetenland: 3000000
Ostpreußen: 2000000
Ostpommern: 1900000

Zu den Arbeitsvorschlägen und Fragen

1 Bei der Beschreibung der Flucht von Millionen Deutschen sollten folgende Aspekte deutlich werden:
a) Zwangsausweisung und Massenflucht wurden begleitet von zahlreichen Verbrechen an den deutschen Flüchtlingen und Vertriebenen.
b) Die unmenschliche Herrschaft und die Verbrechen der Nationalsozialisten in den besetzten Gebieten waren die Auslöser für den Hass auf „die Deutschen".
c) Bei der Aussöhnung mit unseren Nachbarvölkern wurden inzwischen beträchtliche Fortschritte erreicht.
d) Während des Zweiten Weltkrieges und unmittelbar danach wurden aus der Sowjetunion Menschen polnischer Nationalität widerrechtlich vertrieben, die in Polen bzw. in den heute zu Polen gehörenden ehemaligen deutschen Ostgebieten angesiedelt wurden.
2 Eine Befragung sollte langfristig vorbereitet werden. Ausführliche Informationen über die Vorbereitung, Durchführung und Auswertung der Befragung von Zeitzeugen im Schülerbuch, Seite 176/177.
3 Grundlage für den Dialog sind Kenntnisse über die Aufnahme der Flüchtlinge und Vertriebenen von Einheimischen in der neuen Heimat. Diese erhält man vor allem aus der Befragung von Zeitzeugen. Dabei können im Sinne der multiperspektivischen Sicht von Geschichte die Aussagen sehr unterschiedlich sein. Interessant wäre es, wenn die Schülerinnen und Schüler den Dialog in einem Rollenspiel gestalten.
4 Die Aufgabe sollte genutzt werden, das Solidaritätsgefühl der Schülerinnen und Schüler für Vertriebene und Flüchtlinge zu wecken.

Massenflucht und Vertreibung

- *Auf Beschluss der Siegermächte mussten bis 1947 zwölf Millionen Deutsche ihre Heimat verlassen.*
- *Flucht und Vertreibung verliefen unter großen Opfern (zwei Millionen Tote). Nicht selten wurden Verbrechen an den Flüchtlingen begangen.*
- *Es war schwer, in der neuen Heimat menschenwürdige Lebensbedingungen zu schaffen.*

8 Der schwere Weg zur Demokratie

(Schülerbuch S. 148–151)

Mögliche Unterrichtsgestaltung

*Einstieg: Bildbetrachtung und -beschreibung **Q1** unter der Fragestellung: Inwieweit ist der dargestellte Vorgang ein Schritt auf dem Weg zur Demokratie?*

*Erarbeitung 1: Die Beschlüsse der Potsdamer Konferenz auf der Grundlage des **VT** (1. Abschnitt) → TB*

*Erarbeitung 2: Verlauf und Ergebnis der Entnazifizierung in den Westzonen mit Hilfe des **VT** (2. Abschnitt) und von **Q6** (vgl. Aufgabe 1) → TB*

*Erarbeitung 3: Politischer Neubeginn anhand des **VT** (3. Abschnitt), **Q2–Q5**. Anschließend Lösung der Aufgaben 2 und 3. → TB*

*Erarbeitung 4: Wirtschaftlicher Neubeginn anhand des **VT** (4. bis 6. Abschnitt), **Q7**, **Q8**, **Q9**. Anschließend Lösung der Aufgaben 4 und 5. → TB*

Zusatzinformationen zu den Materialien

Q1 Es bietet sich die Frage an: Welche Gedanken und Gefühle könnten die Befragten bewegen?
Q5 Byrnes unterscheidet zwischen den nationalsozialistischen Verbrechern und den Deutschen, die gewillt sind, das Land aufzubauen und für Demokratie, Freiheit und Frieden einzutreten. Aufgabe der USA sei es, die letztgenannten Deutschen zu unterstützen.

Zu den Arbeitsvorschlägen und Fragen

1 Trotz vieler Bemühungen, schuldige Nationalsozialisten zu bestrafen, geschah dies nicht immer konsequent.
2 Ergänzend zum Tafelbild: Länderparlamente beschlossen demokratische Verfassungen; intensive Bemühungen, die Deutschen für demokratisches Denken und Handeln zu gewinnen; Schaffung einer unabhängigen Justiz und eines demokratischen Bildungswesens.
3 Die unterschiedlichen Auffassungen der Parteien zu gesellschaftlichen Entwicklungen werden nur ansatzweise in den Wahlplakaten sichtbar. Es werden höchstens Tendenzen in den Grundeinstellungen deutlich.
4 Der **VT**, Abschnitt 4 gibt die Grundlage für das Verständnis der beiden Wahlplakate und deren Analyse.
5 Zur weltpolitischen Bedeutung des Marshallplanes vgl. die Ausführungen auf Seite 238/239 im Schülerbuch.

Die Westzonen auf dem Weg zur Demokratie

Besatzungsmächte helfen …

… Nationalsozialismus zu überwinden:
- *Überprüfung und bei Schuld Bestrafung ehemaliger Mitglieder der NSDAP (nicht immer konsequent)*

… demokratische Strukturen aufzubauen:
- *Zulassung demokratischer Parteien, demokratische Wahlen, neue Zeitungsverlage und Rundfunksender, Einbeziehung Deutscher in die Verwaltung.*

… Not zu beseitigen durch Wirtschaftsförderung:
- *Marshall-Plan*

Parteien haben großen Anteil am Demokratisierungsprozess …
- *Mitarbeit bei der Demokratisierung*
- *Diskussion einer neuen Wirtschaftsordnung*

9 „Es muss demokratisch aussehen“ (Schülerbuch S. 152/153)

Mögliche Unterrichtsgestaltung

Einstieg: Bildbetrachtung und -auswertung ***Q1*** *(rechts) für die Erarbeitung der Problemfrage: Welche Rolle spielte die Sowjetunion beim demokratischen Aufbau der SBZ tatsächlich?*

Erarbeitung 1: Die Schaffung „sowjetischer Verhältnisse“ in der SBZ anhand des ***VT*** *(1. Abschnitt). → TB*

Erarbeitung 2: Beschreibung und Wertung der politischen und wirtschaftlichen Maßnahmen bei der Errichtung der „antifaschistisch-demokratischen Ordnung“ auf der Grundlage des ***VT*** *(2. Abschnitt),* ***Q1–Q4*** *(vgl. Aufgabe 1 und 2). → TB*

Erarbeitung 3: Auseinandersetzung mit dem Begriff „antifaschistisch-demokratische Ordnung“ und Vergleich mit der gesellschaftlichen Entwicklung in den Westzonen (Aufgabe 3 und 4). → TB

Zusatzinformationen zu den Materialien

Q1 Bei der Bodenreform wurden ca. 8000 Grundbesitzer mit Gütern über 1000 Hektar, aber auch ca. 4000 Bauernhöfe mit weniger als 100 Hektar entschädigungslos enteignet. Auf dem enteigneten Land (2,1 Millionen Hektar, das entsprach 35 Prozent der landwirtschaftlichen Nutzfläche in der SBZ) wurden 119000 Landarbeiter, Vertriebene und Flüchtlinge angesiedelt. Außerdem wurde das Land von 113000 landarmen Bauern aufgestockt. Die Neubauern besaßen durchschnittlich 7,7 Hektar Land.
Die Bodenreform war eine radikale Maßnahme, die man aber nicht als „kommunistisch“ bezeichnen kann. Sie wurde damals in der SBZ von allen Parteien – mit Ausnahme der Hermes-Schreiber-Führung der CDU – unterstützt.

Zu den Arbeitsvorschlägen und Fragen

1 siehe Tafelbild
2 Unterschiede zu den westlichen Besatzungszonen:
- Errichtung der Diktatur einer Partei (KPD, SED)
- Veränderung der Eigentumsverhältnisse (Bodenreform, Enteignung der „Kriegsverbrecher“)
- Verfolgung von Gegnern der Diktatur

Die Aufgabe könnte auch Bestandteil eines Schülervortrages sein.
Literaturhinweis zur Entwicklung in der SBZ: Herrmann Weber, DDR, Grundriss der Geschichte 1945–1990, Hannover 1991, S. 34ff.
3 siehe Tafelbild
Die Verschmelzung der KPD mit der SPD zur SED hatte dazu geführt, dass die SED alle entscheidenden Positionen in der Politik, Wirtschaft, Justiz, Kultur, im Bildungswesen und im Propagandaapparat besetzte. Die Unterstützung und Sicherung ihrer Macht durch die sowjetische Besatzung und die Sowjetregierung stützten ihre Herrschaft.
4 Scheindemokratie der Kommunisten bei der Neubesetzung wichtiger Positionen in der Verwaltung.

Antifaschistisch-demokratische Ordnung in der SBZ

Ziel der sowjetischen Besatzungsmacht und der deutschen Kommunisten:

Errichtung einer Gesellschaft nach sowjetischem Vorbild

Maßnahmen:
- *Entnazifizierung, auch Gegner der neuen Ordnung werden verfolgt*
- *Bodenreform, Enteignung der „Betriebe der Kriegs- und Naziverbrecher“*
- *Vereinigung von KPD und SPD zur SED unter massivem Druck*

Antifaschistisch-demokratische Ordnung:
- *nur dem Namen nach, in Wirklichkeit Errichtung einer antidemokratischen Ordnung*

10 Eine Nation – aber zwei Staaten
(Schülerbuch S. 154/155)

Mögliche Unterrichtsgestaltung

Einstieg: Wiederholendes Unterrichtsgespräch bzw. Schülervortrag mit der Aufgabenstellung:
- *Vergleiche die politische und wirtschaftliche Entwicklung in den Westzonen und in der SBZ.*
- *Welche Schlussfolgerungen könnten die Westmächte aus dieser Entwicklung ziehen?*

Variante: *Aus der Bildbetrachtung **Q5** (einschließlich Legende) Erarbeitung der Problemfrage: Was waren die Ursachen für die entstandene komplizierte Situation?*

*Erarbeitung 1: Kurs der Westmächte auf Abgrenzung der Westzonen von der SBZ: Bi- und Trizone; Währungsreform, Berlinblockade, Luftbrücke. Grundlage: **VT** (1. und 2. Abschnitt), Begriff Währungsreform, **Q2, Q5**; siehe Aufgabe 1 und 3. → TB*

*Erarbeitung 2: Die Entstehung der Bundesrepublik Deutschland. Dabei sollte die Behandlung des Grundgesetzes (**Q1, Q4**) einen zentralen Platz einnehmen. Anhand der Arbeit am Inhalt des Dokuments **VT** (3. Abschnitt) und **Q3** erfassen die Schüler das Grundgesetz als einen bedeutsamen Schritt auf dem Weg zu einer demokratischen deutschen Nation (vgl. Aufgabe 2 und 4). → TB*

*Erarbeitung 3: Die Gründung der DDR. Grundlage: **VT** (4. Abschnitt)*

Zusatzinformationen zu den Materialien

Q1 Der Parlamentarische Rat hatte am 8. Mai 1949 das Grundgesetz mit 53 gegen 12 Stimmen angenommen. Am 15.9.1949 wählte der Bundestag mit 202 Stimmen – nur eine Stimme mehr als die Mehrheit – Adenauer zum ersten deutschen Bundeskanzler.

Q5 Amerikaner und Briten versorgten 2,2 Millionen West-Berliner mit Lebensmitteln, Kohle, Rohstoffen und Maschinenteilen. Sogar ein komplettes Kraftwerk wurde geliefert.

Zu den Arbeitsvorschlägen und Fragen

1 Die Verständigung zwischen den Westmächten und der Sowjetunion über eine gemeinsame Deutschlandpolitik wurde immer schwieriger. Gründe hiefür u. a.: Errichtung einer Diktatur nach sowjetischem Vorbild in der SBZ; der beginnende „Kalte Krieg" förderte das Misstrauen der Westmächte gegenüber der Sowjetunion; unterschiedliche Vorstellungen der Westmächte und der Sowjetunion über die politische und wirtschaftliche Entwicklung Deutschlands. Die Bildung eines „Wirtschaftsrates" im Mai 1947 für die Verwaltung der Bizone war eine Art deutsche Regierung unter Kontrolle der Besatzungsmächte.

2 siehe Tafelbild

3 Die Luftbrücke förderte das Zusammengehörigkeitsgefühl zwischen den Westmächten und den Deutschen. Sie war ein Symbol für die Entschlossenheit des Westens, die Freiheit gegenüber den Erpressungsversuchen der Sowjetunion zu verteidigen.

4 Ausprägung des Grundgesetzes auf die Errichtung einer friedliebenden, stabilen Demokratie.

Der Weg zur Gründung der beiden deutschen Staaten

Januar 1947:	*Bildung der Bizone*
Juni 1948:	*Währungsreform in den Westzonen und West-Berlin*
Juli 1948:	• *Auftrag der Westmächte für die Bildung einer verfassungsgebenden Versammlung zur Gründung eines westdeutschen Teilstaates* • *Parlamentarischer Rat erarbeitet Grundgesetz*
Mai 1949:	*Verkündung des Grundgesetzes*
August 1949:	*Wahlen zum deutschen Bundestag*
Oktober 1949:	*Gründung der DDR*

11 Markt- und Planwirtschaft
(Schülerbuch S. 156/157)

Mögliche Unterrichtsgestaltung

*Einstieg: Vergleichende Bildbetrachtung und -auswertung von **Q1** und **Q4**. Die Ermittlung der Unterschiede im Warenangebot in beiden deutschen Staaten führt zur Frage nach den Ursachen hierfür.*

Erarbeitung 1: Gruppenarbeit
*Gruppe 1: Wirtschaftsboom und „Wirtschaftswunder" in der Bundesrepublik anhand der Materialien: **VT** (1. und 2. Abschnitt), **Q1, Q3, D1**.*
*Gruppe 2: Wirtschaftsentwicklung in der DDR anhand der Materialien **VT** (3. Abschnitt), **Q4, D1**.*
Hierbei geht es um das Erarbeiten von Fakten, die die unterschiedliche Entwicklung in beiden deutschen Staaten verdeutlichen.

*Erarbeitung 2: Soziale Marktwirtschaft und sozialistische Planwirtschaft und deren Auswirkung auf die gesellschaftliche Entwicklung. Grundlage: **Begriffe** Marktwirtschaft, Planwirtschaft, **Q2**. Die Schüler sollten erkennen, dass die unterschiedliche Lebensqualität der Menschen in der Bundesrepublik und in der DDR gesellschaftliche Ursachen hat. → TB*

Zu den Arbeitsvorschlägen und Fragen

1 siehe Tafelbild

2 Der Satz von Ludwig Erhard: „Es muss aber im ureigensten Interesse jeder organisierten Sozialpolitik liegen (...) Sorge zu tragen, dass die Prinzipien, nach denen die Wirtschaft geordnet ist, erhalten bleiben und weiter ausgebaut werden." wirft die aktuelle Problemfrage auf: Was kann und muss die Gesellschaft an sozialen Hilfen für die Bürgerinnen und Bürger leisten und wo sind die Grenzen? Es bietet sich an, mit den Schülern darüber zu diskutieren.

3 Bei der Analyse der Statistik **D1** sollte ergänzt werden, dass die niedrigen Preise für die Grundnahrungsmittel und Mieten in der DDR nur durch gewaltige staatliche Subventionen möglich waren.
Die Fortschritte in der DDR im Lebensstandard wurden vor allem in den so genannten sozialen Errungenschaften sichtbar (Kinderkrippen und Kindergärten, Schulhorte, Schulspeisung, günstige Kredite für junge Eheleute, bezahlter Mutterschaftsurlaub).

4 *Westdeutschland:*
- beispielloser wirtschaftlicher Aufschwung in den 1950er-Jahren, Marshallplan
- Politik der sozialen Marktwirtschaft
- Sozialpolitik des Staates fördert Leistungsbereitschaft

Ostdeutschland:
- ungünstige wirtschaftliche Voraussetzungen (Demontagen, geringer Grad der Industrialisierung)
- sozialistische Planwirtschaft und Enteignungen hemmen Eigeninitiative der Bürger

Wirtschaftsentwicklung
in der

Bundesrepublik	DDR
Soziale Marktwirtschaft Privateigentum	**Sozialistische Planwirtschaft** Staatliches Eigentum
• freier Spielraum für private Initiative • freie Berufswahl, freier Wettbewerb • Staat korrigiert negative Auswirkungen mit sozialen Hilfen	• zentral gelenkte Wirtschaft nach staatlichen Plänen • eigenständige Entscheidungen nicht möglich • mangelnde Motivation der Unternehmen

Ergebnis: Wirtschaftswachstum, Lebensstandard und Lebensqualität in der Bundesrepublik höher als in der DDR

Wirtschaftswunder in den 1950er-/1960er-Jahren	Versorgungsengpässe trotz mancher sozialer Erfolge

12 Die Wiedervereinigung rückt in weite Ferne
(Schülerbuch S. 158/159)

Mögliche Unterrichtsgestaltung

Einstieg: Vergleichende erste Bildbetrachtung und -auswertung von ***Q5*** *unter der Aufgabenstellung: Was sagen beide Plakate über die Beziehungen zwischen der Bundesrepublik und der DDR zu Beginn der 1950er-Jahre aus?*

Erarbeitung 1: Problemorientiertes Unterrichtsgespräch Thema: Westintegration ist notwendig für die Sicherheit der Bundesrepublik, gefährdet aber Wiedervereinigung Deutschlands.
Grundlage: ***VT*** *(1. Abschnitt); vgl. Aufgabe 1. → TB*

Erarbeitung 2: Adenauers Politik der Westintegration und die damit ausgelösten Konflikte im eigenen Land und mit der DDR.
Grundlage: ***VT*** *(2. Abschnitt),* ***Q1–Q5****; vgl. Aufgaben 2–5. → TB*

Erarbeitung 3: Zweistaatentheorie der Sowjetunion und der DDR.
Grundlage: ***VT*** *(3. Abschnitt) → TB*

Zusatzinformationen zu den Materialien

Q1 Mit der Unterzeichnung der Pariser Verträge und dem Beitritt zur NATO erlischt für die Bundesrepublik das Besatzungsstatut, von wenigen Sonderrechten abgesehen. Sie erhält ihre Souveränität.

Q5 Bei der Auswertung des ostdeutschen Propagandaplakates sollte ergänzt werden, dass die DDR verschwieg, mit der kasernierten Volkspolizei zu dieser Zeit bereits eine schlagkräftige einsatzfähige Armee von 65.000 Soldaten zu besitzen.

Zu den Arbeitsvorschlägen und Fragen

1 Gründe der Bevölkerungsmehrheit:
Befürchtung der Ausweitung des sowjetischen Einflusses auf die Bundesrepublik bis hin zu einer militärischen Invasion; eine neutrale Bundesrepublik würde den Schutz der Westmächte verlieren; Entwicklung könnte sich dann in der Bundesrepublik ähnlich wie in der DDR vollziehen.
2 Der Verfassertext bietet eine vielfältige Faktengrundlage. Gruppenarbeit bietet sich an.
3 *Sicht Adenauers:* Pariser Verträge machen es erst möglich, im Bündnis mit den Westmächten in Verhandlungen mit der Sowjetunion über die Schaffung eines freien vereinigten Deutschland zu verhandeln.
Sicht Ollenhauers: Pariser Verträge und die damit verbundene Aufrüstung der Bundesrepublik gefährden erfolgreiche Verhandlungen mit der Sowjetunion über die Wiedervereinigung.
4 Mögliche Gründe der Gegner der Aufrüstung:
Erlebnisse und Erfahrungen aus dem Zweiten Weltkrieg; die Befürchtung, Wiederbewaffnung vertiefe die Spaltung Deutschlands; Angst vor einem erneuten Krieg auf deutschem Boden.
5 Es ist möglich, die Arbeitsschritte der Methode „Politische Plakate analysieren" anzuwenden.

Westintegration der Bundesrepublik

Politik von Bundeskanzler Adenauer:
Sicherheit der Bundesrepublik durch Eingliederung in die westliche Staatengemeinschaft
- *1952 Deutschlandvertrag*
- *1954 Pariser Verträge*
- *1955 NATO-Mitglied, Aufbau der Bundeswehr*

führt zu innenpolitischen Auseinandersetzungen
- *Demonstrationen gegen Wiederbewaffnung*
- *Opposition (SPD) befürchtet: Westintegration gefährdet Wiedervereinigung*

Reaktion der DDR:
- *Zweistaatentheorie*
- *Eintritt in den Warschauer Vertrag (1956)*

13 Schüsse und Stacheldraht
(Schülerbuch S. 160–163)

Mögliche Unterrichtsgestaltung

Vorbemerkung:
Eventuell zwei Unterrichtsstunden zum Thema:
1. Stunde: Volksaufstand 1953
2. Stunde: Mauerbau

*Einstieg: Entwicklung der Problemsicht mit Hilfe der Bildbetrachtung und -auswertung von **Q1** und **Q10**: In der DDR betonten die Herrschenden immer wieder die enge Verbundenheit zwischen dem Staat und seinen Bürgern. Was sagen die beiden Bilder dazu aus?*

*Erarbeitung 1: Der Volksaufstand vom 17. Juni 1953 anhand des **VT** (1. Abschnitt) und von **Q1–Q5**. Ursachen (**Q2, Q5**), Verlauf (**Q1, Q3, Q4, Q5**), Ergebnis/ Bedeutung. → TB*

Erarbeitung 2: Der Bau der Mauer
*Ursachen (**Q1, D1**), Mauerbau und Grenzsicherungsanlagen (**Q10, D2**), Auseinandersetzung mit dem Schießbefehl (**Q6–Q8**), Leben an und mit der Mauer (**Q9**). → TB*

Zusatzinformationen zu den Materialien

Q1 Sowjetische Panzer am 17. Juni 1953 in Ost-Berlin
D2 Die Arbeit mit dem Schema verdeutlicht den Grund des Mauerbaus – nicht Schutz vor „westdeutschen Provokationen", wie es die DDR-Propaganda darstellte, sondern Verhinderung der Flucht von DDR-Bürgern. In Häusern, die direkt an der Sektorengrenze in Ost-Berlin oder an der deutsch-deutschen Grenze in der DDR standen, wurden die Eingänge und Fenster zugemauert. Teilweise riss man Häuser ab und fällte Bäume. Familien aus den Grenzgebieten wurden in andere Gegenden in der DDR zwangsumgesiedelt. Ihre Häuser erhielten, wie die Behörden sich ausdrückten, „zuverlässige DDR-Bürger". Manche Häuser wurden auch gesprengt.

Zu den Arbeitsvorschlägen und Fragen

1 Ursachen: schlechte Versorgungslage der Bevölkerung, Einschränkung der demokratischen Grundrechte (Forderung: freie Wahlen, mehr Mitbestimmung in den Betrieben, Meinungsfreiheit), uneingeschränkte Herrschaft der SED (Forderung: Ende der Diktatur)
2 Das Eingreifen der Besatzungstruppen zeigte die Ohnmacht der DDR und der SED-Führung. Die Sowjetunion ließ nicht zu, dass einer ihrer Satellitenstaaten das von ihr beherrschte Bündnis verließ.
3 Die Zeitungsberichte verdeutlichen die Funktion der Medien in einer Diktatur.
4 Die Flucht der DDR-Bürger in den Westen brachte dem Staat großen wirtschaftlichen Schaden. Insbesondere die Abwanderung von qualifizierten Arbeitskräften sorgte für Probleme.
5 Zementierung der Teilung Deutschlands; Familien wurden entzweit; gegenseitige Besuche der Menschen beider deutscher Staaten waren nur noch schwer möglich; Flüchtende wurden erschossen, verhaftet oder mussten Gefängnisstrafen absitzen.
7/8 Die Aufgaben regen dazu an, in gemeinsamer Diskussion Merkmale des Herrschaftssystems in der DDR zu erarbeiten. Die Schüler erkennen, wie dabei die Bürger- und Menschenrechte verletzt wurden.

Volksaufstand 17. Juni 1953	*und*	*Mauerbau* 13. August 1961
Ursachen:		
niedriges Lohnniveau, Versorgungsengpässe, keine Mitbestimmung in den Betrieben, Beschneidung der demokratischen Grundrechte, Alleinherrschaft der SED		*Verhinderung der Massenflucht von DDR-Bürgern nach West-Berlin und in die Bundesrepublik, keine Reisefreiheit*
Verlauf:		
Niederschlagung der Demonstrationen durch sowjetisches Militär, Todesurteile und zahlreiche Verhaftungen		*Die Mauer nach West-Berlin und an der innerdeutschen Grenze macht eine Flucht fast unmöglich, die Spaltung Deutschlands wird vertieft.*
Ergebnis:		
Der wahre Charakter des „Arbeiter-und-Bauern-Staates" zeigt sich: Mit allen Mitteln wird versucht, die Alleinherrschaft der SED zu erhalten, gegen den Willen der Mehrheit der DDR-Bürger.		

14 Die Einheit der Nation erhalten
(Schülerbuch S. 164/165)

Mögliche Unterrichtsgestaltung

*Einstieg: Wiederholendes Unterrichtsgespräch über die Auswirkungen des Mauerbaus auf das Zusammengehörigkeitsgefühl und auf die Möglichkeiten der Begegnung der Ost- und Westdeutschen. Dabei intensive Auseinandersetzung mit **Q1**, **Q4** und **D2**.*

*Erarbeitung 1: Analyse und Wertung der Deutschlandpolitik der ost- und westdeutschen Regierung nach dem Mauerbau anhand des **VT** (1. Abschnitt). → TB*

*Erarbeitung 2: Die Deutschlandpolitik der Regierung Brandt und der Abschluss des Grundlagenvertrages vom Dezember 1972 anhand des **VT** (2. Abschnitt), **Q1**, **Q2**, **Q3**. → TB*

*Erarbeitung 3: Die Beziehungen zwischen der Bundesrepublik und der DDR von 1972–1989 anhand des **VT** (3. Abschnitt), **D1**. → TB*

Zusatzinformationen zu den Materialien

Q1 Abschlusspartner des Passierscheinabkommens waren der Senat von West-Berlin und die DDR-Regierung. 1964, 1965 und 1966 folgten drei weitere Abkommen. Schließlich genehmigte die DDR-Regierung grundsätzlich Besuchsreisen von Bürgern im Rentenalter in die Bundesrepublik und nach West-Berlin.

Q2 Unterzeichnende waren die Staatssekretäre Egon Bahr und Michael Kohl. Gemäß Artikel 8 richteten die beiden deutschen Regierungen 1974 so genannte ständige Vertretungen im jeweils anderen deutschen Staat ein.

Zu den Arbeitsvorschlägen und Fragen

1 *Bundesregierung, von der CDU geführt:* Alleinvertretungsanspruch für alle Deutschen; Abbruch der diplomatischen Beziehungen mit allen Staaten (Ausnahme: Sowjetunion), die die DDR anerkennen.
DDR-Regierung: Bestreben nach internationaler Anerkennung; Abgrenzung von der Bundesrepublik.
2 Es existieren zwei deutsche Staaten, die füreinander aber nicht Ausland sind. Ein geregeltes Nebeneinander zwischen der Bundesrepublik und der DDR kann zu einem besseren Miteinander führen. Die „Politik der kleinen Schritte" will dazu beitragen, in der DDR mehr Demokratie und die Einhaltung der Menschenrechte zu erreichen.
3 Aussage der Karikatur **Q3**: Das Brett (der Vertrag) ist noch keine feste Brücke, sondern eher eine Übergangslösung auf dem Weg zu besseren Beziehungen. Aber das Brett ist stabiler als das Seil (bisherige Beziehungen).
4 Brandts Politik führe nicht dazu, die Mauer – und damit die Beschneidung der Menschen- und Bürgerrechte – zu beseitigen. Für die Menschen in der DDR ändere sich wenig. Dagegen werde die DDR international aufgewertet.
5 Begegnungen förderten das Zusammengehörigkeitsgefühl; die DDR profitierte von der wirtschaftlichen Zusammenarbeit und Unterstützung.
6 Die Arbeit mit **Q4** und **D2** ermöglicht eine Erarbeitung auf solider Faktengrundlage.

Trotz Mauer die Einheit der Nation erhalten

Nach dem Mauerbau 1961: Spannungen zwischen beiden deutschen Regierungen
- *Bundesregierung: Alleinvertretungsanspruch für die Deutschen*
- *DDR-Regierung: es gibt zwei deutsche Staatsbürgerschaften, Visumzwang*
- *trotzdem: Passierscheinabkommen für West-Berliner*

Trotz staatlicher Teilung Abkommen zwischen beiden Regierungen für „menschliche Erleichterungen" unter Bundeskanzler Brandt
- *1972: Grundlagenvertrag, bis 1989 weitere Abkommen*

15 Freundschaft und Aussöhnung
(Schülerbuch S. 166/167)

Mögliche Unterrichtsgestaltung

*Einstieg: Bildbetrachtung und -auswertung von **Q1** und **Q3** unter der Aufgabenstellung: Beschreibe beide Bilder. Was sagen sie aus über die Beziehungen der Deutschen zu den Franzosen und Polen?*

*Erarbeitung 1: Der Weg zur Aussöhnung und Freundschaft zwischen Deutschen und Franzosen. Materialgrundlage: **VT** (1. Abschnitt), nochmalige, tiefgründigere Auswertung von **Q1** (vgl. Aufgabe 1). → TB*

*Erarbeitung 2: Normalisierung der Beziehungen zu den osteuropäischen Staaten, insbesondere zu Polen. Materialgrundlage: **Q2**, nochmalige, tiefgründigere Auswertung von **Q3**, dazu **Q4** (vgl. Aufgabe 2 und 3). → TB*

Zusatzinformationen zu den Materialien

Q1 Die persönliche Freundschaft zwischen de Gaulle und Adenauer förderte erheblich die Aussöhnung zwischen beiden Völkern.

Q2 Der Warschauer Vertrag ist Bestandteil der „Ostverträge“. Dazu gehört auch der deutsch-sowjetische Vertrag über Gewaltverzicht und die Anerkennung der in Europa bestehenden Grenzen (Moskauer Vertrag, August 1970) und der deutsch-tschechoslowakische Vertrag über die Normalisierung der Beziehungen (Prager Vertrag, Juni 1973).

Q4 Aussage der Karikatur: Die Deutschlandpolitik der Regierung Brandt führt nicht dazu, die Mauer – und damit bestehendes Unrecht – zu beseitigen. Die „Verschönerung der Mauer“ ändert wenig für die Deutschen in Ost und West.

Zu den Arbeitsvorschlägen und Fragen

1 Ergänzende Hinweise zum Inhalt des Vertrages:
- Vereinbart wurden regelmäßige Konferenzen und Konsultationen der Außenminister, um ein gemeinsames Handeln abzustimmen,
- Zusammenarbeit in allen wichtigen Bereichen der Wirtschaftspolitik,
- Streben nach einer gemeinsamen militärischen Konzeption,
- Jugendaustausch und Partnerschaften der Kommunen; zwei Drittel der Partnerschaften deutscher Kommunen wurden inzwischen mit französischen Städten und Gemeinden abgeschlossen.

2 Der Vertrag trägt den Realitäten in Europa Rechnung. Er bietet die Grundlage für die Zusammenarbeit, Verständigung und weitere Aussöhnung beider Völker und berücksichtigt die berechtigten Wünsche und Forderungen der Menschen in beiden Ländern.

3 Die Kritik am Warschauer Vertrag richtet sich vor allem gegen eine endgültige Festlegung der deutsch-polnischen Grenze. Sie könne erst in einem offiziellen Friedensvertrag erfolgen.
Höhepunkt der Auseinandersetzungen um die Ostpolitik war das Misstrauensvotum gegen Bundeskanzler Brandt, das am 27. 4. 1972 im Bundestag scheiterte.

Aussöhnung und Freundschaft zwischen Deutschen

und

Franzosen	*Polen*
Belastung der Beziehungen durch:	
Deutsch-französischer Krieg 1870	*Zweiter Weltkrieg*
Erster und Zweiter Weltkrieg	*Oder-Neiße-Grenze: Gebietsabtretungen*
Schritte zur Aussöhnung und Freundschaft:	
1963: Deutsch-Französischer Freundschaftsvertrag	*1970: Warschauer Vertrag*
Städtepartnerschaften	*Bündnispartner: seit 1999 in der NATO*
	seit 2004 in der EU

16 Die Gesellschaft verändern – Protest in West und Ost (Schülerbuch S. 168–171)

Mögliche Unterrichtsgestaltung

Zwei Unterrichtsstunden zum Thema:
1. Stunde: Protest in der Bundesrepublik
2. Stunde: Protest in der DDR

*Einstieg: Bildbetrachtung von **Q1** und **Q2** für die Erarbeitung der Problemsicht unter den Leitfragen: Warum kam es zum Protest? Wie äußerte er sich? Welche gesellschaftlichen Veränderungen bewirkte er?*

*Erarbeitung 1: Ursachen und Verlauf der Protestbewegungen im Westen anhand des **VT** (1. Abschnitt), **Q1**, **Q3**, **Q4**, **Q6** (vgl. Aufgabe 1 und 2). → TB*

*Erarbeitung 2: Analyse der Aktionen der RAF anhand des **VT** (3. Abschnitt), → TB. Diskussion des Problems: Wann darf ein demokratischer Staat Rechtsnormen der Verfassung einschränken?*

*Erarbeitung 3: Ermittlung der gesellschaftlichen Auswirkungen der Protestbewegungen auf der Grundlage des **VT** (2. Abschnitt); vgl. Aufgabe 6.*

*Erarbeitung 4: Ursachen und Verlauf des Protestes gegen die Diktatur in der DDR anhand des VT (4. und 5. Abschnitt) sowie **Q7–Q10**; vgl. Aufgabe 3 und 4.*

Erarbeitung 5: Wertung der Maßnahmen des DDR-Staates gegen die Opposition und Beschreibung der gesellschaftlichen Auswirkungen (vgl. Aufgabe 5).

Zusatzinformationen zu den Materialien

Q1 Die Bilder der Demonstranten weisen auf deren Vorbilder hin: u. a. Mao Zedong, Ho-Chi-Minh, Lenin, auch Rosa Luxemburg und Karl Liebknecht.
Q8 Gegen folgende Bürger- und Menschenrechte wird u. a. verstoßen: Meinungs-, Rede- und Versammlungsfreiheit, Recht auf freie Wahl des Wohnortes, Reisefreiheit.

Zu den Arbeitsvorschlägen und Fragen

1/2 Ursachen: siehe TB; Ergänzungen: Fehlen einer parlamentarischen Opposition, Hinterfragen des Verhaltens der Menschen im Nationalsozialismus.
Aktionen: Protestdemonstrationen, aber auch gewalttätige Auseinandersetzungen mit der Staatsmacht.
3/4 Protestgründe: Mangel an Reformen, Demokratie und Freiheit; Verletzung der Menschenrechte.
Aussagen zu **Q9** und **Q10**: Die DDR-Jugend zeigt einerseits „nach außen" Huldigung der Herrschenden, andererseits Distanz bis hin zum Protest.
5 Quellen zeigen Verletzung von Menschenrechten.
6 Die Lösung sollte langfristig vorbereitet werden. Es könnte u. a. erkundet werden, welche Ziele die Bürgerinitiativen haben, wer dort mitarbeitet, welche Probleme es gibt, welche Erfolge erzielt wurden.

Protest

in der Bundesrepublik	*in der DDR*
Außerparlamentarische Opposition (APO) *für neues Lebensgefühl, mehr Mitbestimmung an Schulen und Universitäten, gegen Vietnamkrieg und Aufrüstung*	***Jugend*** *gegen ständige Bevormundung von Staat, FDJ und Partei*
Rote-Armee-Fraktion (RAF) *mit Terror die Gesellschaft verändern*	***Bürgerrechtsgruppen*** *gegen Verletzung der Bürger- und Menschenrechte, gegen Alleinherrschaft der SED, für mehr Demokratie und Freiheit*
führt zur *stärkeren Mitarbeit der Bürger an der Gesellschaft (Bürgerinitiativen, Gründung der „Grünen)*	***führt zum*** *Anwachsen des Widerstandes gegen die gesellschaftlichen Verhältnisse*

17 Frauen in einer Männergesellschaft (Schülerbuch S. 172/173)

Mögliche Unterrichtsgestaltung

Einstieg: Vergleichende Bildbetrachtung von **Q3** *und* **Q4** *zur Erarbeitung der Problemsicht anhand der Frage: Was sagen die Bilder über die Rolle der Frau in der DDR und in der Bundesrepublik aus? Beschreibe die Unterschiede.*

Erarbeitung 1: Die Frauen in der Bundesrepublik – ihre Rechtsstellung, ihre Rolle in der Gesellschaft, ihre Aktivitäten auf dem Weg zur Emanzipation anhand des ***VT*** *(1. Abschnitt), sowie* ***Q1, Q2a.*** *→ TB*

Erarbeitung 2: Die Frauen in der DDR – ihre Rolle in der Gesellschaft und im Alltag, „Frauenförderung" durch den Staat anhand des ***VT*** *(2. Abschnitt), sowie* ***Q2b*** *und* ***Q5.*** *→ TB*

Zusatzinformationen zu den Materialien

Q1 Die Frauenbewegung ist eng mit der Studentenbewegung Ende der 1960er-Jahre verbunden. Im Mittelpunkt des Kampfes stand die Forderung: „Schluss mit der Bevormundung der Frau!" Die emanzipierte Frauenbewegung trat u. a. für neue Formen der Kindererziehung, für die Bestrafung von Gewalt gegen Frauen in der Ehe und für eine legalisierte Abtreibung ein.

Q2a Im Leitbild „Hausfrauenehe" war der Mann der „Erhalter und Ernährer der Familie", während die Frau als die „Hüterin der Familie" angesehen wurde. Sie hatte sich vornehmlich um die Erziehung der Kinder zu kümmern.

Q3 Das Plakat soll eine Antwort auf die Frage geben: Wie kann die berufstätige (oder auch alleinerziehende Frau) in der DDR Arbeit und Erziehung miteinander vereinbaren?

Zu den Arbeitsvorschlägen

1 *In der Bundesrepublik:* In den 1950er- und 1960er-Jahren waren die Frauen sowohl im Alltag als auch in der Rechtsprechung den Männern oft nicht gleichgestellt (Ideal: Hausfrauenehe). Ende der 1960er-Jahre aufkommende Frauenproteste förderten die gesellschaftliche Emanzipation der Frau.
In der DDR: Berufstätigkeit der Frau förderte Selbstständigkeit und Unabhängigkeit. Das Fehlen einer vom Staat und der SED unabhängigen Frauenbewegung setzte dem Kampf um mehr Anerkennung in der Gesellschaft und im Alltag allerdings Grenzen.

2 siehe Tafelbild

3 Die Schüler und Schülerinnen könnten auch erkunden, wie die Gleichstellung von Mann und Frau in ihrer Familie praktiziert wird. Positive Beispiele sollten im Mittelpunkt der Auswertung stehen.

Frauen

in der Bundesrepublik | *in der DDR*

Gemeinsamkeiten:
- *rechtliche Gleichstellung mit dem Mann, in der Bundesrepublik bedurfte es hierfür langer Kämpfe*
- *trotz mancher Fortschritte, Gleichstellung von Mann und Frau im Alltag auch heute oft noch nicht erreicht*

Unterschiede:
- *in der DDR waren weit mehr Frauen berufstätig*
- *„Frauenförderung" in der DDR*
- *in der Bundesrepublik unabhängige Frauenbewegungen, in der DDR alle Frauen im staatlichen Demokratischen Frauenbund Deutschlands (DFD) organisiert*

18 „Wir sind das Volk“
(Schülerbuch S. 174/175)

Mögliche Unterrichtsgestaltung

*Einstieg: Rückgriff auf Jugendprotest und Widerstand in der DDR (S. 169 und 171). Anschließend Bildbetrachtung von **Q5**. Was hatte dazu geführt, dass jetzt Hunderttausende DDR-Bürger offen protestierten?*

*Erarbeitung 1: Ursachen des Anwachsens der Protestbewegung in der DDR anhand der Analyse und Wertung des **VT** (1. Abschnitt) und **Q2**; vgl. Aufgabe 1 und 2. → TB*

*Erarbeitung 2: Der Sturz der SED-Diktatur auf der Grundlage des **VT** (2. Abschnitt) und **Q1, Q5**; vgl. Aufgabe 3. → TB*

*Erarbeitung 3: Die Begeisterung der Deutschen im Osten und im Westen nach dem Fall der Mauer anhand des Bildes auf der ADS (S. 126/127) sowie **Q3** und **Q4**. → TB*

Zusatzinformationen zu den Materialien

Q5 Es handelte sich um die größte Massendemonstration in der Geschichte der DDR. Mehr als eine halbe Million Menschen demonstrierte für Reformen, vor allem für freie Wahlen, Meinungsfreiheit und die Abschaffung des Machtmonopols der SED. Die Abschlusskundgebung wurde im DDR-Fernsehen übertragen. Polizei und Staatssicherheit griffen nicht ein.

Zu den Arbeitsvorschlägen und Fragen

1 Es sollte herausgearbeitet werden, dass viele DDR-Bürger nicht nur mit den erheblichen wirtschaftlichen Schwierigkeiten unzufrieden waren. Zunehmend übten immer mehr Bürger auch massive Kritik an den politischen und gesellschaftlichen Zuständen.

2 Die Fluchtgründe konnten sehr vielfältig sein:
Wirtschaftliche Gründe: u.a. schlechte Versorgungslage, unangemessene Arbeitsbedingungen, niedrige Löhne, unzureichende Dienstleistungen.
Politische Gründe: u.a. keine gesellschaftlichen Reformen, keine Presse- und Reisefreiheit, Repressalien der Staatsmacht (Stasi) gegen Andersdenkende.

3 Der Ausspruch Honeckers bewahrheitet sich, allerdings anders als er und die SED-Führung dies vorhersagten. Der „sozialistische Wagen“ rast abwärts. Die Bevölkerung der DDR („Ochs und Esel“) ist nicht bereit, die Talfahrt zu stoppen. Der Untergang der Diktatur ist nicht mehr aufzuhalten.

4 Die Stimmung war vielfach euphorisch, die Hilfsbereitschaft groß. Es zeigte sich, dass die Deutschen in Ost und West sehr unter der Teilung gelitten hatten.

5 Vielleicht ist es auch möglich, Zeitzeugen einzuladen, die über ihre Erlebnisse in der Klasse berichten.
Hinweise für das Vorgehen bei der Befragung von Zeitzeugen enthalten die Seiten 176/177 des Schülerbuches.

Das Ende der SED-Herrschaft

„Wer zu spät kommt, den bestraft das Leben.“ (M. Gorbatschow)

Politik der SED-Führung:
- *keine gesellschaftlichen Reformen in der DDR*
- *weiterhin Verletzung der Bürger- und Menschenrechte*
- *Verfolgung und Inhaftierung derjenigen, die mehr Freiheit und Demokratie verlangen*
- *weiterhin Abgrenzung von der Bundesrepublik*

Wachsender Protest und Widerstand in der Bevölkerung:
- *Bürgerrechtsgruppen finden Zulauf, Ausreiseanträge, Massenflucht in den Westen, Demonstrationen*

SED muss Mauer öffnen und ihre Herrschaft beenden

20 Aus Zwei mach Eins
(Schülerbuch S. 178/179)

Mögliche Unterrichtsgestaltung

Einstieg: Bildbetrachtung von ***Q1***
Erarbeitung der Problemsicht: Bereits ein Jahr nach der Öffnung der Mauer war Deutschland wieder ein einheitlicher Staat. Der Weg zur Einheit war kompliziert. Warum?

Erarbeitung 1: Analyse und Wertung der Stimmung der DDR-Bürger nach der Öffnung der Mauer im November 1989 anhand des ***VT*** *(1. Abschnitt); vgl. Aufgabe 1. → TB*

Erarbeitung 2: Problem aufwerfen: Zuerst eine „neue DDR“ schaffen und dann schrittweise Wiedervereinigung oder schneller Anschluss an die Bundesrepublik? Problemauseinandersetzung auf der Grundlage von ***Q2a*** *und* ***Q2b*** *sowie von* ***Q5****; vgl. Aufgabe 3 und 5. → TB*

Erarbeitung 3: Beschreibung des Weges zur Einheit anhand des ***VT*** *(2. und 3. Abschnitt); vgl. Aufgabe 2. → TB*

Erarbeitung 4: Unterschiedliche Sichten im Ausland über ein wiedervereintes Deutschland anhand ***Q3*** *und* ***Q4*** *sowie* ***Q6****; vgl. Aufgabe 4 und 5. → TB*

Zusatzinformationen zu den Materialien

Q2 Auch der damalige Generalsekretär der SED Egon Krenz und der damalige Ministerpräsident der DDR Hans Modrow schlossen sich dem Aufruf an.

Zu den Arbeitsvorschlägen und Fragen

1 Hoffnungen der Deutschen im Osten:
- gemeinsames deutsches Vaterland, in dem die Deutschen ungehindert zueinander finden
- Schaffung demokratischer Verhältnisse und Durchsetzung der Bürger- und Menschenrechte auch in der ehemaligen DDR
- ein demokratisches Deutschland fördert die europäische Einheit
- Hebung des Lebensstandards und der Lebensqualität durch Angleichung an das bundesdeutsche Niveau

2 Die Lösung der Aufgabe ist nicht einfach und erfordert relativ viel Zeit. Deshalb bietet sich die Arbeit in Gruppen an, in denen Schüler mit unterschiedlichem Leistungsniveau zusammenarbeiten.

3 Es wäre günstig, wenn die Schüler sich schriftliche Notizen über ihre Sicht des Problems machen, um zielgerichtet argumentieren zu können.

4 Die Befürchtungen des Auslandes, auch einiger Menschen in den befreundeten Staaten, gingen in folgende Richtung: Deutschland könnte die Führung in einem vereinigten Europa beanspruchen (Q3), die Bindung an die westliche Staatengemeinschaft lockern und einen „neutralistischen Weg“ einschlagen. Manche befürchteten gar, Deutschland werde wieder versuchen mit militärischen Mitteln die Vorherrschaft in der Welt zu erreichen (Q6).

5 Es ist wichtig, das Entstehungsdatum der Karikatur zu beachten, weil ansonsten die unbegründete oberflächliche Aussage entstehen könnte: „Die Westdeutschen wollten die Ostdeutschen nicht haben.“

Aus Zwei mach Eins – der Weg zur Einheit Deutschlands

Zwei Wege zur Einheit aus Sicht der DDR-Bürger:
a) erst Schaffung einer neuen, demokratischen DDR, dann Wiedervereinigung
b) schnelle Wiedervereinigung durch Anschluss an die Bundesrepublik (Mehrheit)

Schritte im Jahre 1990:

März:	*demokratische Wahlen zur Volkskammer, Beitrittsverhandlungen*
Juli:	*Einführung der D-Mark in der DDR*
August:	*Volkskammer beschließt Beitritt der DDR zur Bundesrepublik*
September:	*Siegermächte des Zweiten Weltkrieges unterzeichnen Einigungsvertrag mit beiden deutschen Regierungen*

3. Oktober 1990: Deutsche Einheit

21 „Aufbau Ost"

(Schülerbuch S. 180/181)

Mögliche Unterrichtsgestaltung

Einstieg: Bildbetrachtung von ***Q1*** *und* ***Q4***
Fragestellung: Was brachte die Einheit den Menschen in den neuen Bundesländern? Dabei sollen die Schüler die Vorteile, aber auch negative Folgen erfassen.

Erarbeitung 1: Erfassen des schwierigen Übergangs von der Plan- zur Marktwirtschaft anhand der Analyse und Wertung des ***VT*** *(1. und 2. Abschnitt).*

Erarbeitung 2: Beschreibung und Einschätzung des Aufbaus in den neuen Bundesländern anhand des ***VT*** *(3. Abschnitt) und der nochmaligen Bildauswertung von* ***Q1*** *und* ***Q4****. → TB*

Erarbeitung 3: Unterrichtsgespräch über die Bilanz der Entwicklung in den neuen Bundesländern in 15 Jahren unter Einbeziehung von ***Q2, Q3*** *und* ***Q5****. → TB*

Zusatzinformationen zu den Materialien

Q2 Die Quelle verdeutlicht, welche Auswirkungen die Spaltung Deutschlands auf die Kontakte zwischen den West- und Ostdeutschen hatten. Meinungsverschiedenheiten zwischen den Bürgern in den alten und neuen Bundesländern gründen sich folglich häufig auf historische Erfahrungen. Diese Sicht sollten die Schüler auch bei der Wertung der Karikatur (**Q5**) beachten.

Zu den Arbeitsvorschlägen und Fragen

1 *Stand der DDR-Wirtschaft nach der Wende:*
niedrige Arbeitsproduktivität, schlechte Bausubstanz der Fabriken, veraltete Maschinen, hohe Lohnkosten, kaum noch Exportmöglichkeiten
Probleme bei der Einführung der Marktwirtschaft:
kaum Käufer für DDR-Betriebe, da Sanierung mit hohen Kosten verbunden war, Abriss vieler Betriebe, Folge: hohe Arbeitslosigkeit

2 Es sollte darauf geachtet werden, dass die „Schattenseiten" in den neuen Bundesländern ins Verhältnis zum erreichten Fortschritt gestellt werden. Vorhandene Probleme sollten ebenso wenig verschwiegen werden, wie die in nur 15 Jahren schon erreichten Erfolge.

3 Persönliche Bindungen der West- zu den Ostdeutschen waren nach den Jahren der Teilung oft kaum noch vorhanden. Die DDR war nicht wenigen Westdeutschen fremder als die west- und südeuropäischen Länder. Dies erschwerte nach der Wende das Verständnis der Probleme des anderen, insbesondere auch, was die notwendige finanzielle Unterstützung der neuen Bundesländer betraf. Diese Problematik könnte mit folgender Frage für die Schüler konkretisiert werden: Ist es richtig und von der Politik vertretbar, dass die alten Bundesländer im Sinne des Solidarpaktes immer noch umfassende Finanzhilfe für die neuen Bundesländer leisten?

4 Dass Zusammengehörigkeitsgefühl und Solidarität zwischen den Deutschen in den alten und neuen Bundesländern stetig gewachsen sind, wurde u.a. in der Hilfe für die Hochwassergeschädigten in den neuen Bundesländern im Jahre 2002 sichtbar.

Der Aufbau in den neuen Bundesländern

erforderte
- *Aufbau einer leistungsfähigen Wirtschaft*
- *Aufbau einer demokratischen Verwaltung und Justiz*
- *neue Strukturen in der Bildung sowie im Gesundheits- und Sozialwesen*

„Aufschwung Ost"

einerseits beachtliche Erfolge
- *moderne Betriebe, bessere Wohnqualität, modernes Schienen-, Straßen- und Telefonnetz, bessere Lebensqualität durch besseres Warenangebot und vielfältige Reise- und Urlaubsangebote, Menschenrechte und bürgerliche Freiheiten*

andererseits aber auch Unzulänglichkeiten
- *hohe Arbeitslosigkeit, leer stehende Wohnungen durch Abwanderung in die alten Bundesländer, geringere Löhne, sozialer Abstieg Einzelner*

Konflikte und Friedensbemühungen seit 1945

Einleitung

Mit der Themeneinheit erarbeiten sich die Schülerinnen und Schüler drei sehr unterschiedliche Konflikte, die bis in ihre unmittelbare Gegenwart hineinreichen oder zumindest noch erkennbar nachwirken.
Der Ost-West-Konflikt hat – abgesehen von den Stellvertreterkriegen – beinahe kein Blut gekostet, gleichwohl war er der bei weitem gefährlichste Konflikt: für den Weltfrieden und für Europa im Besonderen. Den Schülern muss an dieser Stelle bewusst werden, dass erst der Fall des Eisernen Vorhangs für die Deutschen in Ost und West die latente Gefährdung ihrer Existenz aufhob.
Der Nahostkonflikt eignet sich am besten als Fallstudie. Die dabei erlernte Methode kann unmittelbar auf die Analyse des Nord-Süd-Konflikts angewendet werden, dessen Teilthemen durchaus für Schüler erkennbar in die eigene Existenz eingreifen.

Erkenntnisleitende Fragen

- Wie entstehen Konflikte?
- Mit welchen Mitteln werden Konflikte ausgetragen?
- Wo liegen Lösungsansätze?

Ost-West-Konflikt
- Welche Grundvorstellungen leiteten die USA und die Sowjetunion im Kalten Krieg?
- Wie kam es zur Blockbildung in Ost und West?
- Welche Faktoren führten zur Entspannungspolitik zwischen Ost und West?
- Welche Kräfte bewirkten ein friedliches Ende des Ost-West-Konflikts?

Nahostkonflikt
- Welche Faktoren haben zum israelisch-arabischen Konflikt geführt und wirken sich bis heute aus?
- Warum hat sich die Auseinandersetzung zwischen Juden und Palästinensern zu einem israelisch-arabischen Konflikt ausgeweitet?
- Welche Lösungsversuche hat es gegeben?
- Wie könnte ein „großer Kompromiss" den Konflikt dauerhaft beenden?

Nord-Süd-Konflikt
- Wie wirken sich extreme Disparitäten bei Entwicklung, Wohlstand und Lebensqualität auf den Frieden aus?
- Wo liegen die Verantwortlichkeiten für die ungleichen Lebensbedingungen in Nord und Süd?
- Beeinflusst die Globalisierung den Konflikt?
- Bedroht internationaler Terrorismus den Weltfrieden?

Mögliche Unterrichtsreihe

Einführung: Ursachen, Verlauf und Lösungsansätze dreier Konflikte	
Ost-West-Konflikt	
Interessengegensätze der Alliierten 1945	*Kap. 1*
Prozess der Blockbildung in Ost und West	*Kap. 2*
Atomare Bedrohung der Welt durch Wettrüsten	*Kap. 3*
Mobilisierung der Menschen durch Propaganda	*Kap. 4*
Unterdrückung der Freiheit im Ostblock	*Kap. 5*
Stellvertreterkrieg in Vietnam	*Kap. 6*
Scheitern des sozialistischen Systems	*Kap. 7*
Gewinner und Verlierer des Kalten Krieges	*Kap. 8, 9*
Nahostkonflikt	
Die Ursachen des Regionalkonflikts	*Kap. 11, 12*
Ausweitung zum Weltkonflikt	*Kap. 13*
Eskalation und Lösungsversuche	*Kap. 14*
Nord-Süd-Konflikt	
Die Ursachen des Nord-Süd-Konflikts	*Kap. 15*
Bevölkerungsexplosion als der verschärfende Faktor des Nord-Süd-Konflikts	*Kap. 16*
Chancen und Risiken der Globalisierung	*Kap. 17*
Internationaler Terrorismus	*Kap. 18*
Wege zum Frieden	
Auftrag der UNO: Konflikte vermeiden, Frieden sichern und Frieden schaffen	*Kap. 19*
Aktuelle Friedensmissionen der UNO	*Kap. 20*
Projekt zum Thema Frieden	*Kap. 21*
Abschluss: Drei Konflikte zusammengefasst	*Kap. 22*

Auftaktdoppelseite S. 180/181

Das Bildmaterial der Auftaktdoppelseite rückt zwei Konflikte in den Vordergrund: den Nord-Süd-Konflikt und den Ost-West-Konflikt. Die Weltkarte und das Foto der Bürgerkriegsflüchtlinge machen deutlich, dass auch Probleme der unmittelbaren Gegenwart behandelt werden. Anhand der Bildleiste sollte eine erste Zuordnung zu den drei Einzelkonflikten vorgenommen werden. Die Schülerinnen und Schüler erkennen dabei, dass der Ost-West-Konflikt bereits historisch ist, die beiden anderen Konflikte aber noch auf Lösungen warten.

1 Der Ost-West-Konflikt
(Schülerbuch S. 186/187)

Mögliche Unterrichtsgestaltung

Einstieg und Rückblick: Epochenjahr 1917 –
Welche beiden Ereignisse von weltgeschichtlicher Bedeutung verbinden wir mit der Jahreszahl?
- *Mit der Oktoberrevolution beginnt in Russland das Experiment einer neuen Staats- und Gesellschaftsordnung.*
- *Mit ihrem Kriegseintritt entscheiden die USA zum ersten Mal einen europäischen Konflikt.*

*Erarbeitung 1: Epochenjahr 1945 **(VT, Q1, D2)***
- *Die Alliierten besiegen Deutschland und Japan.*
- *Das Deutsche Reich und Japan treten als Großmächte ab.*
- *Die Siegermächte USA, UdSSR und Großbritannien bestimmen über die Nachkriegsordnung in Deutschland und Europa.*
- *Die Randmächte Europas werden zu Weltmächten.*

Erarbeitung 2: Die neuen Weltmächte USA und UdSSR
- *Gegensätze in der politischen, gesellschaftlichen und wirtschaftlichen Ordnung*
- *unterschiedliche Vorstellungen über die Nachkriegsordnung Europas*

*Vertiefung: Die Deutschlandpolitik der Alliierten 1941–1945 **(D1, Q2)***

Hausaufgabe: ein Kurzporträt zu einem der „Großen Drei" vorbereiten: Lebenslauf, politische Ziele, Persönlichkeit …

Zu den Arbeitsvorschlägen und Fragen

1 Hitler-Deutschland konnte nur durch die gemeinsame Anstrengung der Alliierten besiegt werden. Die UdSSR war dabei auf die materielle Unterstützung durch die USA angewiesen und brauchte zur Entlastung der Roten Armee eine Zweite Front im Westen. Andererseits konnte die Landung der Westalliierten in Frankreich nur gelingen, wenn die Hauptkräfte der Wehrmacht im Osten gebunden blieben.

2 Die Dreierkoalition zerfällt offensichtlich in zwei gegnerische Lager: Stalin wendet sein Pferd nach links, also „nach Westen"; Roosevelt und Churchill drängen so gesehen „nach Osten". Die Symbole auf dem Pferdeleib stehen für zwei gegensätzliche Systeme: Hammer und Sichel für die Sowjetmacht, Dollar und Pfund für die Wirtschaftsinteressen der Westmächte. Der Richtungswechsel erfolgt im Augenblick des Sieges über den gemeinsamen Gegner Hitler, der – als Schlange – am Boden liegt.

3 siehe Tafelbild

4 Casablanca: bedingungslose Kapitulation
Teheran: Teilung Deutschlands und „Westverschiebung" Polens auf Kosten Deutschlands
Jalta: Militärregierung für Deutschland (Alliierter Kontrollrat), Besatzungszonen sowie Verlust der Ostgebiete an Polen und die UdSSR.

Die Siegerkoalition zerbricht

USA	← Kriegsalliierte → 1941–45	UdSSR
• freiheitlicher, demokratischer Staat • Ausgangssituation 1945: – unzerstörtes Land – leistungsfähige Industrie mit kriegsbedingt stark ausgeweiteter Produktionskapazität • Hauptziele der Nachkriegspolitik: – Demokratie, Menschenrechte und freie Märkte überall in der Welt – wirtschaftliche Vorherrschaft der USA sichern	Systemgegensatz ROOSEVELT / TRUMAN ← Zielkonflikte → STALIN	• sozialistische Diktatur • Ausgangssituation 1945: – zerstörte Dörfer, Städte, Industrieanlagen und Infrastruktur – über 20 Millionen Kriegstote • Hauptziele der Nachkriegspolitik: – Wiederaufbau des Landes – dauerhafte Sicherung der Westgrenze durch die Kontrolle Osteuropas

2 Aus Verbündeten werden Feinde (Schülerbuch S. 188–191)

Mögliche Unterrichtsgestaltung

*Einstieg: Aussage Stalins „Dieser Krieg ist nicht wie in der Vergangenheit …“ (**Q2**)*

*Erarbeitung 1: Territoriale Gewinne der Sowjetunion 1939–1945 (**D1**)*
- *durch den Hitler-Stalin-Pakt 1939/40*
- *durch die Annexion der Ostslowakei 1945*

*Erarbeitung 2: Ausdehnung des kommunistischen Machtbereichs 1945–1949 (**VT, D1**)*

*Erarbeitung 3: Blockbildung in Ost und West (**VT**)*
- *Truman-Doktrin (**Q4**)*
- *Militärbündnisse von NATO und Warschauer Pakt*
- *Lagerbildung in Ost und West (**Q3, Q4**)*

*Vertiefung 1: Wer ist schuld am Ausbruch des Kalten Krieges? (**D2, D3**)*
Das Thema kann in Gruppenarbeit vorbereitet und nach der Fish-Bowl-Methode (vgl. S. 206/207) in einer Expertenrunde diskutiert werden.

*Vertiefung 2: Der Beginn des Kalten Krieges in den Schulbüchern Ost und West (**Q5, Q6**)*

Zu den Arbeitsvorschlägen und Fragen

1 Stalin hat nicht die Absicht, den „befreiten“ Völkern im Machtbereich der Roten Armee ein Selbstbestimmungsrecht hinsichtlich ihrer Staats- und Gesellschaftsordnung einzuräumen.

2 Argumentation Malenkows: US-Politik durch Interessen des Monopolkapitals gesteuert; ihr Ziel: Beherrschung aller Märkte und wirtschaftliche „Versklavung“ aller Völker; USA rüsten unter dem Vorwand einer drohenden kommunistischen Gefahr zum Krieg.

3 Elemente des „westlichen“ Modells: freie staatliche Institutionen, Mehrheitsentscheidungen, freie Wahlen, Garantie der persönlichen Freiheit, Rede- und Religionsfreiheit, Freiheit von politischer Unterdrückung. Elemente des „östlichen“ Modells: Herrschaft einer Minderheit durch Unterdrückung, Terror, Kontrolle von Presse und Rundfunk, Scheinwahlen und Einschränkung der persönlichen Freiheit. Schlussfolgerung: Die USA unterstützen alle Völker außerhalb der kommunistischen Welt gegen Revolutionsversuche oder sowjetische Bedrohung.

4 Polen: Hinauszögern der Wahlen, dann Machtübernahme durch Wahlfälschung und Drohungen.
Tschechoslowakei: freie Wahlen: Kommunisten stärkste Partei in Koalitionsregierung; Kontrolle von Polizei, Presse, Rundfunk und Verwaltung; vollständige Machtübernahmen nach Scheinwahlen.

5 Williams (**D2**): Die US-Politik wollte die UdSSR auf ihre Grenzen zurückdrängen und als Verkörperung des „Bösen“ ausgrenzen, auch um der amerikanischen Wirtschaft die Expansion in Osteuropa offenzuhalten. Lukacs (**D3**): Russland strebte von Anfang an die Beherrschung Osteuropas an.

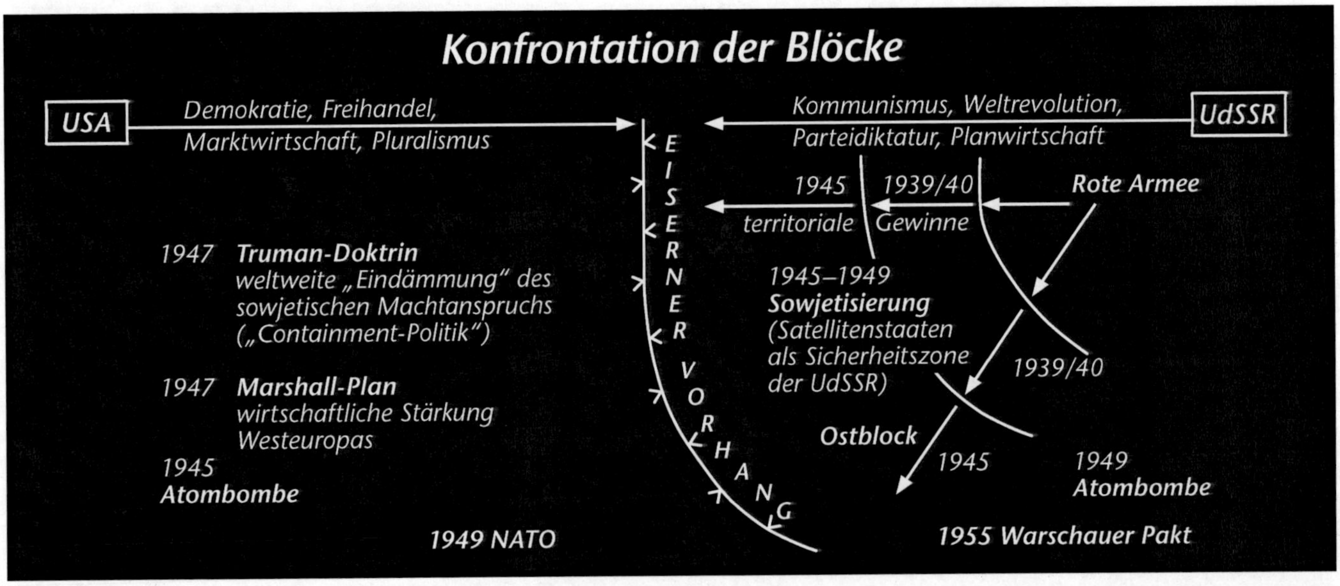

3 Am Rande eines Atomkriegs
(Schülerbuch S. 192/193)

Mögliche Unterrichtsgestaltung

*Einstieg: Karikatur **Q1** auswerten*
Ergebnis: Chruschtschow und Kennedy können sich gegenseitig vernichten, aber nur um den Preis der Selbstvernichtung. Wer mit Drohungen Maximalziele durchsetzen will, riskiert die Katastrophe. Verhandlungen bleiben als einzig vernünftiger Weg.

Überleitung: „Die Karikatur bezieht sich auf eine konkrete historische Situation im Oktober 1962, die so genannte Kubakrise."
Anschließend lesen die Schüler die ersten drei Abschnitte des Verfassertextes als Grundorientierung.

Erarbeitung 1: Amerikanische Bedrohungsvorstellungen als Ausgangspunkt der Kubakrise
*Arbeit mit der Wandkarte (Weltkarte): geostrategische Lage Kubas; Erpressbarkeit der USA nach Stationierung der Raketen (**Q2**)*
*Perspektivwechsel: die sowjetische Position in der Raketenfrage (**Q3**)*
Arbeit mit der Wandkarte (Weltkarte): Bedrohung sowjetischer Industrie- und Bevölkerungszentren durch amerikanische Raketen in der Türkei.

*Erarbeitung 2: Rüstungskontrolle und Entspannung (**VT**, letzter Abschnitt)*

*Erweiterung: Raketenkrise der frühen 1980er-Jahre (**Q4**)*

Zusatzinformationen zu den Materialien

Q4 Das englische Wort „rattle" heißt klappern, rasseln. Das erneute Wettrüsten der Supermächte begann 1979, als die UdSSR Mittelstreckenraketen (SS 20) auf Westeuropa richtete. Die NATO antwortete mit dem Doppelbeschluss: Er bot Verhandlungen an mit dem Ziel, die Raketen auf beiden Seiten abzubauen. Falls keine Übereinkunft erreicht würde, sollten neue US-Raketen in Westeuropa stationiert werden. Die Raketen wurden nur für kurze Zeit stationiert, da mit der Wahl Gorbatschows zum Generalsekretär der KPdSU 1985 eine neue Entspannungspolitik begann. Das Wettrüsten zu Beginn der 1980er-Jahre hat insbesondere in der Bundesrepublik Deutschland Millionen Menschen mit Angst erfüllt.

Zu den Arbeitsvorschlägen und Fragen

1 Position der USA: Die Raketen auf Kuba werden zu Recht als Bedrohung angesehen. Dass die USA diesen Schritt mit der Stationierung eigener Mittelstreckenraketen in der Türkei provoziert haben könnten, wird verschwiegen. Position der UdSSR: Mit der Stationierung von Atomraketen auf Kuba hätten die USA ihre „Unverwundbarkeit" verloren. Neben dem Prestigeerfolg würden sich der UdSSR damit neue Spielräume bei Verhandlungen eröffnen – z.B. in der Frage der US-Raketen in der Türkei. Tatsächlich wurden sie 1963 abgezogen.
2 Ein Atomkrieg hätte für beide Blöcke zur Vernichtung auch der eigenen Existenz geführt.
3 Die Masse der konventionellen und ein Großteil der strategischen Waffen war in Europa konzentriert. Europa wäre in einem dritten Weltkrieg zum Hauptschlachtfeld geworden.

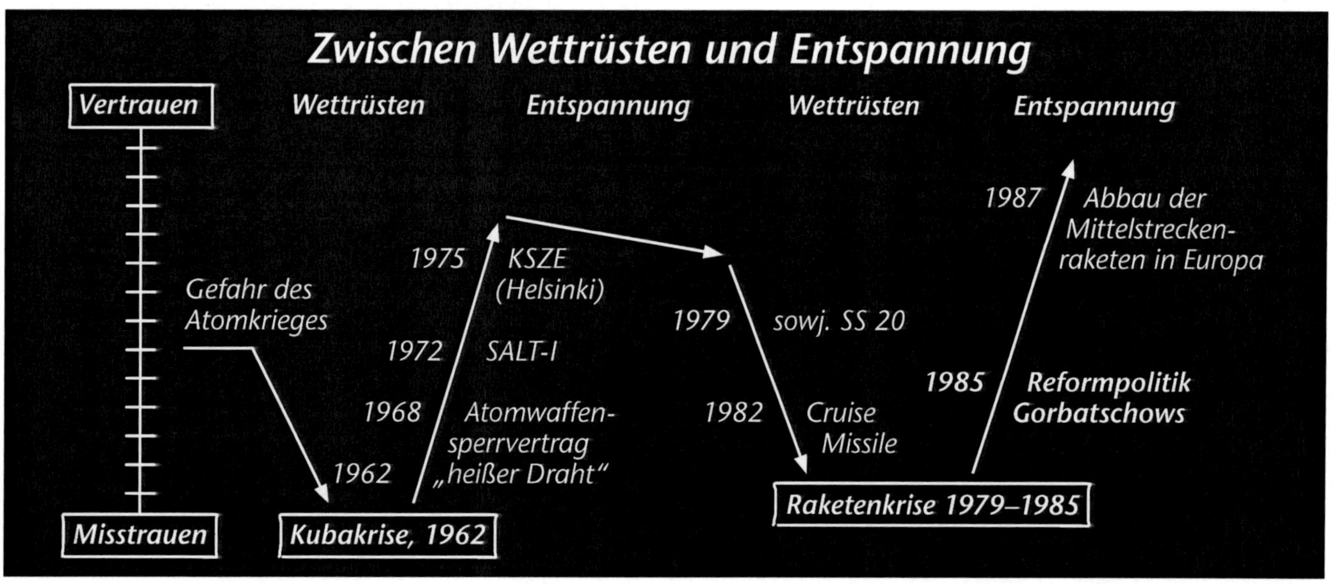

4 „Die Guten“ und „die Bösen“ – Feindbilder im Kalten Krieg (SB S. 194/195)

Mögliche Unterrichtsgestaltung

Einstieg: Warum erzählt(e) man Kindern Märchen wie „Rotkäppchen“ oder „Der Wolf und die sieben Geißlein“?
Ergebnis: Mit Angst lassen sich Menschen leicht steuern bzw. manipulieren.

Erarbeitung 1 im Unterrichtsgespräch:
*Durch Propaganda eine Atmosphäre der Angst schaffen **(VT)***
– westlicher Antikommunismus
– östlicher Antiimperialismus

Erarbeitung 2 in Gruppenarbeit:
*Die Plakate **Q2**, **Q3** und **Q4** arbeitsteilig auswerten.*
Arbeitshilfen: Aufgaben 1–3; Methode: Politische Plakate analysieren (S. 68/69)

Vertiefende Diskussion: Wie wirken sich Feindbilder auf das Denken der Menschen aus und wie beeinflussen sie das Handeln der Politiker?

Zusatzinformationen zu den Materialien

Q1 Geographische Bezeichnungen: Ostdeutschland, Wien (bis 1955 in vier Sektoren geteilte Stadt), Jugoslawien (seit 1945 kommunistisch, aber 1948 Bruch Titos mit Moskau), Persien (Anspielung auf die antibritische Politik des iranischen Ministerpräsidenten Mossadegh, der 1951 die Anglo-Iran Oil Company verstaatlichte. Das Plakat unterstellt sowjetischen Einfluss.), Korea (Unterstützung des kommunistischen Nordkorea während des Koreakrieges 1950–1953), Tibet (1950 Besetzung durch das kommunistische China), Malakka (britisches Protektorat, heute Malaysia; Unterstützung kommunistischer Partisanen 1948–1954), Vietnam (Untersützung der kommunistischen Vietminh während des Ersten Indochina-Krieges 1946–1954).

Q2 Das Stereotyp von der „Roten Gefahr“ wird hier mit dem noch älteren von der „Gelben Gefahr“ (Wilhelm II.) verbunden. Beide sind gedankliche Brücken zum „bolschewistischen Untermenschen“ der Nazis, aber auch zu manchen von den Rotarmisten an der deutschen Bevölkerung verübten Verbrechen.

Zu den Arbeitsvorschlägen und Fragen

1 Der jeweilige Gegner wird als hässlich-gefräßige Krake bzw. Spinne dargestellt.
2 Vgl. die Zusatzinformationen zu **Q2**.
3 Feindbilder wenden sich in erster Linie an die eigene Bevölkerung. Sie wollen Angst vor dem politischen Gegner machen. Dabei arbeiten sie mit Stereotypen (fest gefügte, schematische Vorurteile).

Feindbilder im Kalten Krieg

Westen	Feindbilder	Osten
„Wir die Guten,	– arbeiten mit fest gefügten Begriffen, Bildern, Vorurteilen (Stereotypen) – schüren Ängste – wirken nach innen	„Wir die Guten,
ihr die Bösen!“ – „Rote Gefahr“ – „Reich des Bösen“ – „Bolschewistische Gefahr“	→ ←	ihr die Bösen!“ – „US-Imperialisten“ – „Faschisten“ – „Kapitalisten“

5 Krisen im sozialistischen Lager
(Schülerbuch S. 196/197)

Mögliche Unterrichtsgestaltung

*Einstieg: Protest gegen die Sowjetmacht (**Q1**, **Q4**)*
*Impuls: „Die Fotos **Q1** und **Q4** zeigen Bürgerprotest gegen die Herrschaft der kommunistischen Partei. Schreibt zu jedem der beiden Fotos eure Gedanken auf."*
Unterstützend können die Aufgaben 2 und 3 eingesetzt werden, gegebenenfalls auch zusätzliche Fragen:
- *Welche Situation ist gegeben?*
- *Was kann man über die Motive bzw. Emotionen der handelnden Menschen sagen?*
- *Welche Rolle spielen Symbole?*

Erarbeitung 1: Ungarn 1956 und Tschechoslowakei 1968
Die Schüler untersuchen jeweils Ursachen, Verlauf und Ergebnisse anhand des Verfassertextes.
- *Wo sind Gemeinsamkeiten zu erkennen?*
- *Was unterscheidet die beiden Ereignisse?*

Erarbeitung 2: Die Breschnew-Doktrin
*Die Schüler bearbeiten mithilfe der Aufgabe 5 die beiden Quellentexte **Q2** und **Q3** selbstständig.*

Vertiefende Diskussion: Wie hat sich die Vorstellung von der Roten Armee bei den Menschen des Ostblocks gewandelt? (Q5)

Zu den Arbeitsvorschlägen und Fragen

1 Die Ungarn wollten 1956 den Sozialismus abschaffen, die Sowjettruppen loswerden und aus dem Warschauer Pakt austreten.
Die Tschechen und Slowaken strebten 1968 eine demokratische Form des Sozialismus an.

2 Obwohl Stalin schon seit drei Jahren tot war, wurde das kommunistische System noch mit seinem Namen gleichgesetzt. Den Demonstranten galt er als Symbol der verhassten sowjetischen Besatzungsmacht.

3 Der slowakische Arbeiter setzt seinen Freiheitswillen über das eigene Leben. Obwohl physisch ohnmächtig, gelingt es ihm, den sowjetischen Panzer durch Mut und moralische Stärke aufzuhalten.

4 1945 Befreiung Osteuropas von deutscher Besatzung; 1968 Instrument der ideologisch-politischen Unterdrückung.

5 Chruschtschow: Ein Nachgeben in einem einzelnen Land würde als Schwäche des Systems ausgelegt und damit sogar den Sozialismus in der UdSSR gefährden.
Breschnew: Die großen Opfer der Sowjetunion im Zweiten Weltkrieg rechtfertigen die gegenwärtigen Besitzstände „für ewige Zeiten". Die Teilung Europas, wie sie in Jalta und Potsdam beschlossen wurde, ist als Sicherheitsgarantie für die UdSSR unabdingbar.

6 Der Westen respektierte die Ergebnisse der Konferenzen von Jalta und Potsdam (Q3). Die USA griffen militärisch nicht ein, da die Sowjets ihre Interessen lediglich im eigenen Herrschaftsbereich durchsetzten (Status-quo-Denken). Niemand wollte wegen Ungarn oder der Tschechoslowakei einen Atomkrieg riskieren.

„Kein Staat des Ostblocks darf einen eigenen Weg zum Sozialismus gehen!"

Westen	Ostblock		
	Konfliktursachen	**Folgen**	**Ergebnisse**
• respektiert Status-quo (Jalta) • fürchtet Atomkrieg	• Versorgungsmängel • Wunsch nach Freiheit	Volksaufstände: • 1953 DDR • 1956 Polen • 1956 Ungarn	Niederschlagung durch sowjetische Panzer
	• Suche nach eigenem Weg zum Sozialismus	Reformbewegung: • 1968 „Prager Frühling"	• Einmarsch des Warschauer Paktes • Breschnew-Doktrin

6 Wenn ein Dominostein fällt ...
(Schülerbuch S. 198/199)

Mögliche Unterrichtsgestaltung

Einstieg: Die Domino-Theorie, 7. April 1954
Am anschaulichsten gelingt der Unterricht, wenn der Lehrer einige Dominosteine mitbringt (ersatzweise funktioniert es auch mit 5-Cent-Münzen). Er stellt sie hintereinander auf und erklärt: „Jeder dieser Steine soll für ein Land in Ostasien bzw. Südostasien stehen.“
Sodann wendet er sich der Weltkarte zu und zeigt nacheinander auf Korea (Nord und Süd), Vietnam, Laos, Kambodscha, Thailand, Malaysia, Myanmar ...
Er fährt fort: „Diese Staaten wurden nach dem Zweiten Weltkrieg unabhängig. US-Präsident Eisenhower sagte 1954 in Anspielung auf kommunistische Bedrohungen, die Länder Südostasies könnten sich politisch so verhalten wie Dominosteine: Wenn einer fällt, fallen alle.“

Überleitung: Geostrategische Situation im April 1954 aus US-Sicht: 1949 Sieg des Kommunismus in China, absehbarer Sieg des Vietminh gegen die französischen Kolonialherren, 1950–53 Koreakrieg, seit 1948 Aufstand kommunistischer Partisanen in Malakka.
Ergebnis: Südostasien könnte wie Osteuropa, China und Nordkorea an den Kommunismus verlorengehen.

Erarbeitung: Krieg in Vietnam 1946–1954; 1964–1975 (VT, D1, Q2, Q3, Q4)

Vertiefung: Der Vietnamkrieg und die Macht der Medien (D2, Q1, Q4)

Zusatzinformationen zu den Materialien

Q4 In einem Guerillakrieg sind Freund und Feind oft nicht zu unterscheiden. Besonders Luftangriffe auf Dörfer, in denen man den Vietcong vermutete, trafen in erster Linie die südvietnamesische Bevölkerung, für deren Freiheit die USA angeblich kämpften. Amerikanische Fernsehzuschauer waren über solche Bilder entsetzt.

Zu den Arbeitsvorschlägen und Fragen

1 1945 Rückzug der japanischen Besatzer; Bildung einer kommunistischen Regierung
1946 Befreiungskrieg des Vietminh gegen die französische Kolonialmacht
1954 Ende des Indochinakrieges mit dem Sieg des Vietminh; Teilung des Landes in Nord- und Südvietnam
1964 Eingreifen der USA
1975 Sieg des Vietcong; Wiedervereinigung als kommunistischer Staat

2 Beide Staatsmänner behaupten, für die Freiheit Vietnams zu kämpfen. Der jeweils anderen Seite werfen sie „unmenschliche Methoden“ (Q3) bzw. „Terror“ (Q2) vor. Johnson verweist indirekt auf die Domino-Theorie.

3 Wenn Vietnam fällt, fallen auch Laos und Kambodscha.

4 Die US-Regierung gab vor, für Freiheit, Demokratie und Menschenrechte zu kämpfen, und die meisten Amerikaner glaubten das auch. Bilder von Kindern als Opfer amerikanischer Bomben passten in dieses Bild nicht hinein. Immer mehr US-Bürger wurden so in ihrem Selbstverständnis erschüttert.

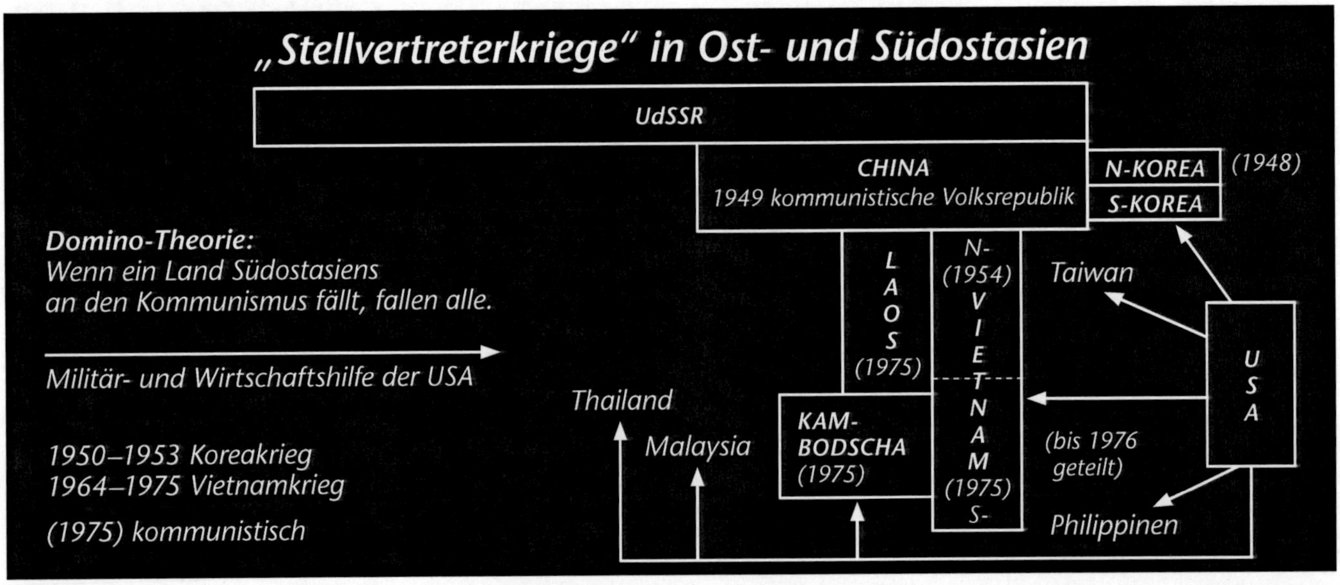

7 Niedergang einer Supermacht
(Schülerbuch S. 200/201)

Mögliche Unterrichtsgestaltung

*Einstieg: Das vermittelte Bild: Bush und Gorbatschow als Sieger des Kalten Krieges (**Q1**)*
- *Wie stellt die Karikatur das Ende des Kalten Krieges dar?*
- *Wie wirken die beiden führenden Staatsmänner bei ihrem Gipfeltreffen?*
- *Ist das Bild, das hier vermittelt wird, richtig?*

*Erarbeitung 1: Die Wirklichkeit: Zusammenbruch eines Systems (**VT, Q2, Q3**)*
- *Widersprüche zwischen Ideal und Wirklichkeit des Kommunismus*
- *Mängel der Planwirtschaft*
- *fehlende Freiheit*
- *zunehmende Verweigerung der Bevölkerung*

(Passivität am Arbeitsplatz, Schwarzmarkt, Vetternwirtschaft, Rückzug ins Private, eine Gegenwirtschaft)

*Erarbeitung 2: Kräfte der Veränderung: Dissidenten, Solidarnosc, Gorbatschow (**VT, Q5**)*

Vertiefende Diskussion: Gorbatschow wollte den Sozialismus durch Reformen stärken. Hat er sein Ziel erreicht?

Zusatzinformationen zu den Materialien

Q5 Zur Gewerkschaft Solidarnosc:
- 1980 Massenstreiks in Danzig; Bildung der unabhängigen Gewerkschaftsbewegung Solidarnosc unter Führung Lech Walsesas
- 1981 Verhängung des Kriegsrechts (Jaruselski), Verbot von Solidarnosc, Internierung Walesas
- 1983 Aufhebung des Kriegsrechts, Walesa erhält den Friedensnobelpreis
- 1988 neue Streikwelle in Polen; Walesa verhandelt
- 1989 Wiederzulassung der Solidarnosc
- 1989 (Aug.) erste nichtkommunistische Regierung (Koalition aus Solidarnosc, Bauernpartei, Demokraten)
- 1990 Wahl Walesas zum Staatspräsidenten

Zu den Arbeitsvorschlägen und Fragen

2 Im Ostblock gab es sonst nur staatlich kontrollierte Gewerkschaften. Es galt das Prinzip, dass Arbeiter in einem sozialistischen Staat nicht streiken, da sie damit angeblich ihre eigenen Interessen verraten würden.
Die Niederschlagung eines Streiks oder eines Arbeiteraufstandes musste an den ideologischen Grundlagen des Sozialismus rütteln.

3 Das Ende des Kalten Krieges hat Europa vor einem möglichen Atomkrieg bewahrt. Die europäischen Staaten – einschließlich Russlands – konnten ihre Rüstungsausgaben senken und freie Ressourcen in friedliche Projekte lenken.

Das Ende einer Epoche: Gorbatschow beendet den Kalten Krieg

überzeugter Kommunist — ***Michail Gorbatschow*** *1985 Generalsekretär der KPdSU* — *Mitglied des Politbüros*

erkennt Mängel des Systems → *hat Mut zur Veränderung*

R E F O R M P O L I T I K

Ziel: *das sozialistische System stärken durch*
- *größere Freiheit für Menschen und Wirtschaft*
- *Ende des kostspieligen Wettrüstens mit dem Westen*

beabsichtigte Maßnahmen:
- *Abbau der SS 20-Raketen (1987)*
- *Ende des Afghanistankrieges (1988)*

unbeabsichtigte Folgen:
- *Fall der Berliner Mauer (1989)*
- *Auflösung des Warschauer Pakts (1990)*
- *Zerfall der UdSSR (1991)*

8 Russlands schweres Erbe (Schülerbuch S. 202/203)

Mögliche Unterrichtsgestaltung

*Einstieg: Geographische Einbettung Russlands in die neuen Staaten der GUS (**D2**). Vergleich mit der alten Sowjetunion:*
- *Reduzierung des Staatsgebiets um mehr als vier Millionen Quadratkilometer*
- *Halbierung der Bevölkerungszahl*
- *statt Supermacht nur noch Großmacht*
- *Führungsmacht des politisch unbedeutenden Staatenbundes GUS*

*Erarbeitung: Konflikte im Übergang zur Marktwirtschaft (**VT, Q1, Q2**)*
- *Jelzins radikale Einführung der Marktwirtschaft: wenige Profiteure (vor allem Oligarchen) und viele Verlierer (völlige Verarmung von Millionen Rentnern durch eine Hyperinflation)*
- *Tschetschenien-Krieg als Beispiel schwerer Nationalitätenkonflikte*

Möglichkeit zur Vertiefung über eine vorbereitende Hausaufgabe:
Die Schüler sammeln aktuelle Informationen über die deutsch-russischen Beziehungen. Schwerpunkt sollten Beispiele wirtschaftlicher Kooperation sein, z. B.
- *deutsche Investitionen in Russland*
- *russische Rohstofflieferungen nach Deutschland*

Möglichkeit zu einer vertiefenden Diskussion: Warum ist es in unserem Interesse, dass Russlands Weg zu Demokratie und Marktwirtschaft erfolgreich verläuft?

Zusatzinformationen zu den Materialien

D1 Nach dem neuen außenpolitischen Konzept Präsident Putins wird die GUS als eine politisch-strategische Vorzugsregion bezeichnet. Doch die Wirtschaftsbeziehungen innerhalb der GUS sind seit 1991 rückläufig. Politischen Einfluss behält Russland vor allem durch die Abhängigkeit der meisten GUS-Staaten von russischen Energielieferungen. Eine Währungsunion gibt es innerhalb der GUS ebensowenig wie eine Freihandelszone mit Wegfall der Zollbarrieren. Moskau will aber vor allem aus politischen Gründen Weißrussland, die Ukraine und Kasachstan in einen einheitlichen Wirtschaftsraum mit Russland einbinden. Daher gibt es zumindest seit 2003 Pläne für eine Zollunion dieser Staaten.
An der Südflanke konkurriert Russland heftig mit den USA, die seit dem Afghanistankrieg in Usbekistan und Kirgisien Stützpunkte unterhalten. US-amerikanische Ölunternehmen fördern am Kaspischen Meer Öl.

Zu den Arbeitsvorschlägen und Fragen

1 Inflation mit fast völliger Entwertung des Rubel, Verarmung vor allem der Rentner, Verlust von Millionen Arbeitsplätzen in den ehemaligen Staatsbetrieben, Bildung riesiger Vermögen in der Hand weniger Profiteure (Oligarchen).
2 Russland, Weißrussland, Ukraine, Moldawien, Georgien, Armenien, Aserbaidschan, Turkmenistan, Usbekistan, Tadschikistan, Kirkistan, Kasachstan.

Russland – UdSSR – Russland

das Zarenreich → *1917* → *der sozialistische Staat* → *1991* → *eine Demokratie?*

Oktoberrevolution
- *Ideologie des Sozialismus/Kommunismus*
- *Parteidiktatur (KPdSU)*
- *Planwirtschaft*

Verfall in der Ära Breschnew (1964–1982)
- *Mangelwirtschaft*
- *Schwarzmarkt*
- *Passivität in der soz. Produktion*

Auflösung der Sowjetunion
- *Mehrparteiensystem*
- *gewählter Präsident*
- *Nationalitätenkonflikte (Bürgerkrieg)*
- *Marktwirtschaft*

überstürzte Wirtschaftsreformen in der Ära Jelzin (1991–1999)
- *Inflation, Massenarbeitslosigkeit*
- *Massenarmut*

Stabilisierung unter Putin (ab 2000)

9 Supermacht USA
(Schülerbuch S. 204/205)

Mögliche Unterrichtsgestaltung

Einstieg: Stars and Stripes (Q1)
Impuls: „Keine Nationalflagge ist so bekannt, keine so umstritten."
Alternative: *Amerika – Land der unbegrenzten Möglichkeiten?*

Erarbeitung 1: Pax Americana – eine neue Weltordnung? (VT, Q2, Q4)
- *die einzige Supermacht*
- *Siegeszug der Demokratie*
- *Dominanz amerikanischer Kultur*

Erarbeitung 2: Aktuelle Einsätze amerikanischer Truppen (z. B. Q4) und weltweite strategische Ziele der USA (z. B. Sicherung der Rohstoffbasis, Q3)

Vertiefung und Erweiterung: Neue Konkurrenten um die Führung in der Welt: China, Indien, ein wiedererstarktes Russland
Dazu Fragestellung: Was befähigt zur Weltmachtrolle?
- *Größe des Landes*
- *Bevölkerungszahl und Bevölkerungsdynamik*
- *Wirtschaftskraft*
- *militärisches Potenzial*
- *Rohstoffe und andere Ressourcen*
- *Bündnisse und politische Ideen*

Zu den Arbeitsvorschlägen und Fragen

1 politisch-wirtschaftlich: USA dominieren die UNO, binden Staaten durch Wirtschaftsabkommen an sich, Abhängigkeit vieler Staaten von US-Entwicklungshilfe.
militärisch: Führungsmacht der NATO, Bündnisse und Stützpunkte rund um den Globus, Einsatzfähigkeit strategischer Waffen, Weltraumüberwachung.
kulturell: Nachahmung des „american way of life", Dominanz amerikanischer Filme in Kino und Fernsehen, Anglizismen in vielen Sprachen der Welt.
2 Öl und Gas; Mittelost und Naher Osten; durch Stützpunkte und politische Kooperation mit zum Teil autoritären Regimen.
3 Die USA betreiben eine Politik der Stärke. Militärische Überlegenheit dient zur Durchsetzung der eigenen Weltordnung. Viele europäische Staaten lehnen aus historischer Erfahrung Machtpolitik unter Anwendung militärischer Gewalt ab. Das meist negativ geprägte Bild vom Weltpolizisten USA hat allerdings auch eine Kehrseite: Wer, wenn nicht die USA, ist bereit, in den Krisengebieten der Welt eine Ordnungsfunktion zu übernehmen? Besitzen die europäischen Staaten die Mittel und die Entschlusskraft zur Intervention, wenn sie denn im Namen des Weltfriedens notwendig sein sollte?
4 Im ersten Golfkrieg führten die USA Krieg mit Zustimmung des UN-Sicherheitsrates. Der Krieg war durch internationales Recht legitimiert, da er geführt wurde, um den Aggressor Irak aus Kuwait zu vertreiben.
Der zweite Golfkrieg wurde von den USA ohne ausreichende Legitimation geführt: Kein Staat wurde angegriffen; es ging keine unmittelbare Gefahr von Irak aus, die einen Präventivschlag gerechtfertigt hätte, und der UN-Sicherheitsrat hatte nicht zugestimmt.

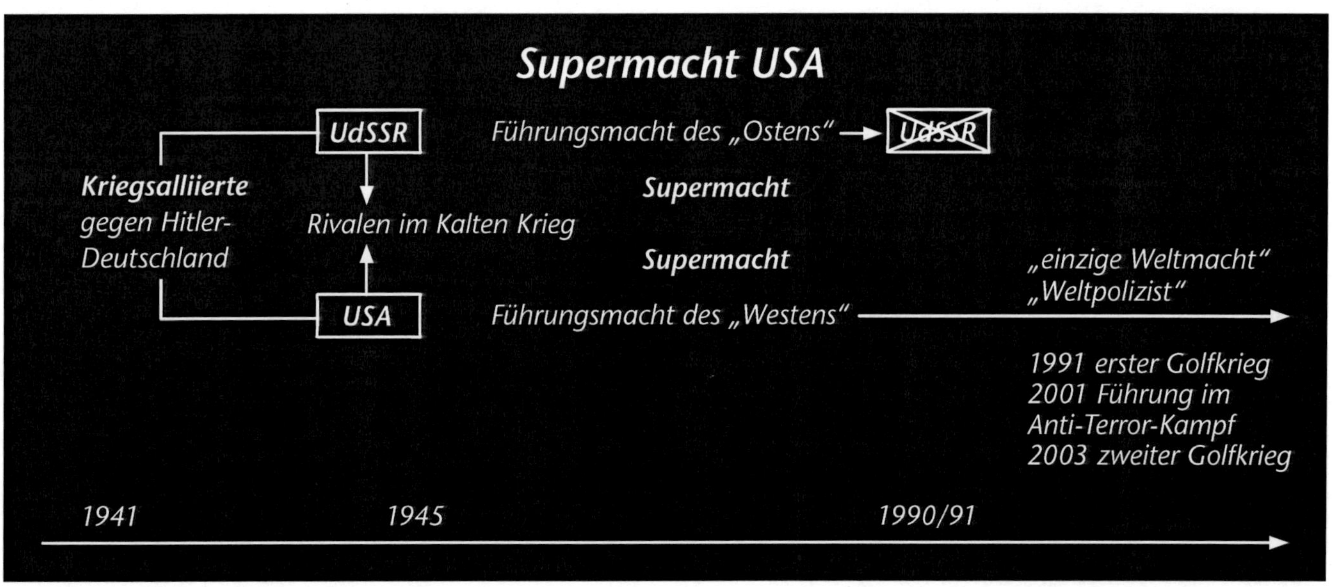

11 Der Nahostkonflikt (Schülerbuch S. 208/209)

Mögliche Unterrichtsgestaltung

Einstieg: aktuelle Ereignisse zum Thema Israel oder Nahost (vorbereitende Hausaufgabe: Berichte aus der Tageszeitung sammeln, Internetrecherche, Nachrichtensendungen auswerten)

*Überleitung: Der geographische Großraum (**D2**)*
- *Begriff „Naher Osten" (aus europäischer Sicht!)*
- *Araber und Juden als Hauptvölker*
- *Ursprung der Monotheistischen Weltreligionen*

*Erarbeitung 1: Wem gehört Israel? Historisch begründete Ansprüche der Juden und Palästinenser (**VT**)*

*Erarbeitung 2: Geschichte eines Konflikts: Kriege im Nahen Osten (**D1**).*
Dieser Teil benennt lediglich die Hauptkriege zwischen Israel und seinen Nachbarn um den Schülern die Dimension des Konflikts zu verdeutlichen. Eine tiefere Behandlung der Konfliktursachen wird erst in der Folgestunde angestrebt.

*Vertiefung 1: Positionen im israelisch-arabischen Konflikt (**Q2**, **Q3**)*

*Vertiefung 2: Jerusalem – die Stadt dreier Religionen (**Q1**, vgl. auch die Zusatzinformationen zu **Q1**)*

Zusatzinformationen zu den Materialien

Q1 Bedeutung Jerusalems für drei Weltreligionen:
- Juden: Zion des Alten Testamentes; Hauptstadt König Davids, seit Salomons Tempelbau Zentrum der jüdischen Identität in drei Jahrtausenden; Klagemauer: Die fünf untersten Steinlagen gehören zur herodianischen Tempelmauer, die vier folgenden stammen aus dem 1. Jh. n.Chr., die restlichen 15 sind arabisch.
- Muslime: El Kuds („die Heilige"); drittheiligste Stadt des Islam nach Mekka und Medina. Felsendom: Nach islamischer Überlieferung ritt Mohammed von dem gewaltigen Felsen auf dem Tempelberg-Plateau auf seinem Wunderpferd Burak gen Himmel.
- Christen: Ursprung des Christentums. Jerusalem steht für Geburt (im nahen Bethlehem), Wirken (z.B. „Reinigung" des Tempels), Leiden (beginnend mit seinem Prozess vor Pilatus) und Tod (Richtstätte auf dem Berg Golgotha) Jesu. Grabeskirche: christliche Kirche über dem Grab Christi. Dem Zeugnis antiker Schriftsteller zufolge, wurde das Grab 326 n. Chr. nahe Golgotha gefunden und mit einer Basilika überbaut. Nach zweimaliger Zerstörung der alten Basilika bauten die Kreuzfahrer im 12. Jh. die heutige Kirche.

Zu den Arbeitsvorschlägen und Fragen

1 Das alte Judäa wird mit Israel gleichgesetzt, Zion als Ort der Verheißung mit besetzten Gebieten. Fast 2000 Jahre jüdischer Diaspora werden einfach übersprungen.
3 Die Fatah hat dem palästinensischen Volk Identität und Selbstwertgefühl zurückgegeben.
4 Für Judentum wie Islam geht es auch um den Besitz und Zugang zu Orten, die beiden Religionen heilig sind.

Jerusalem: eine Stadt – drei Religionen

	Glaube an …	Gotteshaus	heilige/r Ort/e
Judentum	JHWH (Jahwe)	Synagoge	Klagemauer (Jerusalem)
Christentum	Gott (Dreieinigkeit: Vater, Sohn, Heiliger Geist)	Kirche	u. a. Bethlehem, Grabeskirche (Jerusalem)
Islam	Allah	Moschee	Mekka, Medina, El-Aksa-Moschee/ Felsendom (Jerusalem)

12 Der Streit um Palästina – Ursachen eines Konflikts (Schülerbuch S. 210/211)

Mögliche Unterrichtsgestaltung

Einstieg: Kurze Lehrererzählung zum Schicksal der „Exodus“: Das Flüchtlingsschiff „Exodus“ erreichte im Juli 1947, von Südfrankreich her kommend, mit 4554 Überlebenden des Holocaust die Küste Palästinas. Doch die britische Mandatsmacht über Palästina verwehrte den Einwanderern den Zutritt zum Gelobten Land. Ein Zerstörer rammte die „Exodus“ und zwang die jüdischen Flüchtlinge zur Rückkehr auf drei britischen Truppentransportern. Im Hafen von Marseilles angekommen, weigerten sich die Flüchtlinge, die Schiffe zu verlassen. Nach mehrwöchiger Irrfahrt wurden die Passagiere schließlich nach Hamburg gebracht, das damals zur britischen Zone in Deutschland gehörte. Weltweit empörten sich Menschen darüber.
Aus der Lehrererzählung ergibt sich eine erste Fragestellung: Warum verweigerten die britischen Behörden den Passagieren der „Exodus“ die Einreise in Palästina? Wieso hat das Ende der langen Irrfahrt den weltweiten Protest noch verschärft?

*Erarbeitung 1: Palästina - von der türkischen Herrschaft zum britischen Mandatsgebiet **(VT, D1, D2)***

*Erarbeitung 2: Vom UN-Teilungsplan zur Gründung des Staates Israel **(VT, D3)***

Perspektivwechsel als Möglichkeit, der Wirklichkeit näherzukommen: Die Staatsgründung vom 14. Mai 1948 aus jüdischer bzw. palästinensischer Sicht (Q1, Q2)

Zusatzinformationen zu den Materialien

D3 1920–22: Willkürlich gezogene Grenzen des britischen Mandatsgebietes geben den Umfang des späteren Staates Israel in etwa vor.
Bis 1947: Durch Landkauf sind große Teile des Bodens in jüdischer Hand.
1947: Der UN-Plan sieht einen arabischen und einen jüdischen Staat vor. Jerusalem soll unter internationaler Verwaltung stehen.
1948/49: Die unmittelbare Folge der jüdischen Staatsproklamation ist der erste arabisch-jüdische Krieg.

Zu den Arbeitsvorschlägen und Fragen

1 Bis 1920 das Osmanische Reich; 1920–1948 Großbritannien als Mandatsmacht für den Völkerbund.
2 Die Einwanderungswelle nach Palästina begann 1932 angesichts der Machtübernahme durch die Nationalsozialisten und endete 1939 mit dem Beginn des Zweiten Weltkrieges. Durch die Einwanderer aus Deutschland und dem übrigen Europa verdoppelte sich der jüdische Bevölkerungsanteil in Palästina fast.
3 Begründung des jüdischen Anspruchs auf Palästina:
- Alle Völker haben ihren Staat, also auch die Juden.
- Juden sollen nicht mehr „Opfer“ sein, sondern „Herr ihres Geschickes“.

Begründung der palästinensischen Gegenposition:
- Die Juden haben ihr Territorium gegenüber dem UN-Teilungsplan von 1947 erheblich vergrößert.
- Jüdische Siedler nehmen Land, das der palästinensischen Bevölkerung „gewaltsam geraubt“ wurde.
- Der jüdische Anspruch auf Palästina bedeutet für vertriebene Palästinenser ein Leben in Flüchtlingslagern.

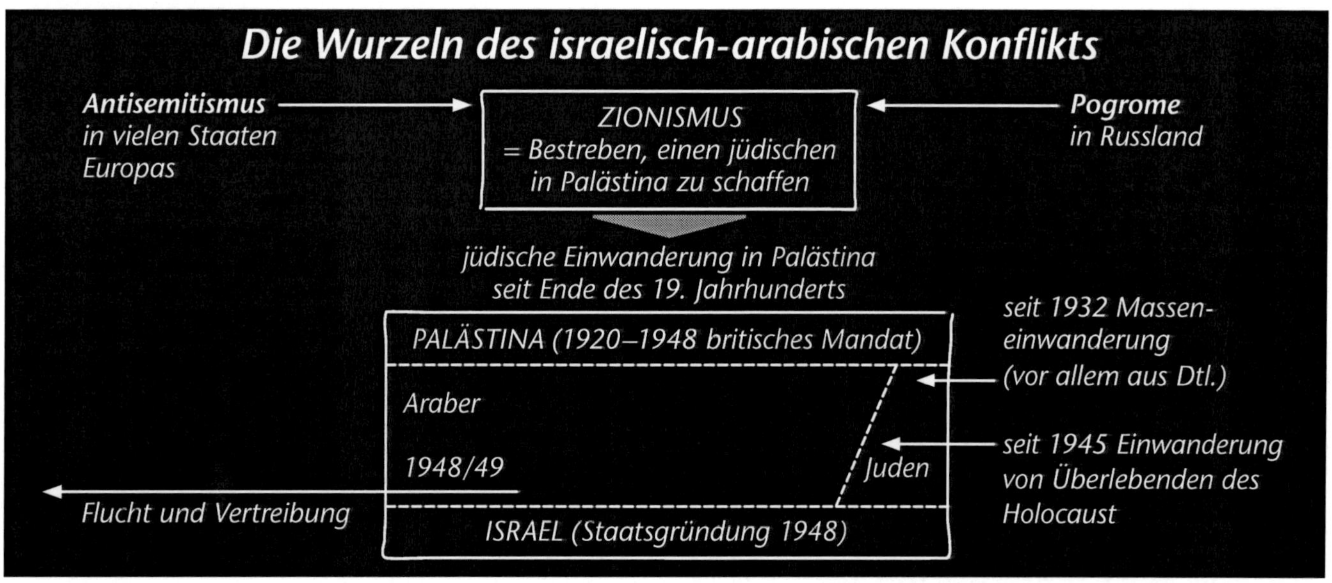

13 Vom Regional- zum Weltkonflikt
(Schülerbuch S. 212/213)

Mögliche Unterrichtsgestaltung

Einstieg: Die zentrale Frage nach dem Besitzanspruch der beiden Konfliktparteien auf Palästina wird noch einmal im Tafelbild hervorgehoben:
Israels religiös-historische Begründung steht dem Heimatrecht der Palästinenser gegenüber.

*Erarbeitung 1: Brennpunkte des jüdisch-palästinensischen Konflikts (**VT, D2**)*
- *1947 UN-Teilungsplan*
- *1948/49 israelisch-arabischer Krieg: Erweiterung des Staatsgebietes und Vertreibung der arabischen Bevölkerung*
- *1967 Sechstagekrieg: dauerhafte Besetzung palästinensischer Gebiete*

*Erarbeitung 2: Die Rolle der Supermächte (**D1**)*
- *USA als Schutzmacht Israels*
- *UdSSR als Verbündeter der Araber*
- *Die geopolitische Bedeutung des Erdöls aus Nahost*

Vertiefende Diskussion: Warum hat sich die Haltung der Westeuropäer zu Israel seit den 1960er-Jahren verändert?

Zu den Arbeitsvorschlägen und Fragen

1 Die Supermächte nahmen seit den 1960er-Jahren offen Partei für eine der beiden Konfliktparteien: die USA für Israel, die UdSSR für die arabischen Staaten.
Ziel der USA war es, Israel als den einzig verlässlichen Bündnispartner in der strategisch wichtigen Region zu stabilisieren. Die Sowjetunion wollte ihren ideologischen Einfluss ausdehnen und strategisch wichtige Positionen besetzen: im östlichen Mittelmeer wie am Persischen Golf.
2 Kritik an Israel könnte von der eigenen (historischen) Schuld ablenken, etwa nach dem Muster: Auch Juden können Täter sein. Ein weiteres Motiv für die zunehmende öffentliche Kritik an Israel sieht Eliahu Salpeter im Streben nach „politischer Korrektheit" – einem „öffentlichen Gewissen", das als Verteidiger tatsächlich oder vermeintlich benachteiligter Gruppen auftritt.
Für Israel wirke sich auch der Antiamerikanismus vieler Westeuropäer negativ aus, schließlich sei das Land der Hauptverbündete der USA im Nahen Osten.
3 Israel hat in dem kleinen Nachbarstaat mehrfach völkerrechtswidrig interveniert. In den Augen der Weltöffentlichkeit hatten die Operationen der israelischen Armee im Libanon überwiegend aggressiven Charakter.
4 Die Wirtschaftsleistung Israels liegt, pro Einwohner berechnet, etwa 25 bis 30 mal höher als in den besetzten Gebieten. Jeder zweite Palästinenser ist arbeitslos, was sich insbesondere bei jüngeren Männern radikalisierend auswirkt.

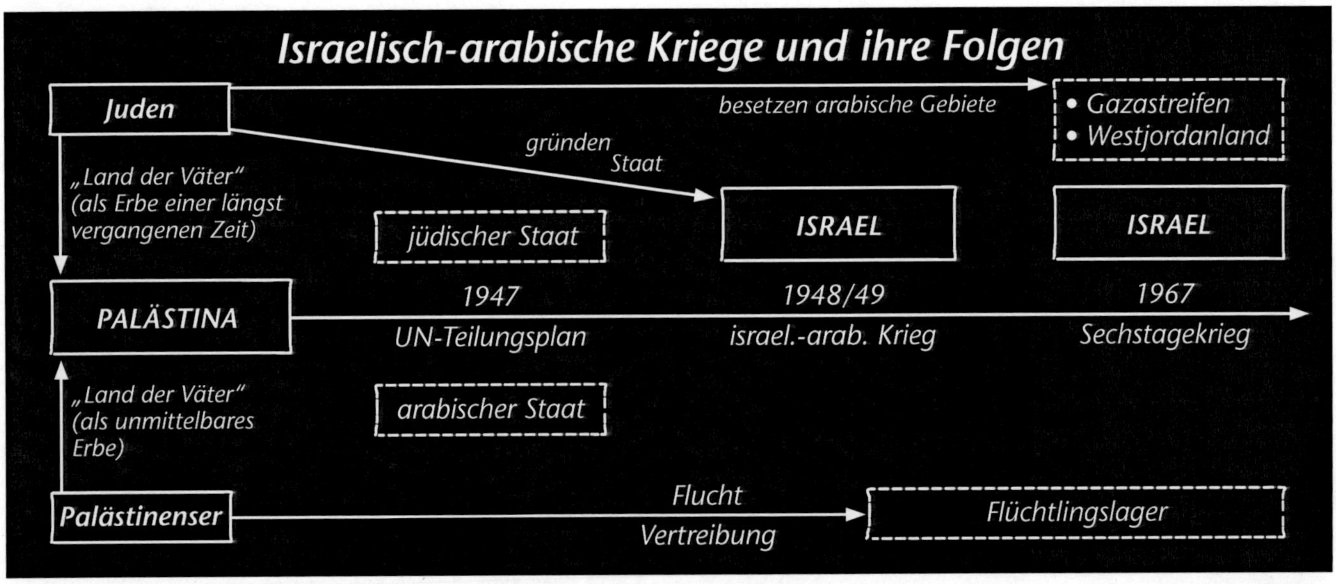

14 Brücken zum Frieden bauen – Lösungsversuche eines Konflikts (SB S. 214–217)

Mögliche Unterrichtsgestaltung

*Einstieg: Fotos sprechen lassen (**Q1, Q4, Q7, Q10**)*
Die Schüler formulieren zu jedem der Fotos in Partnerarbeit eine Kurzaussage. Dabei können die folgenden Fragen helfen:
- *Wer handelt?*
- *Gegen wen richtet sich das Handeln?*
- *Wie wirkt das Foto auf mich?*

Erarbeitung: Zwischen Frieden und neuer Gewalt – die Entwicklung im Nahen Osten seit 1979
1. *Schritt: Die Schüler lesen den Verfassertext als Basisinformation.*
2. *Schritt: In Gruppenarbeit werden die folgenden Fragen bearbeitet:*
   - *Welche Rolle spielte die PLO unter Führung Jassir Arafats seit Beginn des Friedensprozesses?*
   - *Welche Abkommen wurden geschlossen?*
   - *Wie kam es zur ersten und zweiten Intifada? Welche Ziele waren damit verbunden?*
   - *Welche Politik betreibt Ministerpräsident Ariel Scharon seit 2001?*

Sicherung: Die Ergebnisse der Gruppenarbeit werden im Tafelbild festgehalten.

Vertiefende Hausaufgabe: Wem gehört Jerusalem?
*Die Schüler formulieren aus **Q9a/b** Argumente für eine Pro- und Contra-Diskussion. Darüber hinaus begründen sie eine knappe eigene Position.*

Zu den Arbeitsvorschlägen und Fragen

1 1979 ägyptisch-israelischer Friedensvertrag, 1993 Abkommen von Washington zwischen der PLO und Israel, 1994 jordanisch-israelischer Friedensvertrag
2 Durch jahrzehntelange Gewalt und Gegengewalt hatten sich Hass und Misstrauen tief in das Bewusstsein der politisch Handelnden und ihrer Völker eingegraben.
3 Es handelte sich letztlich um eine politische Provokation: Scharon hat bewusst den sensiblen Ort auf dem Tempelberg zur Verlautbarung israelischer Ansprüche auf ganz Jerusalem gewählt.
4 Lara: Ein Volk, das selbst gelitten hat, darf nun nicht selbst zum Täter werden. Die Palästinenser haben ein Recht auf ihren Anteil an Palästina.
Michael: Frieden sofort, aber ohne Gefährdung der eigenen Sicherheit.
5 Die PLO war die einzige Organisation, die für das ganze palästinensische Volk sprechen konnte. Doch es war schwer, sie als Verhandlungspartner durchzusetzen, da sie in Israel als „terroristische Organisation" galt.
6 harter Kurs gegenüber der palästinensischen Führung unter Arafat; Militärschläge gegen vermutete Terroristen; Bau von Siedlungen in den besetzten Gebieten; seit 2003 Bau eines Sperrwalls, der z. T. durch palästinensisches Gebiet führt; aber auch Räumung des Gaza-Streifens 2005

15 Der Nord-Süd-Konflikt
(Schülerbuch S. 218/219)

Mögliche Unterrichtsgestaltung

Einstieg: Der Lehrer skizziert mit einem großen Kreis die Erde an der Tafel und markiert mit einer gestrichelten Linie den „Wohlstandsäquator". Darüber schreibt er das Thema der Stunde: Der Nord-Süd-Konflikt. Die Schüler nennen aus ihrem Vorwissen Begriffe, die sie dem Thema zuordnen, z. B. Armut und Reichtum, Dritte Welt, Entwicklungsländer, fortschrittlich, rückständig …

Erarbeitung: Der Nord-Süd-Konflikt

1. *Schritt: Informationen aus einer thematischen Karte ziehen (**D1**)*
   Mögliche Fragen:
   - *In welche Gruppen sind die Staaten der Erde eingeteilt?*
   - *Was wird als Maßstab für Entwicklung angenommen?*
   - *Welche Aussagen lässt die Karte zu, welche nicht?*
   - *Warum ist der Human Development Index (HDI) ein besserer Maßstab für den Entwicklungsstand eines Landes als z. B. der Vergleich des BIP/Einwohner?*
2. *Schritt: Was unterscheidet Entwicklungsländer, Schwellenländer und Industriestaaten voneinander? (**VT, Q1, Q2**)*
3. *Schritt: Worin besteht der „Konflikt" zwischen den Staaten des „Nordens" und den Staaten des „Südens"? Beschreibt die unterschiedliche Interessenlage.*

*Erweiterung und Vertiefung: Das Entwicklungsland Nigeria als Fallbeispiel (**Q3**)*
*Die Schüler bearbeiten **Q3** unter der Aufgabenstellung: Nigeria – Massenarmut in einem eigentlich reichen Land.*

Zusatzinformationen zu den Materialien

Q3 Der Text gibt einen guten Einblick in „schlechtes Regierungshandeln" (bad governance) vieler afrikanischer Staaten. Es gilt heute als größtes Entwicklungshemmnis überhaupt. Korruption, Staatszerfall und Bürgerkrieg sind nur einige Stichworte, die einen Zustand beschreiben, in dem der Staat zur Beute raffgieriger Eliten wird.

Zu den Arbeitsvorschlägen und Fragen

1 Große Kluft zwischen Arm und Reich, Elendsviertel, Mangel- und Fehlernährung bei den Ärmsten, hohe Kinder- und Säuglingssterblichkeit, schlechte Wohnverhältnisse, unzureichender Zugang zu sauberem Wasser, weit verbreitete Korruption.

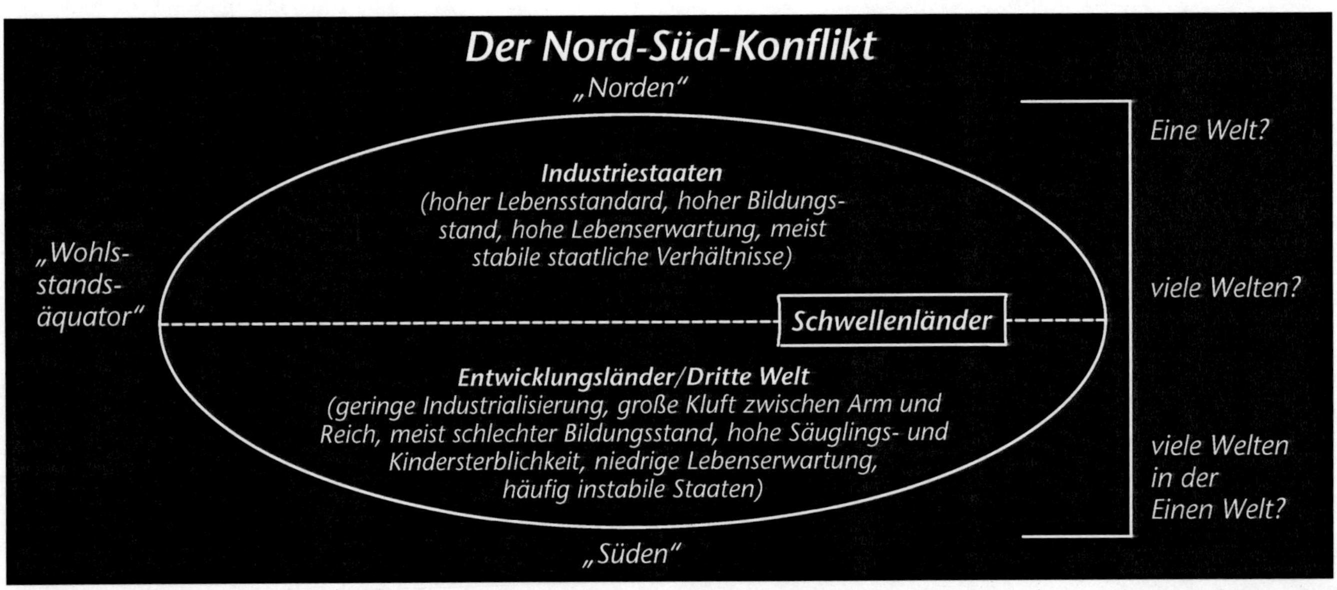

16 Konfliktpotenzial „Bevölkerungsentwicklung“ (Schülerbuch S. 220/221)

Mögliche Unterrichtsgestaltung

*Einstieg: Die Schüler arbeiten mit der Statistik **D1**. Zunächst errechnen sie den Welt-Bevölkerungszuwachs seit 1750 je halbes Jahrhundert, dann den prozentualen Zuwachs im jeweiligen Abschnitt:*
1750–1800 = 187 Mill. (23,64 %)
1800–1850 = 284 Mill. (29,04 %)
1850–1900 = 388 Mill. (30,74 %)
1900–1950 = 870 Mill. (52,73 %)
1950–2000 = 3638 Mill. (144,37 %)
2000–2050 = 2742 Mill. (44,53 %)
Aus den Zahlen ergeben sich spontane Aussagen und Hypothesen, die im weiteren Stundenverlauf aufgegriffen werden.

Überleitung: Darstellung des weltweiten Bevölkerungszuwachses seit 1750 im Kurvendiagramm. Zwei Schüler kommen an die Tafel und zeichnen das Diagramm in eine vorgegebene X- und Y-Achse ein. Der Prognosewert für 2050 (mittlere Variante) wird als gestrichelte Linie mit Fragezeichen vorgenommen.

Erarbeitung 1: Welche Ursachen hat der enorme Bevölkerungszuwachs seit 1750? Wodurch wurde die Bevölkerungsexplosion zwischen 1950 und 2000 ausgelöst?

*Erarbeitung 2: Welche Folgen hat der Zuwachs der Weltbevölkerung? (**VT**, **D2**)*

Mögliche Diskussionsthemen zur Vertiefung:
- *Welche katastrophalen Folgen hat Aids insbesondere für Afrika? (**Q1**, **Q2**)*
- *Wie kann der Zuwachs der Weltbevölkerung begrenzt werden?*

Zu den Arbeitsvorschlägen und Fragen

1 Bis 1900 ist der Anstieg der Bevölkerung in Europa und Amerika (vor allem durch Einwanderung) relativ am größten gewesen. Seit etwa 1900 hat sich das Wachstum in Europa ständig verlangsamt; in Asien und Amerika (z.T. durch Einwanderung) weiter beschleunigt. Afrikas Wachstum beschleunigt sich seit etwa 1950 sprunghaft.
Zur Abschätzung der Folgen: vgl. das Tafelbild.
2 In Afrika südlich der Sahara dürften mittlerweile weit über 30 Millionen Menschen an Aids erkrankt sein. Aids trifft vor allem die sexuell aktivste Bevölkerungsgruppe zwischen 15 und etwa 40 Jahren (in **D2** heißt es: 15–24 Jahre!). In dieser Gruppe ist vor allem der außereheliche Geschlechtsverkehr am häufigsten. Sie stellt aber auch gleichzeitig den ökonomisch aktivsten Teil der Bevölkerung. Durch Krankheit oder Tod bedingte Arbeitsausfälle wirken hier am schwersten.
Aids lässt die gut ausgebildeten städtischen Mittelschichten schrumpfen. Damit sind Bildungsinvestitionen der Vergangenheit ausgelöscht und zukünftiges Wachstum wird begrenzt.
Schon jetzt gibt es in Afrika Millionen Aids-Waisen, deren Schicksal weitgehend vorgezeichnet ist: Unterernährung, schlechte Bildungschancen, geringere Produktivität im Berufsleben.

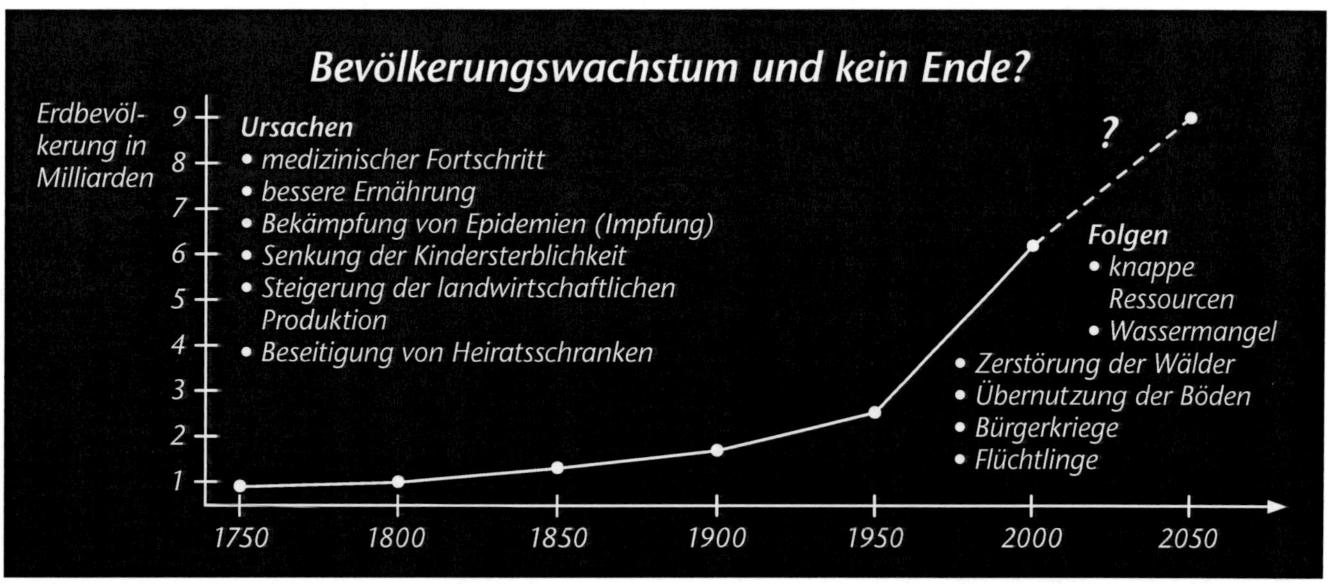

17 Gewinner und Verlierer der Globalisierung (Schülerbuch S. 222/223)

Mögliche Unterrichtsgestaltung

Einstieg: Lehrervortrag
„Kaiser Karl V. konnte einst von sich behaupten, in seinem Reich ginge die Sonne nicht unter. Er war vor beinahe 500 Jahren nicht nur der Kaiser des „Heiligen Römischen Reiches Deutscher Nation", sondern auch König von Spanien und damit Herr über ein Kolonialreich in Amerika und auf den Philippinen. Heute sind es die Manager internationaler Konzerne, für die bisher gültige Gesetze von Raum und Zeit keine Bedeutung mehr besitzen: Rund um den Globus haben sie ihre Interessen abgesteckt. 24 Stunden am Tag arbeiten Menschen für ihre Ziele. Zur Zeit Karls V. wurde ein Weltreich durch Schiffe zusammengehalten; den heutigen Wirtschaftsimperien genügen Kabel oder unsichtbare Signale aus dem All."

Überleitung: Globalisierung – vor 500 Jahren – vor 100 Jahren (Imperialismus, Weltwirtschaftssystem mit Europa als Zentrum) – heute

Erarbeitung 1: Eingrenzung und Vertiefung des Begriffs „Globalisierung" (VT)

Erarbeitung 2: Wer sind die Gewinner, wer die Verlierer der Globalisierung? (VT, Q1, Q3, D1)

Vertiefung: Fallbeispiel Indien (Q2)

Zusatzinformationen zu den Materialien

Q2 Indien ist wie China ein Gewinner der Globalisierung. Es hat Abermillionen billige Arbeitskräfte für die industrielle Produktion anzubieten, aber auch Millionen Ingenieure, Naturwissenschaftler, Mathematiker, Informatiker. Jahr für Jahr verlassen alleine etwa 300000 Ingenieure die Hochschulen. Im Bereich der Software-Entwicklung ist Indien heute schon führend. Gegenüber China hat Indien einen unbestreitbaren Vorteil: Gut ausgebildete Inder beherrschen die englische Sprache wie eine Muttersprache.

Zu den Arbeitsvorschlägen und Fragen

1 auf den enormen Energie- und Rohstoffhunger Chinas
2 Die Wachstumsfaktoren der indischen Wirtschaft sind: vor allem die ideale Demographie (junge Bevölkerung mit etwa 16 Millionen Schulabgängern Jahr für Jahr), Rechtssicherheit, politische Stabilität, hohe Verfügbarkeit englischsprachiger Fachkräfte, schnell steigende Kaufkraft der Oberschicht.
3 Sie wollen mit billigen Arbeitskräften Vorprodukte und Fertigwaren für den Weltmarkt beziehungsweise für das eigene Unternehmen herstellen. Aber auch Dienstleistungen wie Software-Entwicklung und Buchhaltung werden zunehmend in Länder wie Indien ausgelagert.
4 Insbesondere die Länder Asiens haben in den vergangenen Jahrzehnten ein außerordentliches Wirtschaftswachstum gehabt. Der Anstieg des BSP pro Jahr sagt natürlich noch nichts über den Wohlstand aus, da man den nominalen Ausgangswert nicht kennt.

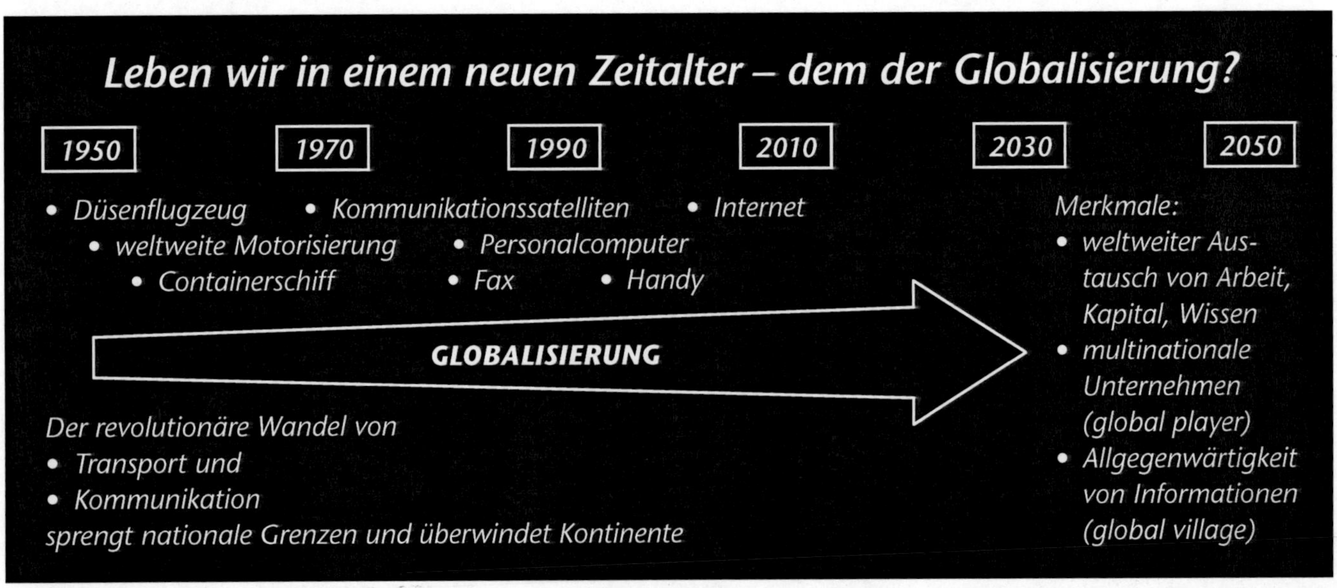

18 Internationaler Terrorismus
(Schülerbuch S. 224/225)

Mögliche Unterrichtsgestaltung

Einstieg: Aktuelle Ereignisse
Alternative: *Der Anschlag vom 11. September 2001 hat die Welt verändert. (**Q1**, **VT** erster Abschnitt)*
*Als Ausgangspunkt kann das Foto **Q1** gewählt werden – mit den Symbolen Amerikas, die Ziel der terroristischen Aktion waren: das freiheitliche westliche Wertesystem und der globale Kapitalismus.*

*Erarbeitung 1: Die Terrororganisation Al-Qaida (**VT** zweiter und dritter Abschnitt, **Q4**, **D1**)*
Mögliche Fragestellungen für eine Partnerarbeit:
- *Wer ist Osama Bin Laden?*
- *Was bedeutet Al-Qaida?*
- *Gegen wen richten sich die terroristischen Aktionen?*
- *Wie arbeitet die Organisation? Wie finanziert sie sich?*

*Erarbeitung 2: Die Motive des radikalen Islamismus (**Q2**)*

*Vertiefung: Ist der Anti-Terror-Kampf des US-Präsidenten Bush eine angemessene Antwort auf die politische Herausforderung? (**Q3**, **Q4**)*
(Stichworte: „Achse des Bösen“, Kriege in Afghanistan und Irak)

Diskussion: Inwieweit sind auch wir durch Terrorismus bedroht? (z. B. bei Flugreisen, in U-Bahnen, durch biologische Kampfstoffe, Unterbrechung der Ölversorgung u.s.w.)

Zusatzinformationen zu den Materialien

Q4 Der Anti-Terror-Kampf der USA hat den Anti-Amerikanismus in der islamischen Welt enorm verschärft:
14. 9. 2001 – Die USA fordern von Pakistan, die Grenzen nach Afghanistan zu schließen und die Unterstützung von Terroristen einzustellen.
20. 9. – Bush ruft die Staaten der Welt zum Kampf gegen den Terrorismus auf: „Entweder sie stehen auf unserer Seite oder auf der Seite der Terroristen.“
7. 10. – Die USA und Großbritannien greifen die radikal-islamistischen Taliban in Afghanistan an.
29. 1. 2002 – Bush spricht von einer „Achse des Bösen“ mit Nordkorea, Irak und Iran.
8. 7. – Bush erklärt, er wolle im Irak „mit allen Mitteln einen Regimewechsel“ herbeiführen.
22. 9. – Bush legt dem Kongress die neue „Nationale Sicherheitsstrategie“ vor: das „Recht auf Selbstverteidigung durch präventives Handeln“.
20. 3. 2003 – USA, Großbritannien und Australien greifen den Irak an.

Zu den Arbeitsvorschlägen und Fragen

1 Ideologie religiösen Märtyrertums, Armut und Hoffnungslosigkeit, Kampf gegen Kapitalismus und Globalisierung, Gefühl der Ohnmacht gegenüber den übermächtigen USA, Hass gegen den Westen und seine Werte.
2 Die militärische Reaktion der USA ändert nichts an der Hoffnungslosigkeit der Armen; das „Für oder gegen uns“ Bushs ist eine arrogante Teilung der Welt.
3 Sie ändert nichts an Armut und Ungerechtigkeit in der islamischen Welt, lässt den Westen aber zunehmend als Feind einer eigenständigen Entwicklung erscheinen.

19 Die UNO – Weltkonflikte regeln, den Frieden erhalten (Schülerbuch S. 226/227)

Mögliche Unterrichtsgestaltung

Einstieg: Erfahrung zweier Weltkriege
1914–18: 10 Mio. Gefallene, 20 Mio. Verwundete, 6 Mio. Ziviltote
1939–45: 55 Mio. Gefallene und Ziviltote, 35 Mio. Verwundete

Überleitung: Scheitern des Völkerbundes in den 1930er-Jahren

*Erarbeitung 1: Auftrag der UNO (**VT** zweiter Abschnitt)*

*Erarbeitung 2: Die UNO als Weltorganisation seit 1945 (**VT, D1**)*
- *bis ca. 1989 Blockade vieler Entscheidungen durch die Konfrontation der Supermächte im Sicherheitsrat*
- *seit 1990 bedingt kooperatives Verhalten der ständigen Mitglieder des Sicherheitsrates (Höhepunkt 1991: erster Golfkrieg mit Zustimmung der UdSSR)*
- *seit 2002/03 einseitige Maßnahmen der USA ohne Auftrag der UNO („Selbstverteidigung durch präventives Handeln“; Höhepunkt: zweiter Golfkrieg 2003 ohne UN-Auftrag)*

Aufgabenstellung (z. T. als Vorbereitung der folgenden Stunde): arbeitsteilige Informationsbeschaffung zur Organisation der UNO, zur Arbeit von Sonder- und Hilfsorganisationen, zu Einsätzen von UN-Blauhelmen

Zu den Arbeitsvorschlägen und Fragen

1 den Weltfrieden sichern, die Menschenrechte schützen, die Gleichberechtigung aller Staaten garantieren, den Lebensstandard in der Welt verbessern; zusätzlich: Umweltprogramme fördern, Flüchtlinge schützen, Erziehung und Gesundheit fördern u. v. m.

2 Nach Art. 41 der UN-Charta: Unterbrechung der Wirtschaftsbeziehungen, der Verkehrs- und Kommunikationsverbindungen, Abbruch der diplomatischen Beziehungen.
Nach Art. 42 der UN-Charta: Einsatz von Streitkräften der Mitgliedsstaaten.

3 Der UN-Sicherheitsrat ist heute in seiner Zusammensetzung anachronistisch: Er spiegelt weder die Machtverhältnisse des 21. Jahrhunderts wieder noch berücksichtigt er den dramatischen Bevölkerungsanstieg in den Entwicklungsländern. Der Sicherheitsrat repräsentiert die Machtverhältnisse des Jahres 1945, als sich die Hauptsiegermächte über Hitler-Deutschland und Japan einen erheblichen Einfluss auf die Gestaltung der Nachkriegsordnung sichern wollten. Nur China als bevölkerungsreichstes Land der Erde und Verbündeter im Kampf gegen Japan wurde als fünftes Mitglied aufgenommen.
Eine Reform der UNO und speziell des Sicherheitsrates wird in jedem Fall zwei Faktoren berücksichtigen müssen: die angemessene Vertretung von Kontinenten (z. B. Südamerika, Afrika) und das Gewicht neuer Weltmächten (z. B. Indien). Die Dominanz europäisch geprägter Völker – noch dazu zweier unbedeutender Kolonialmächte der Vergangenheit (Großbritannien und Frankreich) – wird in wenigen Jahrzehnten unhaltbar sein.

20 Die Blauhelme – Friedenstruppe der UNO
(Schülerbuch S. 228/229)

Mögliche Unterrichtsgestaltung

*Einstieg: UN-Blauhelme in aller Welt (**D1** und aktuelle Einsätze)*
In welchen Regionen der Welt konzentrieren sich Spannungen zwischen Staaten oder Bevölkerungsgruppen?

↓

*Erarbeitung 1: Fallbeispiel Osttimor (**VT** erster und zweiter Abschnitt, **Q1**)*
- *koloniale Vergangenheit bis 1975*
- *widerrechtliche Okkupation durch Indonesien; brutale Unterdrückung von Widerstand*
- *1999 Abstimmung über Unabhängigkeit oder Verbleib bei Indonesien unter UN-Aufsicht*
- *1999 erneuter Bürgerkrieg; UN-Blauhelm-Einsatz zur Befriedung und Vorbereitung der Unabhängigkeit*
- *2002 Unabhängigkeit; seither Friedenssicherung durch UN-Blauhelme*

↓

*Erarbeitung 2: Friedensmissionen der UNO (**VT** letzter Abschnitt, **D1**)*
- *friedenssichernde Missionen*
- *friedenserzwingende Missionen*
- *Militärbeobachter*

↓

Vertiefung: Wie können Spannungen abgebaut und Konflikte verhindert werden? (Q2)

Zusatzinformationen zu den Materialien

D1 Laufende UNO-Einsätze 2004 nach Art des Einsatzes (Auflistung in der Reihenfolge des Missionsbeginns):
Militärbeobachter: Israel/Palästina, Indien/Pakistan;
friedenssichernde Einsätze: Zypern, Israel/Syrien, Libanon, Sahara, Georgien, Kosovo, Eritrea/Äthiopien, Timor-Leste (Osttimor), Liberia, Elfenbeinküste, Haiti;
friedenserzwingende Einsätze: Sierra Leone, Demokratische Republik Kongo, Burundi

Zu den Arbeitsvorschlägen und Fragen

1 Friedenssichernder Einsatz, friedenserzwingender Einsatz, Militärbeobachter
2 Afrika, Naher Osten, Südasien
3 Eine Kommission aus unabhängigen Historikern, Journalisten und Fachwissenschaftlern hätte im Auftrag der UNO als „Frühwarnkommission" eingesetzt werden können, um den Generalsekretär und den Sicherheitsrat rechtzeitig über Bedingungen und Gefahren in der Region zu unterrichten. Sie hätten so vielleicht ein umfassenderes Bild des Konflikts gewinnen können: z. B. über Motive und Absichten der Konfliktparteien, über religiöse oder ethnische Gegensätze, belastende Vorgänge in der Vergangenheit, beteiligte Personen, geplante Aktionen der Konfliktparteien. Durch frühzeitige Einschätzung der Lage wären die richtigen Maßnahmen möglicherweise rechtzeitig erfolgt. Präventives Handeln hätte also Tausende von Menschenleben retten können.

UN-Blauhelme – Soldaten für den Frieden

FRIEDEN SICHERN		FRIEDEN SCHAFFEN	
Militärbeobachter	**„Blauhelm-Einsätze"**	**gewaltlose Sanktionen**	**Einsatz von UN-Truppen**
• überwachen z. B. die Einhaltung eines Friedensabkommens	• sichern Zone zwischen verfeindeten Staaten oder Bevölkerungsgruppen	• Wirtschaftsblockade • Verkehrsblockade • Abbruch der diplomatischen Beziehungen	• weisen Aggressor mit militärischer Gewalt zurück
	↓ friedenssichernder Einsatz		↓ friedenserzwingender Einsatz
Israel (seit 1948)	Indien/Pakistan (seit 1949)	Irak (1990)	Irak (1991) = 1. Golfkrieg

Bedingungen für UN-Einsätze:
- Sicherheitsrat stimmt zu
- Mitgliedsstaaten stellen Soldaten zur Verfügung

Europa – ein Kontinent wächst zusammen

Einleitung

Die vorliegende Themeneinheit behandelt den Einigungsprozess Europas von 1945 bis zur Gegenwart. Laut Lehrplan sollen die Schüler mit Bedingungen und Auswirkungen von Integrationsprozessen in Geschichte und Gegenwart bekannt gemacht werden. Diese Implikationen lassen sich an der vorliegenden Thematik anschaulich aufzeigen. Reicht doch der Einigungsprozess von der Vergangenheit in die Gegenwart – und ist immer noch nicht abgeschlossen. Mit Blick auf die Schüler bietet er die Besonderheit, dass diese selber nicht nur Miterlebende des Integrationsprozesses sind, sondern selbst Betroffene, die zur Mitwirkung am vereinigten Europa, an der europäischen Wertegemeinschaft aufgerufen sind. Dies ihnen bewusst zu machen, ist vielleicht die wichtigste Aufgabe der Themeneinheit.

Daher knüpft das erste Kapitel bewusst an Europaerfahrungen und -meinungen der Schüler an. Danach erst beginnt die systematische Darstellung des europäischen Integrationsprozesses. Sie setzt ein mit der Spaltung Europas im Zeichen des Ost-West-Konfliktes und zeichnet dann die Hauptstationen des Einigungsprozesses bis zur Gründung der Europäischen Union nach. Einen weiteren Schwerpunkt bildet die sog. „Osterweiterung“ nach dem Fall der UdSSR bzw. der Öffnung Osteuropas. Die beiden letzten Kapitel befassen sich – vornehmlich aus der Perspektive der Gegenwart – mit wichtigen inneren Problemen der EU, mit ihrer Stellung in der Welt sowie aktuellen Zielsetzungen ihrer Fortentwicklung.

Erkenntnisleitende Fragen

- Was bedeutet ein vereintes Europa für die dort lebenden Menschen?
- Warum erschien nach 1945 eine Einigung Europas zunächst fast undenkbar?
- Wodurch wurde sie dennoch angestoßen?
- Welches waren die Hauptstationen des Einigungsprozesses?
- Auf welchen Abmachungen und Institutionen basiert das Einigungswerk?
- Wie kam es zur Einbeziehung Osteuropas in den Einigungsprozess?
- Welche Probleme mussten und müssen im Zuge der Einigung gelöst werden?
- Welche Stellung hat die EU in der Welt?
- Wie soll der Einigungsprozess fortgeführt werden?

Mögliche Unterrichtsreihe

Es empfiehlt sich, die im Wesentlichen chronologische Anordnung der Kapitel beizubehalten. Dabei sollten für das umfangreiche zentrale Kapitel zu den Hauptstationen der Einigung mehrere (mindestens zwei) Stunden einkalkuliert werden. Je ein Methoden- und Projektkapitel, die sich beide – aufeinander abgestimmt – mit Umfragen befassen, runden die Behandlung ab. Da diese Kapitel gewisse inhaltliche Kenntnisse voraussetzen, sollten auch sie am vorgegebenen Ort bearbeitet werden. Somit stellt sich die Reihe wie folgt dar:

Wir in Europa	*Kap. 1*
Die Spaltung Europas	*Kap. 2*
Auf dem Weg zur Einigung Westeuropas	*Kap. 3*
„Osterweiterung“ Europas	*Kap. 4*
Natürlich gibt es auch Probleme	*Kap. 5*
Hochgesteckte Ziele – sind sie erreichbar?	*Kap. 6*

Auftaktdoppelseite S. 234/235

Blickfang der DS ist die Abbildung S. 235. Hier sollte die Betrachtung daher auch beginnen. Da das Bild Mitgliedstaaten der EU durch charakteristische Bauwerke symbolisiert, deren Identifizierung und Zuordnung den Schülern nicht in jedem Fall ohne Schwierigkeiten gelingen dürften, werden diese sich fast „zwangsläufig“ der nebenstehenden Karte zuwenden, um dort Hilfe oder Bestätigung beim Entschlüsseln der Symbole zu finden. Durch das Bild und die Karte wird das aktuelle Ergebnis des Integrationsprozesses in den Blick der Schüler gerückt. Davon geht auch der Einleitungstext (S. 234) aus. Seine Lektüre ließe sich daher jetzt anschließen, wodurch nunmehr der Blick der Schüler auch auf die Vorgeschichte bzw. das Zustandekommen des Ergebnisses gewendet und die unterrichtliche Behandlung des Prozesses angekündigt wird. Eine gewisse Vorstellung von dem, worum es dabei gehen wird, verleiht schließlich die Betrachtung der Zeitleiste.

Auf diese Weise erhalten die Schüler einen groben Gesamteindruck vom zu Erwartenden, der nun in den nachfolgenden Kapiteln im Sinne ganzheitlich-analytischen Vorgehens schrittweise differenziert wird.

1 Wir in Europa
(Schülerbuch S. 236/237)

Mögliche Unterrichtsgestaltung

*Einstieg: Betrachtung der Abbildung **Q1**. Imaginativer Nachvollzug der Stimmung der beiden Mädchen. Hilfsfragen etwa: Warum sind die polnischen Mädchen am Europa-Tag 2004 so froh gestimmt? Galt der Europa-Tag für mich/uns nicht auch? War ich/waren wir auch so froh gestimmt? Fühle ich mich von der Sache überhaupt betroffen? Das so ausgelöste (kontroverse) Gespräch leitet zur Erarbeitung über.*

Erarbeitung: Lektüre und Besprechung des VT wie folgt:
*1) Erfahrungsaustausch zu Abschnitt 1 des **VT***
*2) Erstellung eines Tafelbildes zu Abschnitt 2 des **VT** (s. u.)*

Vertiefung:
*1) Bearbeitung von **Q2** und **D1** anhand von Aufgabe 1–2 in Partner-/Kleingruppenarbeit;*
*2) Mit Hilfe der Lösung von **Q2**/Aufgabe 1 Ergänzung des Tafelanschriebs im Feld „heute" (s. u.);*
*3) Vortrag einiger Stellungnahmen von **D1**/Aufgabe 2.*

*Schluss: Gemeinsame Betrachtung von **Q3** anhand von Aufgabe 3. Ggf. „kreatives Umdenken" der Karikatur: Was könnte in den Sprechblasen stehen, wenn die Kinder schon „neue Europäer" wären?*

Hausarbeit: Aufgabe 4

Zusatzinformationen zu den Materialien

Q1 Polen gehörte zu den ehemaligen Ostblockstaaten, die am 1. 5. 2004 in die EU aufgenommen wurden. Das Bewusstsein, durch die Öffnung nach Westen neue Möglichkeiten und Chancen gewonnen zu haben, ist bei Jugendlichen und Erwachsenen dieser Länder unvergleichlich größer als bei deutschen Jugendlichen und Erwachsenen, für die die Auswirkungen der europäischen Einigung eher etwas Alltägliches sind und die „Osterweiterung" wenig Attraktionswert besitzt. Gerade deshalb lädt die Abbildung zum Nachdenken ein.

Q2 Gesetzliche Grundlage der genannten Rechte ist der Unionsvertrag von Maastricht in den Änderungsfassungen von Amsterdam (1997) und Nizza (2001), darin (Vertragstext von Nizza) vor allem die Paragrafen über die Unionsbürgerschaft (§ 17), die Freizügigkeit (§§ 18 u. 39), Kommunal- und Europaparlamentswahlrecht bei Niederlassungsfreiheit (§ 19), den Binnenmarkt mit freiem Waren- und Kapitalverkehr (§§ 14, 23, 56).

Zu den Arbeitsvorschlägen und Fragen

1 Mögliche Antworten: siehe Tafelbild, mittlere Spalte unter „heute".

2 Freie persönliche Stellungnahme unter Bezugnahme auf **D1**.

3 Die Kinder zeigen von nationalen Gewohnheiten (Vorurteilen) her geprägte Verhaltensweisen. Das Gesicht der „Europa" zeigt, dass solche Erwartungen nur enttäuscht werden können. Den Kindern fehlt noch die Bereitschaft, etwas Neues kennenlernen zu wollen und ihren Horizont zu erweitern.

E U R O P A

(im Bewusstsein der Europäer)

gestern	*heute*	*morgen*
• *Misstrauen und Feindschaft zwischen den Ländern* • *Kriege in Europa* • *kleinliche Grenzkontrollen* • *„Eiserner Vorhang" nach Osten*	• *Bewegungsfreiheit in Europa: keine Passkontrollen, keine kleinlichen Zollkontrollen, Freizügigkeit beim Wohnen, Reisen, Arbeiten, Währungsunion, Unionsbürgerschaft, Wahlrecht in anderen EU-Staaten*	*Verwirklichung des „neuen Europäers":* • *mit Interesse an anderen europäischen Kulturen* • *Anerkennung der Anderen als Partner* • *ohne nationalen Egoismus* • *bereit zu friedlichem Wettstreit*

2 Die Spaltung Europas
(Schülerbuch S. 238/239)

Mögliche Unterrichtsgestaltung

Einstieg: Betrachtung der Abbildungen ***Q1*** *und* ***Q5****; zusammen mit der Überschrift des Kapitels ergibt sich daraus ein widerspruchs – und damit assoziationsreiches Ensemble, aus dem sich Vermutungen zu Ursachen und Folgen des Marshall-Plans ableiten lassen, die dann zur Erarbeitung überleiten.*

Erarbeitung: Gemeinsame Lektüre und Besprechung des ***VT*** *(„Vorgeschichte" des Europagedankens, Marshall-Plan, Spaltung Europas); dabei Entwicklung des unten gezeigten Tafelbildes.*

Vertiefung: Anhand von ***VT*** *und* ***Q1–Q5*** *(arbeitsteilig in Gruppen gemäß den Aufgabem 1–3 vorbereitet) Gespräch zwischen Vertretern Frankreichs, Deutschlands, Großbritanniens, der USA und UdSSR, in dem sie ihre Erwartungen, Absichten, Reaktionen zur Einigung Europas bzw. zum Marshall-Plan darlegen und begründen.*

Schlussbetrachtung: Im Anschluss an das Gespräch Stellungnahme gemäß Aufgabe 4.

Zusatzinformationen zu den Materialien

Q1 Die Ausarbeitung des nach ihm benannten Plans wurde am 29. 4. 1947 vom amerikanischen Außenminister Marshall in Auftrag gegeben. Zusammen mit der Truman-Doktrin vom 12. 3. 1947 signalisierten die USA damit die Abwendung von ihrem auch nach dem Zweiten Weltkrieg noch eine Zeit lang prosowjetischen Kurs.

Q3 In Fulton (5. 3. 1946) hatte Churchill die sowjetische Einverleibung Ost- und Mitteleuropas angeprangert. In seiner Zürich-Rede (19. 9. 1946) entwickelte er Gegenmaßnahmen zur sowjetischen Bedrohung – die Schaffung der Vereinigten Staaten von Europa. Interessanterweise gehörte für ihn Großbritannien nicht dazu!

Q4 Kennan wurde von Marshall am 29. 4. 1947 zum Leiter der Planung berufen. Bis zum 23. 5. 1947 hatte er mit einem Stab von US-Wissenschaftlern und -Politikern einen Vorschlag ausgearbeitet. Seine größte Sorge war, dass man in Europa den Marshall-Plan als Instrument der Truman-Doktrin ansehen könnte und nicht als Zeugnis spontanen amerikanischen Großmuts.

Zu den Arbeitsvorschlägen und Fragen

1 Frankreich und Deutschland waren die Führungsmächte Kontinentaleuropas; ihre Rivalitäten und Auseinandersetzungen hatten immer wieder für Unfrieden in Europa gesorgt. So war zu erwarten, dass ein gutes Verhältnis zwischen ihnen nicht nur ein Hemmnis für eine europäische Einigung beseitigte, sondern dieser auch förderliche Impulse gab.

2 Weil sie darin sehr wohl ein Instrument der Truman-Doktrin und zur Ausweitung des amerikanischen Einflusses sah.

3 Planer: Wiederaufbau (West-)Europas zur Eindämmung des Kommunismus und als Absatzmarkt für die amerikanische Wirtschaft. Betroffene: Möglichkeit zum Wiederaufbau der eigenen Wirtschaft.

4 (Persönliche Stellungnahme)

Spaltung Europas (im Zeichen des Ost-/West-Konfliktes)

West-Europa (US-Hilfe durch Marshall-Plan)

Zweck
- *Wiederaufbau der europäischen Wirtschaft*
- *Ankurbelung der US-Wirtschaft*
- *Kampf gegen Sowjetkommunismus*

Maßnahmen
- *Lieferung von Gütern + Krediten vier Jahre lang*

Bedingungen
- *Anpassung an US-Wirtschaftsordnung*
- *Europäer planen selbstständig + gemeinsam die Verteilung der Güter + Kredite (Folge: Gründung der OEEC 1948)*

Ost-Europa (kommunist. Herrschaft der UdSSR)

UdSSR lehnt Marshall-Plan-Hilfe für sich und ihre Verbündeten ab

3 Auf dem Weg zur Einigung Westeuropas (Schülerbuch S. 240–243)

Mögliche Unterrichtsgestaltung (für zwei Stunden)

*Einstieg: L. malt ein Haus mit der Aufschrift „EU" an die Tafel. Schüler äußern Vermutungen dazu. Hinzunahme der Abbildung **D1**. Konkretisierung der Vermutungen, Übergang zu Überlegungen, wie das „Haus" wohl zustande gekommen ist. Damit Übergang zur Erarbeitung.*

*Erarbeitung: Gemeinsame Lektüre und schrittweise Besprechung des **VT**. Dabei Entwicklung des unten gezeigten Tafelbildes.*

*Schlussbetrachtungen: 1) Deutsch-französische Zusammenarbeit im Bild (**Q1**); 2) Welche gemeinsamen Angelegenheiten halten die EU zusammen? (**D1**)*

*Einstieg (zweite Stunde): Betrachtung der Karikatur **Q2**. An diesem Beispiel möglichst selbstständige Erkenntnis der Schüler, worum es in der Stunde gehen soll – um die „Be–Deutung" der Integrationsschritte aus unterschiedlichen Perspektiven.*

*Erarbeitung: Aufarbeitung der Bedeutung der EGKS, EWG, EU aus Sicht der Vertragsparteien (**VT, Q3, Q4**), der EWG aus der Sicht Kennedys (**Q5**), arbeitsteilig in vier Gruppen. Präsentation: Erläuterung der jeweiligen Sicht durch die Gruppensprecher.*

Vertiefung: Schlussbetrachtungen anhand der Aufgaben 2–4.

Zusatzinformationen zu den Materialien

Q2 Der SPD-Vorsitzende Schumacher sah in der EGKS ein Instrument, mit dem Frankreich auf Dauer die Handlungsfreiheit der Bundesrepublik einengen wollte; für Adenauer war der Vertrag ein Schritt zur Gleichberechtigung des besiegten Deutschland; für Grotewohl ein Schritt zur Remilitarisierung Westdeutschlands.
Q5 1961/1962 war das Verhältnis zwischen den USA einerseits sowie Frankreich/Bundesrepublik andererseits ohnehin angespannt, weil diese in der Politik Kennedys kontinentaleuropäische Interessen vernachlässigt sahen.

Zu den Arbeitsvorschlägen und Fragen

1 Europarat: nur vager Ansatz zur Integration; wirkliche Integration durch EGKS 1951 (6 Staaten; Wirtschaftseinheit für Kohle und Stahl); EWG/EAG 1957 (die „Sechs"; Ausdehnung der Wirtschaftseinheit auf Personen-, Waren-, Kapitalverkehr); EU 1992 (12 Staaten; Wirtschaftseinheit + politische Zusammenarbeit).
2 Französisch-deutscher Ausgleich; Gleichberechtigung und Aufstieg Deutschlands.
3 Aufstieg eines möglichen wirtschaftlichen Konkurrenten der USA. Kennedy sucht einen Ausgleich, der den Weltherrschaftsanspruch der USA nicht gefährdet.
4 Die EU hat Institutionen geschaffen, die in bestimmten Bereichen für alle Mitgliedstaaten bindende Beschlüsse fassen können.

Die Einigung Westeuropas

1951	1957	1992
Der Vertrag von Paris EGKS: Europäische Gemeinschaft für Kohle und Stahl Gründer: D, F, It, Beneluxländer	**Die römischen Verträge** EWG: Europäische Wirtschaftsgemeinschaft (freier Personen-, Waren-, Kapitalverkehr) EAG: Europäische Atomgemeinschaft Gründer: die „Sechs"	**Der Vertrag von Maastricht** EU: Europäische Union (Zusammenfassung der europäischen Gemeinschaften sowie Zusammenarbeit in Außen-/Sicherheitspolitik + Innenpolitik/Justiz) Gründer: die „Sechs" + Irl., DK, GB, GR, P, Esp

4 „Osterweiterung" Europas (Schülerbuch S. 244/245)

Mögliche Unterrichtsgestaltung

*Einstieg: Betrachtung der Karikatur **Q1**. Beschreibend und vermutend gehen die Schüler etwa auf die Fragen ein: Wer kommt? Woher? Wohin? Warum? Wer ist in Bewegung, wer in Ruhe? Da vieles davon hypothetisch bleibt, ergibt sich von hier aus ein zwingender Übergang zu einer genaueren Erarbeitung.*

*Erarbeitung: Gemeinsames Lesen und Besprechen des **VT**.*

*Vertiefung: Diskussion/Streitgespräch zur Frage „Wer hat den Nutzen von der Osterweiterung, wer trägt die Lasten?". Vorbereitung: Aufarbeitung der Materialien **Q2, Q3, D1** arbeitsteilig in drei Gruppen (z. B. **Q2** Altmitglieder, **Q3** Neumitglieder, **D1** „Experten").*

Zusammenfassung: Tafelbild

Schlussbetrachtung: 1) Aufgabe 3; 2) Kann der Prozess der Erweiterung einfach so wie bisher weitergehen?

Zusatzinformationen zu den Materialien

Q1 Die Karikatur greift ihrer Zeit voraus. Der Zerfall des östlichen Militär- und Wirtschaftsblocks war zum Zeitpunkt ihres Erscheinens lange vor dem offiziellen Ende 1991 so weit fortgeschritten, dass die Folgen quasi voraussehbar waren.

Q2 Im ersten Gegensatz der Sichtweisen geht der Sprecher, Geschichtsprofessor an der TH Aachen, auf das Begriffspaar „Osterweiterung" und „Reintegration Europas" ein. Der erste Begriff, von den Alt-EU-Mitgliedern benutzt, betone deren aktiven Ausgriff nach Osten, der zweite Begriff, von den neuen EU-Mitgliedern benutzt, betone (aus deren Sicht) das eher passive Wieder-hineingeholt-Werden in die Gemeinschaft der Europäer.

Q3 Gyula Horn gehört zu den maßgeblichen Initiatoren des radikalen Kurswechsels in Ungarn um 1990, der das Land für den Westen öffnete und den Umbruch in Osteuropa forcierte.

D1 Zum Zeitpunkt der Erhebung hatten die neuen Beitrittsländer schon jahrelang vorab Beitrittshilfen von Seiten der EU erhalten (Handelsabkommen zu ihren Gunsten, finanzielle Zuwendungen). Um so mehr belegt die Graphik die Schwierigkeiten bei der Nivellierung von Wohlstandsgefällen.

Zu den Arbeitsvorschlägen und Fragen

1 Für die ohnehin wirtschaftlich schwachen RGW-Länder war der wirtschaftliche Zusammenbruch der UdSSR eine Katastrophe. Der Anschluss an die EU war für sie mit der Hoffnung verbunden, dieser Katastrophe zu entfliehen und sogar ein höheres Wirtschaftsniveau als vorher zu erlangen.

2 Q2 betont die Lasten für die Alt-EU, hofft aber dafür auch negative Einflüsse aus dem Osten wirkungsvoll bekämpfen zu können; **Q3** betont die wirtschaftlichen Rückschläge durch den Zusammenbruch des alten Systems und den wirtschaftlichen Nutzen, den Alt-EU-Staaten aus den neuen Ländern ziehen.

3 (Stellungnahme mit eher bejahender Tendenz)

EU

EU 15 → *Osterweiterung (1. 5. 2004)* → *EU 25*

Probleme

- *Wohlstandsgefälle zwischen alten und neuen EU-Staaten*
- *Lastenverteilung zwischen alten und neuen EU-Staaten*

Vorzüge

- *Vereinheitlichung Europas gemäß den EU-Grundsätzen (Kopenhagener Kriterien):*
- *Demokratie*
- *Marktwirtschaft*
- *Gemeinsame Ziele und Werte*
- *allgemeine Anwendung von EU-Recht*
- *Entstehung des größten Binnenmarktes der westlichen Welt*

5 Natürlich gibt es auch Probleme (Schülerbuch S. 246/247)

Mögliche Unterrichtsgestaltung

*Einstieg: Betrachtung der Abbildungen **D1** und **D2** zusammen mit der Überschrift. Die Schüler erkennen, dass es Stärken gibt (**D2**), aber „auch" Probleme (**D1**). Im Anschluss daran Vermutungen, wo es weitere Stärken und Probleme geben könnte. Damit – zur Verifizierung – Überleitung zur Erarbeitung.*

*Erarbeitung: **VT** 1. Abschnitt + **D1** sowie **VT** 2. Abschnitt + **D2** + **Q2** unter den Überschriften „Stärken und Probleme der EU im Inneren" sowie „Stärken und Probleme der EU in ihrer Weltstellung" in arbeitsteiliger Gruppenarbeit.*

Zusammenfassung: Vortrag der Ergebnisse und Zusammenfassung in unten gezeigtem Tafelbild.

*Vertiefung: Nach der Lektüre der noch nicht behandelten Materialien **Q1ab** Streitgespräch zwischen Vertretern der Agrarlobby und Befürwortern einer großzügigeren Handelspolitik gegenüber den ärmsten Ländern gemäß Aufgabe 4.*

Zusatzinformationen zu den Materialien

D1 Die EU wirkt durch finanzielle Mittel aus dem Europäischen Sozialfond (ESF) auf den Ausgleich regionaler Unterschiede hin. Zur Bekämpfung der Massenarbeitslosigkeit wurde 1997 die Europäische Beschäftigungsstrategie beschlossen. Umgesetzt werden soll sie durch die Politik der offenen Koordinierung. Danach gibt die EU allgemeine Richtlinien vor, die von den nationalen Regierungen konkretisiert und umgesetzt werden sollen.

Q1 Schon 1999 genossen 97 % der Ausfuhren aus den 49 „am wenigsten entwickelten Ländern" der Welt in die EU Zollfreiheit, dagegen zum gleichen Zeitpunkt nur 52 % ihrer Ausfuhren in die USA, 49 % der Ausfuhren nach Japan und 45 % der nach Kanada. Mit den AKP-Ländern (Afrika, Karibik, Pazifik) schloss die EU 2000 das Abkommen von Cotonou, das ihnen durch günstige Handelsbedingungen die Integration in die Weltwirtschaft erleichtern soll.

D3 Der Wert der Einfuhren in die EU betrug 432 Millionen Dollar, ca. 1/2 % der Gesamteinfuhren der EU.

Zu den Arbeitsvorschlägen und Fragen

1 siehe Tafelbild

2 Verursacht durch die EU: Mengenanbau von Agrargütern, verzögerter Zollabbau gegenüber Armutsländern; nicht durch die EU verursacht: regionale Unterschiede im EU-Gebiet, nationale „Alleingänge" in der Außenpolitik. Für die Lösung aller Probleme ist die Existenz der EU eher vorteilhaft.

3 Stärken: größte Wirtschaftsmacht neben den USA, größter Förderer der Wirtschaft armer Staaten in der Welt, hohes politisches Gewicht bei Einheit; Schwäche: gelegentlich Uneinigkeit in Krisensituationen.

4 (Persönliche Stellungnahme)

Stärken und Probleme der EU

im Inneren
- *z. B. Landwirtschaft: von problematischer Förderung der Produktionsmenge zur Förderung der Produktionsqualität*
- *z. B. schwache Regionen mit hoher Arbeitslosigkeit, Unterstützung durch Hilfsmaßnahmen*

in der Weltstellung
- *stärkste Wirtschaftszone der Welt neben den USA*
- *politische Stärke bei Einigkeit, gelegentlich noch gefährdet durch Uneinigkeit in Krisensituationen*
- *stärkste Förderung des Welthandels der Armutsländer, noch etwas gebremst durch Einspruch der EU-Agrarlobby*

6 Hochgesteckte Ziele – sind sie erreichbar? (Schülerbuch S. 248/249)

Mögliche Unterrichtsgestaltung

Einstieg: Betrachtung der Abbildung ***Q1*** *zusammen mit* ***D1*** *sowie der Kapitelüberschrift. Anhand dieser Impulse kommen die Schüler fast zwangsläufig zu Vermutungen darüber, wie die Problemfrage in der Kapitelüberschrift beantwortet werden könnte. Von der so geschaffenen hypothetischen Ausgangslage ergibt sich ein plausibler Übergang zu einer genaueren Erarbeitung im folgenden Schritt.*

Erarbeitung: Gemeinsame, abschnittweise Lektüre und Besprechung des ***VT****. Dabei wird das unten gezeigte Tafelbild entwickelt.*

Vertiefung: Aufarbeitung der Materialien ***Q2*** *und* ***Q3****, etwa arbeitsteilig in Partner- oder Kleingruppenarbeit unter der Überschrift „Was bedeutet die EU für die darin lebenden Menschen als Wertegemeinschaft (Q2, Aufgabe 2), was als Raum friedlichen Zusammenlebens (Q3, Aufgabe 3)?“*

Schlussbetrachtung: An die Besprechung im Rahmen der Vertiefung lässt sich die Beurteilung gemäß Aufgabe 4 und 5 anknüpfen.

Zusatzinformationen zu den Materialien

Q1 Der Beschluss, eine Verfassung zu erarbeiten, wurde am 15. 12. 2001 auf dem EU-Gipfel im Brüsseler Vorort Laeken gefasst. Der Konvent kam unter dem Vorsitz von V. Guiscard d'Estaing erstmals am 28. 2. 2002 in Brüssel zusammen und tagte dann 1–2 mal monatlich, bis der Verfassungsentwurf am 20. 6. 2003 auf dem Gipfeltreffen von Thessaloniki vorgelegt werden konnte.

Q2 Die Erarbeitung der Charta wurde auf dem Gipfeltreffen in Köln am 4. 6. 1999 beschlossen. Durchgeführt wurde sie unter dem Vorsitz des Altbundespräsidenten R. Herzog. Die Charta wurde in Nizza zwar verkündet, aber noch nicht Teil eines EU-Vertragswerks. Das wird sie erst als Teil 2 der EU-Verfassung. Dann erst ist sie rechtskräftig.

Zu den Arbeitsvorschlägen und Fragen

1 siehe Tafelbild

2 Die EU bekennt sich zu den Grundwerten der Würde des Menschen, der Freiheit, Gleichheit und Solidarität sowie zu den Grundsätzen von Demokratie und Rechtsstaatlichkeit. Im Zentrum steht der Mensch (das Individuum).

3 In der Verwirklichung der europäischen Idee, d. h. der Idee einer Friedensgemeinschaft, die zivilisatorischen Fortschritt ermöglicht und den Menschen in den Mittelpunkt stellt.

4 Wirtschaftliche und zivilisatorische Spitzenstellung in der Welt.

Die Ziele der EU ... und ihre Fortschritte

zwar verlangsamt durch: / *aber unverändert erstrebenswert*

- ***noch größer:*** *Aufnahme neuer Staaten (BG, RO, KR, TR)* ← *unterschätzte Anpassungsschwierigkeiten*
- ***noch stärker:*** *wirtschaftlich Weltspitze* ← *Wachstums- und Beschäftigungsschwierigkeiten*
- ***noch einiger:*** *EU-Verfassung* ← *Zustimmungsschwierigkeiten in F und NL*

→ *die Schaffung/Sicherung der europäischen Werte- und Friedensgemeinschaft* →

Wanderungen in der Geschichte

Einleitung

Die Themeneinheit stellt eine didaktische Ausarbeitung zur gleichnamigen TE des Lehrplans Geschichte der Realschule (S. 76) dar. Wie dort gefordert, konzentriert sich die Einheit auf Ursachen, Erscheinungsformen und Folgen von Wanderungen in der Geschichte. Die Einzelthemen stellen in sich geschlossene Beispiele für aus europäischer (deutscher) Sicht bedeutsame Migrationen dar. Ihre chronologische Anordnung weist nicht auf innere Zusammenhänge hin. Erster Behandlungsschwerpunkt ist die große germanische Völkerwanderung (Kapitel 1–2). Ihre Thematisierung erscheint – gemessen an ihren Folgen für die europäische Geschichte – unverzichtbar. Vollzog sich doch in ihrem Gefolge die Umwandlung des christlich gewordenen weströmischen Reiches in die Staatenwelt des europäischen Mittelalters und die Entstehung der lateinisch, christlich, germanisch geprägten abendländischen Kultur. Eine ähnliche Bedeutung hatte die große türkische Wanderung für den südosteuropäisch-kleinasiatischen Raum, wo sie die oströmisch-byzantinische Herrschaft und Kultur durch die türkisch-islamische verdrängte bzw. überlagerte. Sie bildet den zweiten Themenschwerpunkt (Kapitel 3–4). Die Kapitel 5–8 befassen sich mit Wanderbewegungen, für die vornehmlich Deutschland Ausgangs- oder Zielgebiet war: Auswanderung in die USA, Zuzug von Polen ins Ruhrgebiet, von Gastarbeitern in die Bundesrepublik. Vor allem werden dabei Ursachen und Folgen der Wanderbewegungen betrachtet. Speziell der Identitätsproblematik bei Jugendlichen der 2./3. Generation aus Gastarbeiterfamilien wird in Kapitel 8 nachgegangen. Kapitel 9 schließlich bringt die Rolle Europas im Zusammenhang mit der Asylantenemigration in den Blick der Schüler.

Erkenntnisleitende Fragen

- Welche Gründe haben Menschen dazu gebracht, ihre Heimat zu verlassen? (Schubkräfte)
- Welche Hoffnungen und Erwartungen zogen sie zu bestimmten Zielgebieten hin? (Zugkräfte)
- Wie vollzogen sich die Bewegungen – eher als Reise oder Flucht oder Eroberung?
- Wie verhielten sich die Einheimischen und die Ankömmlinge zueinander?
- Welche Veränderungen (politisch, kulturell usw.) traten im Gefolge der Bewegungen auf?
- Welche Rolle haben die Bewegungen speziell für Europa (Deutschland) gespielt?

Mögliche Unterrichtsreihen

Die ausgewählten Wanderungen sind chronologisch geordnet. Das ist ein gerade für eine Sammlung historischer Beispiele einsichtiges Ordnungsschema, und es liegt daher nahe, die Kapitel in der hier vorgegebenen Reihenfolge zu behandeln, also:

Die germanische Völkerwanderung	***Kap. 1–2***
Die Wanderung der türkischen Oghusen	***Kap. 3–4***
Deutschland als Auswanderungs- (USA) und Einwanderungsland (Polen, Gastarbeiter) in Geschichte und Gegenwart	***Kap. 5–8***
Europa als Zielgebiet für Asylsuchende aus aller Welt	***Kap. 9***
Projektkapitel (Tourismus als jährlich wiederkehrende „Völkerwanderung")	

Freilich lässt sich die Unterrichtsreihe auch nach dem Prinzip „vom erfahrungsmäßig Nahen zum erfahrungsmäßig Fernen" aufbauen. Hier würde man nach der ADS mit dem Projekt beginnen und anschließend die Einzelthemen in quasi umgekehrter Reihenfolge behandeln.

Auftaktdoppelseite S. 256/257

Blickfang ist die Abbildung, aus der heraus mehrere Personen den Betrachter anzublicken scheinen. Hier könnte der Einstieg ansetzen. Imaginationsübungen, bei denen sich die Schüler in die Personen hineinzuversetzen suchen, sollten dabei nicht fehlen.
Nach diesem am Einzelschicksal orientierten Einstieg könnte auf den Einleitungstext (S. 257) eingegangen werden. Er informiert über die Strukturgesichtspunkte, anhand derer die Migrationsbeispiele ausgearbeitet wurden (Ursachen, Umstände, Folgen von Wanderungen).
Die raum-zeitliche Konkretisierung der Beispielauswahl lässt sich mit Hilfe der Karte und Zeitleiste erarbeiten. Dabei liefert die Karte die raumbezogenen Informationen, die sich über die Zeitangaben den Feldern der Zeitleiste zuordnen lassen. Assoziationen, Vermutungen usw. zu den Abbildungen führen quasi von selbst wieder zu den oben genannten personalen und sachlichen Aspekten, so dass auf diese Weise bei den Schülern eine ganzheitliche „Vorschau" auf das zu Behandelnde erreicht wird.

1 Die große germanische Wanderung
(Schülerbuch S. 258/259)

Mögliche Unterrichtsgestaltung

Einstieg: L. zeichnet einen Pfeil (waagerecht, Rechtsrichtung) an die Tafel. Die Schüler erkennen ihn als Bewegungssymbol, das die Fragen nach „Woher, Wohin, Warum" provoziert. Konkretisierung durch „stückweise" Hinzunahme der Materialien ***D1, D2, Q2****. Dabei werden erste Antworten gefunden, weiter führende Fragen und Vermutungen dazu geäußert. Damit ist eine geeignete Ausgangssituation für die Erarbeitung geschaffen.*

Erarbeitung: In arbeitsteiliger Gruppenarbeit werden
*1) die Schub- und Zugkräfte der Wanderung (****VT, D1****; gemäß Aufgabe 1*
*2) die Wanderbewegungen der großen Stämme (****D2****; gemäß Aufgabe 2*
*3) die Deutung der Wanderung durch die Sesshaften (****Q1****; gemäß Aufgabe 3) erarbeitet.*

Zusammenfassung: Präsentation durch Gruppensprecher. Dabei entsteht das unten gezeigte Tafelbild.

Vertiefung: Gesamtbetrachtung gemäß Aufgabe 4 und 5.

Zusatzinformationen zu den Materialien

D1 Auf diese Graphik wird bei den nachfolgend behandelten Migrationsbeispielen immer wieder zurückgegriffen. Es ist daher empfehlenswert, sie von Beginn an sorgfältig einprägen zu lassen.
Q1a Orientius von Auch (Augusta in Aquitanien), gest. um 440, verfasste um 430 sein „Commonitorium" (Buch der Ermahnung). Seit 406 hatte er die Verwüstung seiner Heimat miterlebt. Er mahnte seine Mitmenschen, die Leiden geduldig zu ertragen und sich dadurch beim bevorstehenden Weltende den Himmel zu verdienen.
Q1b Salvian von Marseille (ca. 395–475) wies in seinem berühmten achtbändigen Werk „De gubernatione Dei" (Die Lenkung der Welt durch Gott) den Vorwurf zurück, dass das Christentum schuld an Roms Untergang sei, und belegte beredt, dass der Germanensturm eine gerechte Strafe Gottes auf Grund der unchristlichen Lasterhaftigkeit der Römer sei.

Zu den Arbeitsvorschlägen und Fragen

1 siehe Tafelbild
2 Westgoten: Konstantinopel-Griechenland-Italien-Südfrankreich-Spanien; Ostgoten: Donaugegend-Italien; Wandalen: Gallien-Spanien-Nordafrika; Franken: Nordgallien; Burgunder: Von der Oder durch Germanien nach Südostgallien; Jüten, Angeln, Sachsen: Von Nordgermanien nach England.
3 siehe Tafelbild
4 (**VT** gibt Schub- und Zugkräfte an; **Q1b** enthält eine moralische Begründung)
5 Wanderung in Form von Eroberungszügen bzw. kriegerischer Landnahme.

Die große germanische Wanderung (aus heutiger Sicht)

Schubkräfte	*Wer*	*Zugkräfte*
beschwerliches, unruhiges Leben, Nachbarkriege im Herkunftsland; dazu seit Ende 4. Jh.: Furcht von den Hunnen	*Ostgoten – Westgoten – Wandalen – Franken – Burgunder – Jüten, Angeln, Sachsen*	*Hoffnung auf angenehmes Leben und Beute im Römischen Reich; Schwäche der römischen Abwehr*

dagegen: Deutung aus christlich-römischer Sicht: Ankündigung des nahen Weltendes; göttliche Strafe für die Sünden der Römer

2 Die Erben Westroms
(Schülerbuch S. 260/261)

Mögliche Unterrichtsgestaltung

*Einstieg: Betrachtung der Abbildungen im Zusammenhang mit der Überschrift. Das in **Q1** und **Q4** fassbare germanische Selbstverständnis kontrastiert zu der den Schülern bekannten römischen Sicht (Kap. 1 **Q1ab**!). Das gibt Anlass zu Vermutungen, die zur Erarbeitung überleiten.*
Alternative: *Beginn mit gemeinsamer Lektüre von Abschnitt 1 des **VT**. Sein Schlusssatz lädt zu Vorschlägen ein. Deren Überprüfung erfolgt dann in der Erarbeitungsphase.*

Erarbeitung (in zwei Schritten):
*1) Gemeinsame Lektüre und Besprechung des **VT**.*
*2) Die Aufarbeitung von **Q1** und **Q2** sowie **Q3** und **Q4** gemäß den Aufgaben 1 und 2 in arbeitsteiliger Gruppenarbeit.*

Zusammenfassung: In Form des unten gezeigten Tafelbildes.

Schlussbesprechung: Überlegungen gemäß Aufgabe 3 und 4 im Plenum.

Zusatzinformationen zu den Materialien

Q1 Theoderich lebte 11 Jahre als Geisel am byzantinischen Hof und war mit einer byzantinischen Prinzessin verheiratet. Beides prägte seine Beziehungen zu Byzanz und dem Römertum. In religiösen Fragen war er außerordentlich tolerant. Das verhinderte freilich nicht, dass sich schon am Ende seiner Regierungszeit das Zerwürfnis mit Byzanz anbahnte, dem das Ostgotenreich schließlich zum Opfer fiel.

Q4 Der Kuppelbau ist in mehrfacher Hinsicht ein einzigartiges „Denkmal“ abendländischer Kultur. In seiner Architektonik symbolisiert er das himmlische Jerusalem der Geheimen Offenbarung. Auf deren Kapitel 4/5 geht auch das Deckengemälde zurück, das Christus als Weltenherrscher mit dem Buch der Menschheitsgeschichte zeigt, umgeben von den vier Evangelisten in ihrer symbolischen Gestalt und von den 24 Ältesten (Symbolfiguren für die Herrscher der Welt, die ihm ihre Kronen darbringen). Von 936–1532 wurden hier alle deutschen Könige – Anwärter auf die römische Kaiserkrone – gekrönt.

Zu den Arbeitsvorschlägen und Fragen

1 Theoderich und Karl bringen der christlich-römischen Kultur Hochachtung entgegen und den oströmischen Kaisern Freundschaft. Beide sind bestrebt, das Römisch-Christliche zu erhalten und fortzuführen.

2 Theoderich sieht die Einrichtungen des römischen Staates und das Handeln des römischen Kaisers als vorbildlich. Karl will das alte Ansehen Roms erneuern und das römische Christentum beschützen – in Freundschaft gegenüber dem römischen Kaiser.

3 Die Franken blieben mit ihren Stammessitzen verbunden. So ohne Furcht, zahlenmäßig in den Romanen unterzugehen, wuchsen sie ohne künstliche Trennungen allmählich mit diesen zusammen.

4 Christliches: Gemälde an Decke und Wänden; Römisches: Säulen aus Kaiserpalästen; Germanisches: der Bauherr.

Römer und Germanen

im Ostgotenreich (Goten an Zahl in der Minderheit)	*im Frankenreich (Franken bleiben mit Stammessitzen verbunden)*
daher NEBENEINANDER Erhaltung von Römischem und Germanischem durch Trennung der Menschen in Sitten, Gesetzen, Wohnung, Heirat, Verwaltung, Aufgaben, zwei Arten des Christentums	*daher MITEINANDER keine trennenden Einrichtungen wie bei den Ostgoten; Franken und Römer sind beide katholisch*
Folge: Goten sind germanischer Fremdkörper in römischer Umgebung	*Folge: Zusammenwachsen der Völker und ihrer Kulturen, Entstehung der abendländischen Kultur*

3 Wie die Türken in die Türkei kamen
(Schülerbuch S. 262/263)

Mögliche Unterrichtsgestaltung

Einstieg: Lehrer schreibt die Kapitelüberschrift an die Tafel. Die (türkischen) Kinder berichten, was sie darüber wissen. Da die Aussagen dazu mit Sicherheit teils fragwürdig teils unrichtig sind, geben sie Anlass zu einer genaueren Überprüfung in der Erarbeitungsphase.
Alternative: *Tafelbild wie folgt: Germanen – Weströmisches Reich – Türken – Oströmisches Reich*
Hier leiten hypothetische Übertragungen vom Bekannten auf das Unbekannte zur Erarbeitung über.
Alternative: *Ausgang von der Karte* ***D1*** *und den Fragen: Worüber informiert die Karte, was lässt sie offen? Damit Überleitung zur Erarbeitung.*

Erarbeitung: Aufarbeitung des ***VT*** *und der Materialien in arbeitsteiliger Gruppenarbeit. Jede Gruppe bearbeitet eine der vier Aufgaben.*

Zusammenfassung: Vortrag der Ergebnisse durch die Gruppen. Dabei Entstehung des unten gezeigten Tafelbildes.

Vertiefung: Vergleich der türkischen Wanderung mit der germanischen Wanderung.

Zusatzinformationen zu den Materialien

Q1 Der Auszug ist Bestandteil der Inschriften des 732 n. Chr. für Köl Tegin am Orchon errichteten Grabmals, geschrieben in türkischer Runenschrift. Die Inschriften des Grabmals zählen zu den wichtigsten Quellen für die frühe türkische Geschichte.
Q2 Raschid ad Din († 1318) war ein bedeutender iranischer Historiker und Staatsmann. Für seine Oghusengeschichte stützte er sich allem Anschein nach auf verschiedene mündliche Überlieferungen, in denen sich Sage und Wirklichkeit bunt mischten. Dennoch ist ihre historische Bedeutung außerordentlich, da es die einzige Geschichte der Oghusenvölkerschaft ist, die es gibt.
Q3 Der Araber Ibn Hauqal war ein Geograph aus Nisibis in Obermesopotamien und lebte im 10. Jahrhundert.

Zu den Arbeitsvorschlägen und Fragen

1 Die Schlüsselbegriffe des Textes „Asien", „Mittelmeer", „Galopp", „Stutenkopf" müssten anhand der auf der DS gegebenen Informationen leicht gedeutet werden können.
2 siehe Tafelbild
3 Der Aufstieg der Türken zur Vormacht in der islamischen Welt durch die Ernennung Tugruls zum Sultan.
4 Tüchtige Krieger; Durchsetzungskraft gegenüber anderen (auch Sesshaften); Fähigkeit ihrer Herrscher zur Staatenbildung.

4 Die Erben von Byzanz
(Schülerbuch S. 264/265)

Mögliche Unterrichtsgestaltung

Einstieg: Lehrer schreibt die Kapitelüberschrift an die Tafel. Die Schüler erkennen das Übereinstimmende mit der Überschrift von Kapitel 2 und äußern Vermutungen dazu. Überleitung zur Erarbeitung.
Alternative: *Vergleich des Schicksals der Hagia Sophia (**Q4**) mit der Gestaltung des Kuppelbaus im Aachener Dom (**Q4** S. 261). Auch hier leiten hypothetische Schlüsse vom Bekannten auf das Unbekannte zur Erarbeitung über.*
Alternative: *Hypothetische Ausdeutung der Beziehung zwischen dem in **Q1** und **Q4** Dokumentierten (Frage: Was bedeutete es, dass das römische Konstantinopel vom Türkensultan als Hauptstadt seines Reiches übernommen wurde?).*

Erarbeitung:
1) *Gemeinsame Lektüre und Besprechung des **VT**. Entwicklung des unten gezeigten Tafelbildes.*
2) *Das Erbe von Byzanz in osmanischer (**Q2** und **Q3b**) und christlicher Sicht (**Q3a**), arbeitsteilige Gruppenarbeit anhand der Aufgaben 4–5.*

Schlussbetrachtungen:
1) *Rückgriff auf die im Einstieg gewählte Alternative; Überführung der Vermutungen in Erkenntnisse.*
2) *Gemeinsame Überlegungen zu den Fragestellungen der nicht gewählten Alternativen des Einstiegs.*

Zusatzinformationen zu den Materialien

Q1 Bei seiner Belagerung (6. 4.–29. 5. 1453) war Konstantinopel praktisch alles, was vom byzantinischen Reich noch existierte. Anatolien und der Balkan standen schon Jahrzehnte unter türkischer Hoheit. Die beiden letzten christlichen Kreuzzüge zur Befreiung der Stadt waren 1395 bei Nikopolis und 1444 bei Warna von den Türken vernichtet worden.
Q2 Heruntergekommen wie das byzantinische Reich war auch seine Hauptstadt, als Mehmed II. sie eroberte. Er machte sie wieder zu der prächtigen Residenzstadt, die sie früher gewesen war und als die er sie zur Verwaltung des osmanischen Großreiches benötigte.
Q3a Das Angebot dürfte Mehmed II. wenig verlockt haben. Denn die Eroberung Konstantinopels wurde in der ganzen islamischen Welt als Triumph gefeiert und machte den Osmanen zum angesehensten aller muslimischen Herrscher.

Zu den Arbeitsvorschlägen und Fragen

1 Durch ihren Sieg bei Manzikert öffneten sich die Türken den Weg nach Anatolien und damit zu dem Gebiet, das bis heute Kerngebiet der Türkei geblieben ist.
2 Das byzantinische Reich war der Nachfolgestaat des oströmischen Reiches. Seine Bewohner waren zwar von Herkunft und Kultur Griechen, aber für sie existierte immer noch das christliche Römerreich. Als dessen Bewohner verstanden sie sich.
3 Die Türken verstanden sich als Glaubenskämpfer für die arabisch-islamische Kultur und breiteten diese bei ihrem siegreichen Vordringen in Anatolien aus.
4 Aus der Hauptstadt Byzanz wurde die prächtig erneuerte Hauptstadt Istanbul; der Sultan verstand sich als Nachfolger Konstantins des Großen.
5 Der Papst legt dem Sultan mit seinem Bekehrungsversuch nahe, das Erbe des christlichen Byzanz anzutreten.

Die Osmanen „erben" Byzanz

1071	1190	1220	1299	1453
Sieg über Byzanz bei Manzikert; Beginn der Eroberung Anatoliens	*Anatolien ist erobert, ist „Türkenland" oder Türkei*	*Weitere Oghusen ziehen vom Aralsee nach Anatolien*	*Gründung des Osmanischen Reiches in Anatolien*	*Eroberung von Byzanz, das als Istanbul Hauptstadt des Osmanischen Reiches wird*

5 Von Minden nach New Minden (Schülerbuch S. 266/267)

Mögliche Unterrichtsgestaltung

Einstieg: Ausgang von der Karte ***D1****; Feststellen der Herkunft der Einwanderer anhand der Ortsnamen, Überlegungen zu Gründen für die Auswanderung und zur Namensgebung des neuen Wohnortes in den USA. Überleitung zur Erarbeitung.*
Alternative: *Beginn mit der Betrachtung von* ***Q5****. Karikatur und Titel dürften Assoziationen mit ähnlichen Erscheinungen in der Gegenwart provozieren. Daraus abgeleitete Vermutungen zum damaligen historischen Kontext führen dann zur Erarbeitung.*

Erarbeitung: Arbeitsteilige Aufarbeitung des ***VT*** *und der Quellen von drei Gruppen wie folgt: 1) Familie Niemeyer wird auf Castle Garden nach Gründen bzw. Absichten ihrer Auswanderung befragt (Rollenspiel anhand des* ***VT****). 2) Verfassen eines Zeitungsartikels, der die arme Landbevölkerung zur Auswanderung in die USA anregen soll (****Q1****,* ***Q2****). 3) Ausarbeiten eines Aufrufs von Adams an deutsche Einwanderer (****Q3****).*

Zusammenfassung: Präsentation der Ergebnisse, dabei Anfertigung des unten gezeigten Tafelbildes.

Schlussbetrachtung: Stellungnahmen gemäß den Aufgaben 4–5.

Zusatzinformationen zu den Materialien

Q1 Die Bevölkerung Westfalens verdreifachte sich im 19. Jahrhundert. Zusammen mit der maschinellen Produktion wirkte sich das vor allem negativ auf die ländlichen Unterschichten aus. Der im **VT** geschilderte Fall ist ein typisches Beispiel dafür. Auswanderung erschien als praktikabelstes Mittel zur Lösung der an Schärfe zunehmenden sozialen Frage.
Q2 Für seine (bis 1834 durchweg) optimistischen USA-Berichte bezog sich das Mindener Sonntagsblatt vornehmlich auf positiv gestimmte Reiseberichte prominenter Persönlichkeiten wie Alexis de Tocqueville oder den ursprünglich aus Frankreich stammenden Crevecoeur.
Q3 Ein „echter Amerikaner" erwartet nach Adams Glücklichsein ausschließlich als Ergebnis eigener Tatkraft, vom Staat nur die Garantie gleicher Rechte für alle. Dem Europäer (Deutschen) wirft er vor, in schwierigen Situationen statt auf Eigeninitiative auf staatliche Hilfe zu setzen.

Zu den Arbeitsvorschlägen und Fragen

1 siehe Tafelbild
2 Verkauf und damit Verlust der Besitztümer; Ausbeutung auf dem Transportweg; gefährliche Überfahrt; Anpassungsdruck von Seiten der Einheimischen.
3 Konfrontation mit fremden Völkern und Kulturen in großem Umfang führte bei den einheimischen Amerikanern zu Identitätsproblemen.
4 (Kritische Stellungnahme, die im Ganzen durchaus zustimmend sein könnte)
5 Die Deutschen verhielten sich nicht den amerikanischen Anpassungserwartungen gemäß.

Deutsche USA-Auswanderer im 19. Jahrhundert

Schubkräfte (in Deutschland)	*Hindernisse* (auf dem Weg)	*Zugkräfte* (in den USA)
• *wirtschaftliche Not*	• *Verlust aller Besitztümer*	• *Arbeit und guter Lohn*
• *Arbeitslosigkeit*	• *teure Überfahrt*	• *Meinungsfreiheit*
	• *gefährliche Überfahrt*	• *Entfaltungsfreiheit*
		• *Erfolgreiche Bekannte*
		• *deutsche Wohngebiete*

6 Als das Ruhrgebiet Polen brauchte
(Schülerbuch S. 268/269)

Mögliche Unterrichtsgestaltung

Einstieg: Ausgang von einer in vorbereitender Hausarbeit erstellten Liste polnisch klingender Namen aus dem Heimatort (z. B. aus dem Telefonbuch).
Alternative: *Lehrer stellt Namen von Fußballspielern der 1950er/1960er Jahre aus Ruhrgebietsvereinen vor, z. B. Kapitulski, Tillkowski, Kwiatkowski, Urbaniak, Kraftcyk, Juskowiak.*
Alternative: *Betrachtung von Tabelle **D1**; Vermutungen zu den Gründen des Zuzugs der Polen leiten zur Erarbeitung über.*
Alternative: *Betrachtung der Abbildungen von **Q1**. Sie könnten Assoziationen zu ausländischen Kulturvereinen in der Gegenwart auslösen und damit zu Überlegungen führen, ob bzw. wie weit sich das Damalige mit Heutigem vergleichen lässt.*

Erarbeitung:
1) *Beginn mit einer arbeitsteiligen Gruppenarbeit, in der die Aufgaben 1–3 bearbeitet werden. Anschließend Vorstellung der Ergebnisse, z. B. für Aufgabe 1 in Form des unten gezeigten Tafelbildes, Lösung 2 als Vortrag anhand einer Ruhrgebietskarte, Lösung 3 als Vortrag.*
2) *Diskussion im Plenum gemäß Aufgabe 4.*

Schlussbetrachtung: Vergleich mit den Lebensformen (ursprünglich) ausländischer Bürger in der Bundesrepublik heute und den Reaktionen Einheimischer darauf.

Zusatzinformationen zu den Materialien

D1 Das Ruhrgebiet gehört(e) verwaltungsmäßig zu den Regierungsbezirken Münster, Arnsberg und Düsseldorf. Hier wurden daher die polnischen Einwanderer erfasst. Auf Grund der besonderen politischen Verhältnisse galten sie nicht als Ausländer. Damit fiel die Nationalität als Identitätskriterium fort. An ihre Stelle trat die Sprache. Polen der zweiten Generation waren meist zweisprachig.
Q1 Die Fahne wird im Museum des Bundes der Polen e. V. in Bochum aufbewahrt. Dort wurde der Bund 1894 auch gegründet. In der Folgezeit ist Bochum Kulturzentrum der Polen in Deutschland geblieben.

Zu den Arbeitsvorschlägen und Fragen

1 siehe Tafelbild
2 1890–1910 starke Zunahme der polnischen Minderheit im Ruhrgebiet; 1912 waren 37 % aller Bergleute polnischer Herkunft; Zentren polnischer Ansiedlung: Recklinghausen, Bochum, Wattenscheid, Gelsenkirchen.
3 Anlässe waren auffällige Veränderungen in der alltäglichen Lebenswelt durch polnische Wohngebiete, Vereine usw.; Reaktionen darauf: abfälliges Verhalten gegenüber Polen und der polnischen Kultur.
4 Deutsche Absichten/Maßnahmen: Überwachung polnischer Aktivitäten in der Öffentlichkeit, besonders polnischer Geistlicher, Beschränkung des polnischen Sprachgebrauchs, besonders gegenüber polnischen Kindern. Polnische Gegenmaßnahmen: Bewusste Pflege polnischer Kultur in Vereinen, Abschottung gegenüber deutschen Vereinen.

Als das Ruhrgebiet Polen brauchte

Schubkräfte	*Einwanderer*	*Zugkräfte*
(aus Westpolen = preußische Ostprovinzen)		*(ins Ruhrgebiet)*
• *Armut des Landes* • *Leben am Rande des Existenzminimums*	*Polen aus Ost- und Westpreußen, aus Posen und Oberschlesien*	• *Arbeit* • *sicheres, gutes Einkommen* • *Leben im Wohlstand* • *„Goldener Westen"*

7 „Kommt und arbeitet bei uns“ (Schülerbuch S. 270/271)

Mögliche Unterrichtsgestaltung

Einstieg: Lehrer schreibt kommentarlos den Begriff „Gast-Arbeiter“ an die Tafel. Die Schüler äußern spontan ihre Einfälle dazu. Dabei dürfte schon zur Sprache kommen, dass aus den „Gästen“ Mitbürger geworden sind. Damit Überleitung zur Erarbeitung.
Alternative: *Ausgang von den Graphiken **D1** und **D2**. Mögliche Fragen: Wie ist es dazu gekommen? Um wen handelt es sich, Gastarbeiter oder Zuwanderer?*

*Erarbeitung: Gemeinsame Lektüre und Bearbeitung des **VT** (sowie **D1** und **D2**, falls im Einstieg noch nicht betrachtet). Dabei Erstellung des unten gezeigten Tafelbildes.*

*Vertiefung: Arbeitsteilige Aufarbeitung der Quellen **Q1a** und **Q1b** unter der Fragestellung: Was versteht der Verfasser unter Integration und wie soll sie vor sich gehen? Präsentation der beiden Positionen in Statements. Anschließend Diskussion im Plenum gemäß den Aufgaben 4 und 5.*

Schlussbetrachtung: Deutung der Aussage von Max Frisch gemäß Aufgabe 3.

Zusatzinformationen zu den Materialien

D1 Der Begriff Ausländer, wie er der Statistik zugrunde liegt, stammt aus der Rechtssprache. Danach gilt als Ausländer, wer nicht Deutscher im Sinne von Art. 116 Abs. 1 GG ist. Gleichgültig ist, ob der Ausländer selbst zugezogen oder als Kind von Ausländern in Deutschland geboren ist. Daher ist ein Anstieg der Kurve auch nicht zwangsläufig als Zunahme des Zuzugs zu deuten. Er kann ebenfalls auf eine Zunahme der Geburten bei Ausländern verweisen. Im europäischen Vergleich hat Deutschland die höchsten Zuwanderungsraten überhaupt; mit Abstand folgen Großbritannien und Spanien.
D2 Rechtliche Grundlage des Ehegatten- und Familiennachzugs sind Art. 6 Abs. 1 GG und Art. 8 der europäischen Menschenrechtskonvention, die beide Ehe und Familie schützen. Die Visa werden grundsätzlich von den deutschen Auslandsvertretungen in den Herkunftsländern vergeben.

Zu den Arbeitsvorschlägen und Fragen

1 siehe Tafelbild
2 Rechtlich durch den Erwerb dauerhaften Aufenthalts und deutscher Staatszugehörigkeit; psychologisch durch die Betrachtung der Bundesrepublik als neuer Heimat.
3 Die Zuzügler wurden ausschließlich als zu Arbeit befähigte Lebewesen angesehen. Diese Sicht verkürzt wirkliches Menschsein in unzulässiger Weise auf eine einzige Funktion und provoziert Verständnisschwierigkeiten.
4 **Q1a** befürwortet die Anpassung an die deutsche „Leitkultur“, ohne dass dabei – hier macht es sich die Stellungnahme zu einfach – die eigene kulturelle und religiöse Prägung aufgegeben werden soll. Für **Q1b** ist Integration nicht Anpassung, sondern ein Aufeinander-Zugehen in Toleranz, Akzeptanz und Respekt, was für viele – das wird wenigstens gesehen – bedrohlich erscheint.
5 (Stichhaltige Begründung der eigenen Meinung)

„Kommt und arbeitet bei uns“

Schubkräfte (in Herkunftsländern)	Zuwanderer	Zugkräfte (in der Bundesrepublik)
• Arbeitslosigkeit • schlechte wirtschaftliche Bedingungen • Armut	• Gastarbeiter aus Italien, Spanien, Griechenland, Marokko, Portugal, Türkei, Tunesien, Jugoslawien • Ehegatten und Kinder	• Arbeit • guter Lohn • Geld zur Unterstützung der Familie • bessere Lebensbedingungen für die ganze Familie

8 „Andere Länder, andere Sitten“ (Schülerbuch S. 272/273)

Mögliche Unterrichtsgestaltung

Grundsätzliches: Die Behandlung der Thematik zielt ab auf Meinungsbildung und ggf. Einstellungsänderung. Dem entsprechend geht es dabei mehr um affektive und handlungsbezogene Komponenten von Erleben und Verhalten als um kognitive. In diesem Sinne sollte der Unterricht vor allem eine Stellung nehmende, wertende, handelnde Auseinandersetzung mit der Thematik ermöglichen.

Einstieg: Ausgang von Abbildung ***Q3****. Fragen, die „Verwurzelung“, „Entwurzelung“, neue „Wurzelbildung“ umkreisen, könnten zur Erarbeitung überleiten.*
Alternative: *Beginn mit der Abbildung* ***Q4****. Diese Abbildung führt anschaulich in die Situation des Schwebezustandes ein, in dem sich junge Ausländer häufig befinden, und damit auch direkt in die Thematik der DS.*

Erarbeitung: 1) Lektüre und Besprechung des ***VT****. Dabei Entwicklung des unten gezeigten Tafelbildes. 2) Aufarbeitung der beiden Quellen in arbeitsteiliger Gruppenarbeit. Präsentation in Form von Interviews (bei Tino unter dem Leitgedanken „Warum empfindest du dich zwischen den Stühlen sitzend?“, bei Gönül: „Warum willst du nicht ganz entwurzelt sein?“).*

Vertiefung: Vorstellung (ggf. Besprechung) eigener Erlebnisse als Deutsche(r)/Ausländer(in) mit Deutschen/Ausländer(inne)n zur Thematik des Kapitels.

Schlussbetrachtung: Wie sollten/könnten sich beide Seiten im Miteinander verhalten?

Zusatzinformationen zu den Materialien

Q2 Es handelt sich um biographische Interviews, die im Rahmen der 13. Shell-Jugendstudie erstellt wurden. Dabei hatten die Jugendlichen die Möglichkeit, ihre ersten, spontanen Aussagen nach einiger Zeit zu überarbeiten.

Zu den Arbeitsvorschlägen und Fragen

1 Sich nicht dazugehörig fühlen, Trauer über kulturellen Verlust, Fremdheitsgefühle, sprachliche Probleme, Verhaltensunsicherheiten in Deutschland und im elterlichen Herkunftsland.

2 In islamischen Ländern sind Mädchen und Frauen bestimmten Verhaltenszwängen unterworfen, die sich z.T. stark von den rechtlichen Bestimmungen zur Gleichberechtigung der Frau sowie den daraus erwachsenen Sitten, Gewohnheiten und Verhaltenserwartungen des (west-)europäischen Kulturkreises unterscheiden. Für Mädchen und Frauen ist daher das „Zwischen-den-Kulturen“ besonders konfliktreich.

3 Q3: Verlust der Heimat bedeutet Verlust des soziokulturellen Wurzelgrundes, Zwang zur Suche nach neuer Verwurzelung – unter Verwendung von altem und neuem Wurzelwerk (vgl. die Aussage in **Q2b**).

Q4: Aufwachsen unter z.T. sich widersprechenden Einflüssen und Anforderungen zweier Kulturen bringt oft genug ein Gefühl des „zwischen den Stühlen sitzend“ hervor (vgl. die Aussage in **Q2a**).

KULTUR

prägt

Erziehung/Aufwachsen in einer bestimmten Kultur: begünstigt Verhaltenssicherheit = wissen, was sich gehört und zu wem man gehört

Summe verbindlicher Sitten, Gewohnheiten, Regeln einer bestimmten Kulturgemeinschaft.

Menschen

Einflüsse aus sich stark unterscheidenden Kulturen: begünstigen Gewissens-/Verhaltenskonflikte sowie Verlust- und Fremdheitsgefühle

9 „Rettungsinsel Europa"? (Schülerbuch S. 274/275)

Mögliche Unterrichtsgestaltung

*Einstieg: Betrachtung der Karikatur **Q3**. Sie stellt beispielhaft die Hauptbeteiligten des Asylantrags vor, die europäische Behörde und den Asylsuchenden, und verweist in Bild und Text auf die Kernproblematik des rechtlichen Anspruchs auf Asyl.*
Alternative: *Ausgang vom Begriff Asyl (s. Lexikon). Hier dürften Fragen nach den Modalitäten von Asylsuche und -gewährung auftauchen, die dann zur Erarbeitung überleiten können.*
Alternative: *Beginn mit Graphik **D1**. Hier dürften Fragen nach der Veränderung der Zahl der Antragsteller und ihrer geografischen Herkunft Überlegungen zu Schub- und Zugfaktoren ins Spiel bringen.*

Erarbeitung: Bearbeitung der Aufgaben 2–4 (wenn Aufgabe 1 nicht im Einstieg berücksichtigt wurde, dann hier Aufgaben 1–4) in arbeitsteiliger Gruppenarbeit. Präsentation der Ergebnisse und Zusammenfassung in unten gezeigtem Tafelbild.

Vertiefung: Jede der Gruppen präsentiert einen (im Rahmen der Gruppenarbeit vorbereiteten, fiktiven) Fall eines Asylantrags. 3–4 Vertreter der übrigen Gruppen führen eine Befragung durch und treffen eine Entscheidung (ggf. Diskussion derselben im Plenum).

Schlussüberlegung: Ist unser Asylrecht zu milde oder zu restriktiv?

Zusatzinformationen zu den Materialien

Q1 Die Bundesrepublik trat der GFK 1953 bei; Ende der 1990er-Jahre bekannten sich ca. 100 Staaten zu ihr. Problematisch an der GFK ist, dass sie zwar 5 Verfolgungsgründe nennt, aber keinen objektivierten Tatbestand des Verfolgtseins enthält.
Q2 Art. 16a GG trat 1993 in Kraft. Hintergrund waren Befürchtungen, dass die praktizierte Asylpolitik die Bundesrepublik angesichts ständig wachsender Zahlen von Asylbewerbern immer schwerer belasten würde. Die für die Veränderung des Asylrechts notwendige Verfassungsänderung kam mit Hilfe eines Kompromisses zwischen der Regierung (CDU/CSU, FDP) und Teilen der oppositionellen SPD zustande.

Zu den Arbeitsvorschlägen und Fragen

1 Starkes Anwachsen der Asylantragsteller 1990–1993 mit dem Höhepunkt in 1992, wobei der weitaus größte Teil aus europäischen Ländern kommt (Balkan, Osteuropa; vgl. S. 270). Seit 1994 deutliches Absinken.
2 Schubkräfte: Allgemeine Unsicherheit durch Bürgerkriege; Armut, Not, Verfolgung wegen Rasse, Religion, Nationalität, Zugehörigkeit zu einer bestimmten sozialen Gruppe, politischer Gesinnung. Zugkräfte: Frieden, Sicherheit, Wohlstand.
3 Recht auf Asyl: ausschließlich bei politischer Verfolgung. Schutz als Flüchtling: Bleiberecht bei Verfolgung mit Gefahr für Leben/Freiheit wegen Rasse, Religion, Nationalität, Zugehörigkeit zu einer bestimmten Gruppe.
4 Auffanglager, Einreiseerschwerung, Abschiebeerleichterungen, kritische Begutachtung der Verfolgungsbegründung von Antragstellern.

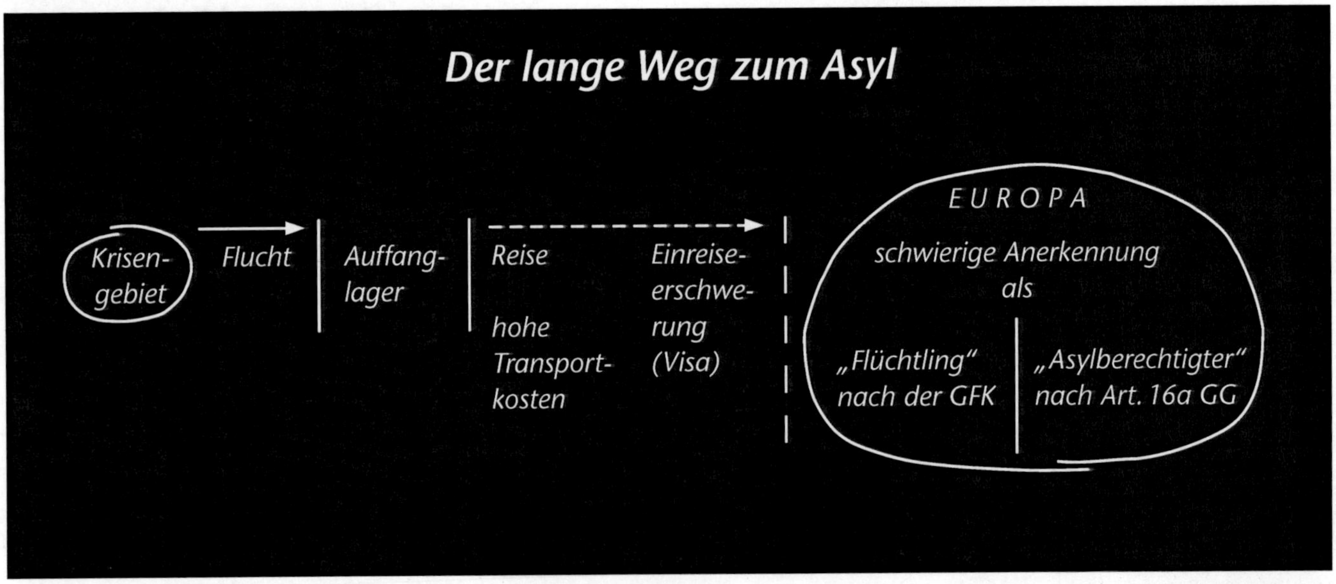

Kopiervorlagen

Sozialismus

Karl Marx – Das ungewöhnliche Leben eines ungewöhnlichen Menschen

Ordne die Ereignisse in chronologischer Reihenfolge und schreibe eine Biografie über Karl Marx.

1836–41 Bonn/Berlin
Jura- und Philosophiestudium; Abschluss: Doktor der Philosophie

1844 Paris
Kennenlernen und Beginn der lebenslangen Freundschaft und Zusammenarbeit mit Friedrich Engels, dem Sohn eines Textilfabrikanten mit Fabriken in Wuppertal und Manchester

1881 London
Ehefrau Jenny stirbt an Krebs

Ab 1878 London
Durch zunehmende gesundheitliche Hinfälligkeit und chronische Leiden (u. a. Rheuma) stetiges Nachlassen der Arbeitskraft

1849–83 London
Leben in ärmlichen Verhältnissen; angewiesen auf Unterstützung von Engels; Veröffentlichung zahlreicher Schriften, Hauptwerk „Das Kapital" (1867); anerkannter Theoretiker des Sozialismus; Bekanntschaft und Auseinandersetzung mit fast allen bedeutenden Vertretern des Sozialismus, Kommunismus, Anarchismus

1849 Köln/Paris/London
Ausweisung aus Deutschland und Frankreich als politisch unerwünscht; Übersiedlung mit seiner Familie nach London; dort Wohnsitz bis zum Tod

1818 Trier
Geboren als Sohn einer zum Protestantismus übergetretenen Beamtenfamilie jüdischer Herkunft

1848/49 Brüssel/Köln
Veröffentlichung des „Kommunistischen Manifestes"; Herausgeber der sich zur Revolution bekennenden „Neuen Rheinischen Zeitung" in Köln

1843 Trier
Heirat der Jugendfreundin Jenny von Westfalen aus einer protestantischen Beamtenfamilie, die zum Bekanntenkreis der Marx-Eltern gehört

1883 (14. März) London
Wird von Engels nach einer Lungenblutung tot am Schreibtisch gefunden

1864 London
Teilnahme an der Gründung der ersten Sozialistischen Internationale; Verfasser ihres Gründungsprogramms und ihr anerkanntes geistiges Haupt

1835 Trier
Abitur am Friedrich-Wilhelm-Gymnasium

1847 Paris
Wird mit Engels Mitglied im „Bund der Gerechten"; setzt die Umbenennung in „Bund der Kommunisten" durch

Sozialismus
Die Vorhersagen von Marx und Engels

1. Das unten stehende Schema veranschaulicht den großen Gesellschaftswandel, wie Karl Marx ihn sich vorstellte. Setze die folgenden acht Begriffe so darin ein, dass Marx' Vorstellung deutlich wird:

Konzentration des Reichtums bei immer weniger Menschen – Proletarier – klassenlose Gesellschaft – siegreiche Revolution – Bourgeoisie – Diktatur des Proletariats – Klassenkampf – Verelendung immer größerer Menschenmassen

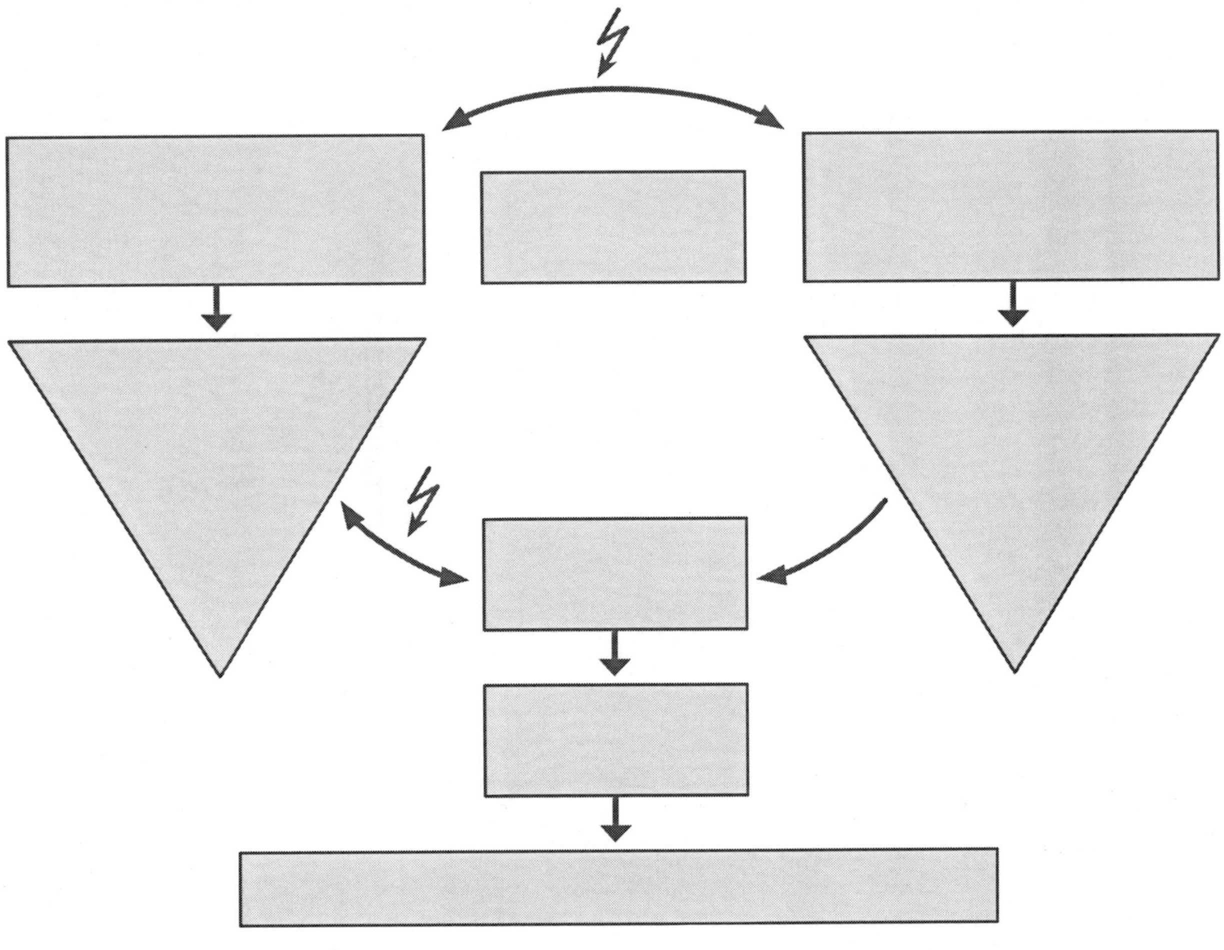

2. Setze nun das Schema „in Bewegung", indem du den Ablauf mit eigenen Worten erklärst:

Sozialismus
Was geschah wann im Sozialismus?

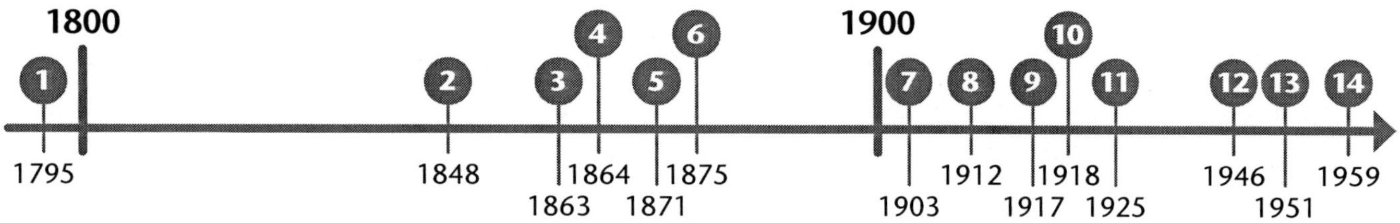

Ordne den Ereignissen (unten) die Jahreszahlen (oben) zu, indem du die Nummern der Jahreszahlen vor die zugehörigen Ereignisse schreibst. In der richtigen Reihenfolge ergeben die Großbuchstaben (in Klammern) einen dir bekannten Begriff.

- [ ] Ferdinand Lassalle gründet in Leipzig den ADAV, die erste sozialistische Partei der Welt. (L)
- [ ] Neugründung der Sozialistischen Internationale in Frankfurt (O)
- [ ] Stalin verkündet den „Sozialismus in einem Land". (T)
- [ ] Bolschewistische Oktoberrevolution in Russland (L)
- [ ] Die SPD wird stärkste Partei im deutschen Reichstag. (O)
- [ ] Der Franzose Babeuf veröffentlicht das „Manifest der Plebejer". (W)
- [ ] Aus der Vereinigung von ADAV und SAP entsteht in Gotha die Sozialistische Arbeiterpartei Deutschlands, die spätere SPD. (E)
- [ ] In der Sowjetzone Deutschlands vereinigen sich KPD und SPD zur Sozialistischen Einheitspartei Deutschlands. (I)
- [ ] Die SPD erklärt sich im „Godesberger Programm" zur Volkspartei. (N)
- [ ] Marx und Engels veröffentlichen in Brüssel das „Manifest der Kommunistischen Partei". (E)
- [ ] An der Frage, ob jeder Parteimitglied sein kann oder nur sich ganz dem Sozialismus widmende Berufsrevolutionäre, zerbricht die Sozialdemokratische Partei Russlands in Bolschewiki und Menschewiki. (V)
- [ ] Gescheiterte Machtergreifung einer kommunistischen Stadtregierung in Paris (R)
- [ ] Aus Opposition gegen den demokratischen Kurs der SPD spaltet sich ihr linker Flügel ab und gründet die KPD. (U)
- [ ] Gründung der ersten Sozialistischen Internationale in London (T)

Lösung:

1	2	3	4	5	6	7	8	9	10	11	12	13	14

Sozialismus
„Sozialistisches“ Silbenrätsel

Setze die Silben zu den gesuchten Begriffen zusammen. Die in Klammern angegebenen Buchstaben der gefundenen Begriffe ergeben ein Lösungswort, das dir im Kapitel Sozialismus begegnet ist.

al – be – blik – bund – burg – da – de – frank – furt – gramm – gres – grund – je – ka – kon – kus – li – lin – lis – lu – lung – mann – mas – mus – na – nal – ne – o – par – pi – pro – pu – rä – re – ri – samm – sat – satz – schei – se – sen – so – so – sow – spar – sta – staat – streik – ta – ta – tät – te – tei – ti – tische – ver – volks – welt – xem – zi – zo – zungs

____

1. Ihre Wahl setzte die MSPD 1919 durch (1)

____

2. SPD-Politiker, der 1918/19 für die parlamentarische Demokratie eintrat (4)

____

3. Zu dieser Art Partei erklärte sich die SPD im Godesberger Programm (2)

____

4. Grundwert, zu dem sich die SPD bekennt (3)

____

5. Vom Sozialismus bekämpftes Wirtschaftssystem (4)

____

6. Gründerin der KPD (Familienname) (6)

____

7. Von der Sozialistischen Internationale regelmäßig abgehaltene große Versammlungen (2)

____

8. Von der SPD-Linken 1918/19 angestrebte Staatsform (1)

____

9. Von Radikalsozialisten im Kaiserreich geforderte revolutionäre Aktion (2)

____

10. Von der SPD vertretene Staatsordnung allgemeiner Risikoverminderung (6)

____

11. Er verkündete den „Sozialismus in einem Land“ (5)

____

12. So nannte sich der radikale linke Flügel der SPD (1)

____

13. Von der SPD 1998 verabschiedetes Parteiprogramm (16)

____

14. Stadt, in der 1951 die Sozialistische Internationale erneuert wurde (7)

____

15. Hier schlossen sich 1946 SPD und KPD zur SED zusammen (1)

Lösung:

1	2	3	4	5	6	7	8	9	10	11	12	13	14	15

Europa zwischen Demokratie und Diktatur
Parlament oder Räte?

Parlamentarische Demokratie oder Rätesystem, „Schwarz-Rot-Gold" oder „Rot" – diese Frage stellte sich in Deutschland 1918 nach dem Ende der Monarchie. Beantwortet wurde sie auf dem „Ersten Allgemeinen Kongress der Arbeiter- und Soldatenräte Deutschlands". Die Mehrheit stimmte dort für die Wahl zur Nationalversammlung. Damit war die Entscheidung für eine parlamentarische Demokratie und gegen ein Rätesystem nach russischem Vorbild gefallen. Die Tabelle stellt die Grundprinzipien der parlamentarischen Demokratie und des Rätemodells gegenüber:

Parlamentarische Demokratie	Rätesystem
Regierung ↑ ______________ ↑ Volk	______________ ↑ Regionalräte ↑ Basisgruppen (Arbeiter eines Betriebes, Wohn- und Militäreinheiten)
– Das Wahlvolk (alle erwachsenen Männer und Frauen) wählt in bestimmten Abständen in gleicher und geheimer Wahl das Parlament. Die Souveränität liegt also beim gesamten ______________ .	– Arbeiter und Soldaten wählen in Vollversammlungen Vertreter aus ihren eigenen Reihen und senden sie in die jeweils nächsthöhere Ebene. Die Souveränität liegt also beim ______________ .
– Kandidaten der politischen Parteien werden von den Wahlberechtigten als ______________ ins Parlament gewählt.	– Es gibt keine ______________ und Verbände, alle öffentlichen Ämter werden durch Wahl besetzt.
– Zentrales Prinzip parlamentarischer Demokratien ist die Gewaltenteilung: Gesetzgebung, ______________ ______________ und Ausführung sind voneinander getrennt.	– In Rätesystemen existiert keine ______________ ______________: Die Räte üben die legislative, exekutive und judikative Gewalt gleichzeitig aus.

1. *Trage folgende Begriffe in die Tabelle ein:*
   Gewaltenteilung – Parteien – Staatsvolk – Zentralrat – Rechtsprechung – Abgeordnete – Proletariat – Parlament
2. *Erläutere die Grundprinzipien der parlamentarischen Demokratie und des Rätemodells mit deinen eigenen Worten.*
3. *Notiere in Stichworten die Unterschiede beider Systeme. Was für Vor- und Nachteile bringen sie mit sich?*

Europa zwischen Demokratie und Diktatur
Die neue Frau in der Weimarer Republik

Im Café (um 1924)

Im Zeltlager (um 1928)

1. Finde zu jedem Foto mindestens drei Adjektive, die die abgebildeten Frauen treffend charakterisieren.

2. Lies den Zeitschriftenartikel aus dem Jahr 1930 und unterstreiche die Veränderungen, die sich der Autorin zufolge aus der Berufstätigkeit verheirateter Frauen ergeben.

Anna Geyer in der Zeitschrift „Arbeiterwohlfahrt" über die Probleme verheirateter, berufstätiger Frauen (1930):

Die Hausarbeit muss notgedrungen flüchtiger gemacht werden, was für die Familie oft ein Minus an Reinlichkeit und fast immer ein Minus an Ernährung bedeutet. Die Pflege und Beaufsichtigung der Kinder muss zu einem guten Teil anderen überlassen werden […].

Zu dem Umstand, dass die außerhalb des Hauses erwerbstätige Frau während ihrer Berufsarbeit oft andere Ansichten hört als die ihres Mannes und dann ihm gegenüber kritischer wird, tritt die Tatsache, dass mit dem eigenen Einkommen meistens eine Steigerung des Selbstgefühls für die Frau verknüpft ist. Die berühmte weibliche Anpassungsfähigkeit wird bei einer solchen Entwicklung meistens etwas zurückgehen […].

Bei der erwerbstätigen Frau mit selbständigem Einkommen fällt der wirtschaftliche Zwang zum Zusammenhalten der Familie weg. Steht sie vor einer Entscheidung über die Fortführung ihrer Ehe, dann kann sie ihren Entschluss von dem inneren Wert ihres Ehe- und Familienlebens abhängig machen. Sie braucht nicht dem wirtschaftlichen Zwang ihr Frauenglück und das Glück ihrer Kinder zu opfern. Das alles zeigt eine gewisse, mit der Erwerbsarbeit der verheirateten Frau verbundene Tendenz zur leichteren Auflösung der Ehe und des Familienlebens. […]

Nun wird sich mit zunehmender Erwerbstätigkeit der Ehefrauen eine gewisse Wandlung im Frauenleben in der Richtung vollziehen, dass sich das Maß an äußerer Versorgung durch die Familie oder durch den Mann verringert und dass sich in der Stellung zur Familie, die heute bei Mann und Frau noch sehr verschieden ist, ein gewisser Ausgleich vollzieht.

3. Werden in dem Text deiner Meinung nach Problemfelder angesprochen, die auch heute noch aktuell sind?

Europa zwischen Demokratie und Diktatur
Politische Plakate

Politische Plakate waren nicht nur in der Republik von Weimar ein wichtiges Propagandamittel, sie sind es auch heute noch. Auf dieser Seite findest du Wahlplakate unterschiedlicher Parteien, die von den Anfängen der Bundesrepublik Deutschland bis in die Gegenwart reichen:

Bündnis 90/DIE GRÜNEN (2002)

SPD (1953)

CDU (1976)

PDS (2002)

1. *Vergleiche die Wahlplakate aus der Bundesrepublik mit denen aus der Weimarer Republik (Schülerbuch S. 68/69). Liste Gemeinsamkeiten und Unterschiede in einer Tabelle auf.*
2. *Erkläre, wen die Deutsche Partei mit den „Versagern der Weimarer Zeit" meint und was sie mit ihrem Wahlslogan zum Ausdruck bringen möchte.*
3. *Mit welchen Feindbildern arbeiten die einzelnen Plakate? Welche Gestaltungsmittel werden dazu eingesetzt?*
4. *Inwiefern spiegelt sich in den Wahlplakaten die Vorgeschichte der Bundesrepublik Deutschland (Weimar, Nationalsozialismus) wieder?*

Europa zwischen Demokratie und Diktatur

Freizeit und Konsum in der Weimarer Republik

Den Menschen in der Weimarer Republik boten sich völlig neue Möglichkeiten, sich in ihrer Freizeit zu vergnügen. Wenn du die einzelnen Fotoschnipsel zu Bildern zusammenfügst, erfährst du, in welchen Bereichen das Freizeitleben aufblühte. Setze anschließend die Silben zu Wörtern zusammen und ordne sie den Bildern zu.

licht stal il funk ser trier spiel an

sport häu rund lus ver te gen tun

Europa zwischen Demokratie und Diktatur
Im „Teufelskreis" der Wirtschaftskrise

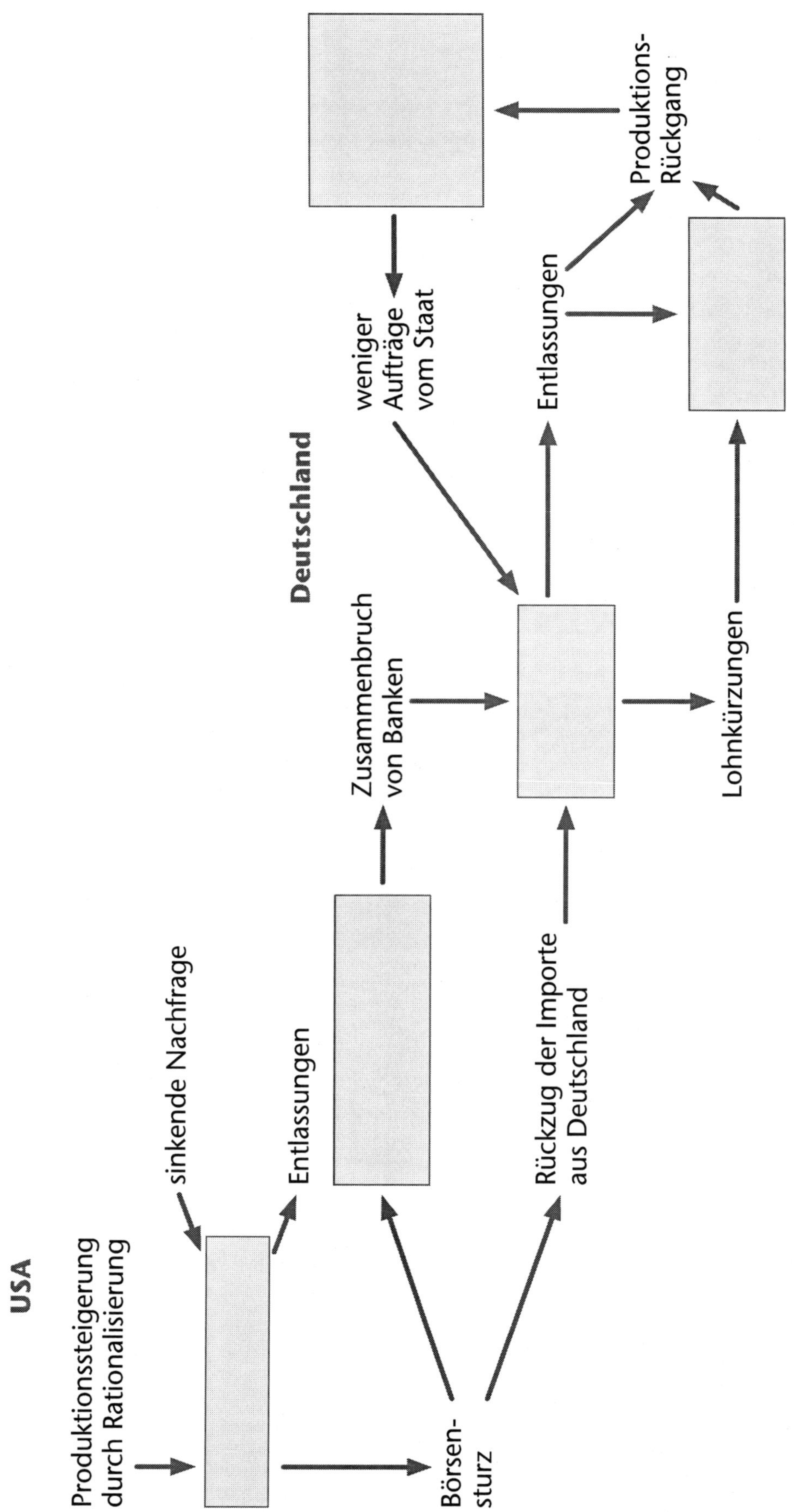

1. *Setze folgende Begriffe an der richtigen Stelle des Flussdiagramms ein. Die Seite 64 im Schülerbuch hilft dir dabei.*
   Konkurs von Firmen – sinkende Kaufkraft – Rückzug der Kredite aus Europa – Überproduktion – sinkende Steuereinnahmen des Staates
2. *Verfasse auf der Grundlage des Flussdiagramms einen Text, in dem du den „Teufelskreislauf", in den die deutsche Wirtschaft ab 1929 geriet, beschreibst.*

Der Nationalsozialismus
Die Ideologie der „Volksgemeinschaft"

Q1 Hitler äußert sich 1938 in einer Rede über Jugenderziehung:

Diese Jugend, die lernt ja nichts anderes als deutsch denken, deutsch handeln (...). Die Knaben kommen vom Jungvolk in die Hitler-Jugend, und dort behalten wir sie wieder vier Jahre und dann geben wir sie erst recht nicht zurück in die Hände unserer Klassen- und Standeserzeuger [Bürgerliche Parteien, Sozialdemokraten, Kommunisten, Gewerkschaften], sondern dann nehmen wir sie sofort in die Partei oder Arbeitsfront, in die SA oder in die SS, in das NSKK [Nationalsozialistisches Kraftfahrerkorps] und so weiter. Und wenn sie (...) dann noch nicht ganz Nationalsozialisten geworden sein sollten, dann kommen sie in den Arbeitsdienst und werden dann wieder sechs oder sieben Monate geschliffen (...). Und was dann noch an Klassenbewusstsein oder Standesdünkel da oder da noch vorhanden sein sollte, das übernimmt die Wehrmacht (...). Und dann nehmen wir sie, damit sie auf keinen Fall rückfällig werden, sofort wieder in SA, SS und so weiter. Und sie werden nicht mehr frei, ihr ganzes Leben.

Aus: Völkischer Beobachter vom 4.12.1938

Q2 Ernst Niekisch, Widerständler und Schriftsteller, 1935 über Gleichschaltung und „Volksgemeinschaft":

Ein Taumel der „Gleichschaltung" erfasste das ganze Volk. Alle öffentlichen und privaten Einrichtungen, Organisationen und Korporationen, alle wirtschaftlichen Betriebe und kulturellen Gesellschaften, alle Verbände und Vereine „schalteten sich gleich". Die „Volksgemeinschaft" ist kein gesellschaftlicher Ordnungszustand höherer Art. Nirgends trügt der Schein mehr als er hier es tut. (...) Sinn und Inhalt der Volksgemeinschaft ist lediglich die Solidarität des lumpenproletarischen Gesindels. Irgendwelche untergeordnete Organe oder Angestellte zogen plötzlich ihr nationalsozialistisches Mitgliedsbuch, das sie bisher sorgfältig verborgen gehabt hatten, aus der Tasche und trumpften damit auf; zuweilen war es der Portier, der sich überraschend zum Vertrauensmann der nationalen Revolution entpuppte und sich über Nacht zum wichtigsten und ersten Mann emporschwang. Das Mitgliedsbuch und das braune Hemd waren Ausweise, durch welche sich die Inhaber befugt hielten, nach den Zügeln zu greifen und die Leitung zu übernehmen. Der Wille der Wähler, der bisher in der Zusammensetzung des Parlaments seinen Ausdruck gefunden hatte, galt nichts mehr. Die Persönlichkeiten ihres Vertrauens räumten das Feld. Das Sprachrohr des Volkswillens war nur noch der Mann mit dem Mitgliedsbuch oder mit dem Braunhemd.

Ernst Niekisch, Das Reich der niederen Dämonen, Hamburg 1953, S. 131 ff. (das Buch wurde 1935/36 geschrieben).

1. *Erläutere, auf welche Weise Hitler eine „Volksgemeinschaft" herbeiführen wollte (Q1).*
2. *Wie beurteilt Niekisch das Wesen der „Volksgemeinschaft" (Q2)?*
3. *Trage in das Schaubild ein, wer nach nationalsozialistischer Auffassung Teil der „Volksgemeinschaft" war und wer außerhalb der „Volksgemeinschaft" stand. Schlage in deinem Schulbuch nach.*

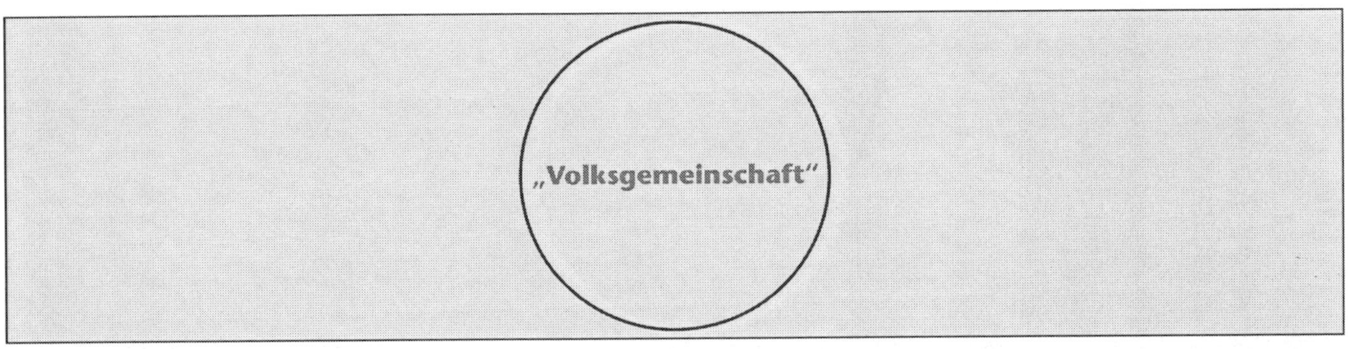

4. *Was geschah mit jenen Menschen, die nach Ansicht der Nationalsozialisten außerhalb der „Volksgemeinschaft" standen?*

Der Nationalsozialismus
Eine dunkle Seite der Hitler-Jugend

Todesfälle in der HJ (bis 1939)

Der Jugendführer des Deutschen Reiches teilt am 4. September 1939 mit: Die vorstehende Unfallstatistik umfasst die Todesfälle, die sich in der Zeit vom 1.4.1933 bis 1.8.1939 in der HJ ereignet haben und in einem ursächlichen Zusammenhang mit dem HJ-Dienst stehen: (Geheim 2/39)
Von den 649 Todesfällen der Hitler-Jugend entfallen auf die verschiedenen Unfallarten:

	Anzahl	in Prozent
Tod durch Ertrinken	139	22,0
Tod durch Verkehrsunfall	257	40,0
Tod durch Sportunfall	43	6,6
Tod beim Geländespiel	14	2,2
Tod durch Erkältung	35	5,5
Tod durch Schusswaffe	27	4,0

Werte diese Nachricht unter folgenden Fragestellungen aus:

a) Was bedeutet „ursächlicher Zusammenhang"?

b) Bei welchen „Spielen" und Übungen haben sich die Unfälle ereignet?

c) Handelt es sich deiner Meinung nach um „normale" Unglücksfälle, wie sie bei Jugendlichen passieren können?

d) Überlege, warum diese Statistik geheim bleiben sollte.

Der Nationalsozialismus
Aus dem Wörterbuch der Unmenschlichkeit

Q1 Auf der Wannsee-Konferenz wurde am 20. Januar 1942 die Organisation und Durchführung der geplanten systematischen Vernichtung aller Juden in Europa besprochen. Im Protokoll dieser Konferenz heißt es:

An Stelle der Auswanderung ist nunmehr als weitere Lösungsmöglichkeit (...) die Evakuierung der Juden nach Osten getreten. Diese Aktionen sind jedoch lediglich als Ausweichmöglichkeiten anzusprechen, doch werden hier bereits jene praktischen Erfahrungen gesammelt, die im Hinblick auf die kommende Endlösung der Judenfrage von wichtiger Bedeutung sind. (...) Unter entsprechender Leitung sollen im Zuge der Endlösung die Juden in geeigneter Weise im Osten zum Arbeitseinsatz kommen, (...) wobei zweifellos ein Großteil durch natürliche Verminderung ausfallen wird. Der allfällig endlich verbleibende Restbestand wird, da es sich bei diesem zweifellos um den widerstandsfähigsten Teil handelt, entsprechend behandelt werden müssen.

Nach: Arye Carmon, Holocaust, Stuttgart 1982, S. 188 f.

Q2 Augenzeugenbericht eines SS-Obersturmführers über eine Besichtigung des Vernichtungslagers Belzec im August 1942:

Der Zug aus Lemberg traf ein. 45 Waggons mit 6700 Personen, von denen 1450 bei der Ankunft bereits tot waren. Hinter den kleinen, mit Stacheldraht vergitterten Fenstern sah man gelbe verängstigte Kinder, Männer und Frauen (...).
Die Leute müssen sich im Freien aller Kleidungsstücke entledigen und auch Prothesen und Brillen ablegen. Mit einem kleinen Bindfaden, den ein kleiner vierjähriger Judenjunge reicht, müssen die Schuhe zusammengebunden werden (...).
Dann müssen die Frauen und Mädchen zum Friseur, wo ihnen die Haare gestutzt werden, die in großen Kartoffelsäcken verschwinden, „um daraus etwas Besonderes für die U-Boote zu machen, Dichtungen und so weiter", erklärt mir der SS-Unterscharführer vom Dienst (...).
Dann steigen sie die kleine Treppe hinauf und sehen die Wahrheit. Stillende Mütter mit dem Säugling an der Brust, nackt, zahlreiche Kinder jeden Alters; sie zögern, doch sie betreten die Todeskammern, die meisten wortlos, von den Nachfolgenden geschoben, getrieben durch die Peitschenhiebe der SS-Männer.

Nach: Wolfgang Michalka (Hrsg.), Das Dritte Reich, Dokumente zur Innen- und Außenpolitik, Bd. 2, München 1985, S. 248 f.

1. *Der Text des Protokolls der Wannsee-Konferenz gibt die Sprache wieder, mit der die Nationalsozialisten über den Holocaust redeten. Alle, die Planer und die Ausführenden, wussten genau, was mit diesen Wörtern gemeint war. Vergleiche die Wörter des Wannsee-Protokolls mit dem Augenzeugenbericht und versuche, die folgenden Begriffe zu übersetzen:*

- *Evakuierung* – ______________________
- *praktische Erfahrungen* – ______________________
- *Endlösung* – ______________________
- *in geeigneter Weise* – ______________________
- *natürliche Verminderung* – ______________________
- *Restbestand* – ______________________
- *entsprechend behandelt* – ______________________

2. *Überlege, aus welchen Gründen eine solche Sprache verwendet wurde.*

____

____

____

Der Nationalsozialismus
Widerstand im NS-Staat

Im NS-Staat gab es unterschiedliche Formen von „Widerstand“: Manche Deutsche kritisierten nur einzelne Zustände des NS-Systems, andere arbeiteten auf den Sturz des gesamten Regimes hin. Viele äußerten ihre Meinung privat, manchte protestierten in der Öffentlichkeit. Der Historiker Detlef Peukert hat ein Schaubild entwickelt, um die verschiedenen Formen abweichenden Verhaltens zu unterscheiden:

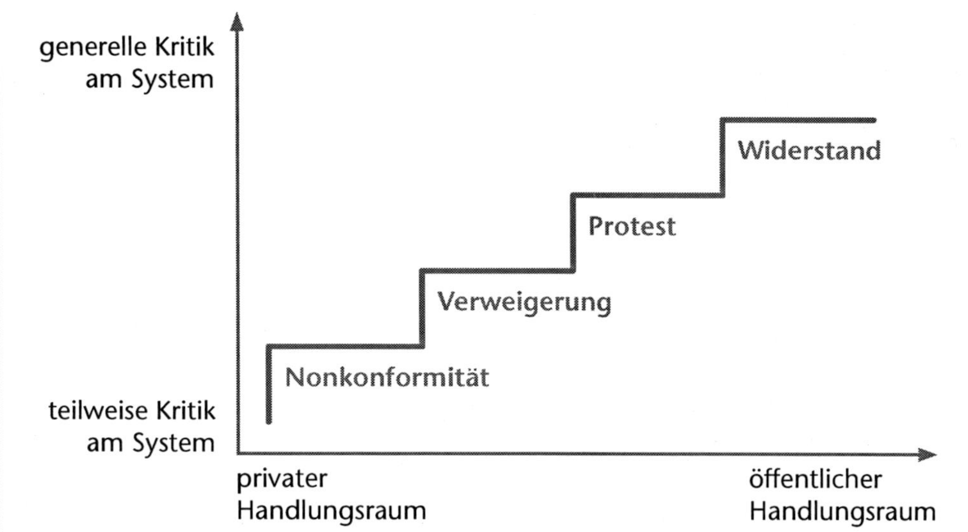

Nonkonformität = Nichtübereinstimmung, keine Anpassung

1 Schriftsteller und Künstler zogen sich aus der Politik ins Privatleben zurück.

2 *Einige unpolitische Jugendgruppen wurden in den Kriegsjahren verfolgt, weil sie durch ihr Verhalten auffielen: die „Swing-Jugend“ durch lässige Kleidung und Frisuren sowie ihre Vorliebe für amerikanischen Jazz; die „Edelweißpiraten“ durch gesellige Unternehmungen abseits der Hitler-Jugend.*

3 *Der Münchner Staatsanwalt Wintersberger versuchte 1933 hartnäckig, aber vergeblich, Mörder aus den Reihen der SA vor Gericht zu bringen, obwohl dies politisch unerwünscht war. Er widersetzte sich den Zumutungen des Regimes, ohne auf dessen Überwindung hinzuarbeiten.*

4 Ende Februar 1943 demonstrierten rund 200 nichtjüdische Frauen in der Berliner Rosenstraße eine Woche lang für die Freilassung ihrer verhafteten und für die Deportation vorgesehenen jüdischen Männer. Die Frauen beendeten die Aktion, als man ihre Forderung erfüllte.

5 Der Tischlermeister Georg Elser versuchte die Fortsetzung des Krieges zu verhindern, indem er am 8. November 1939 in München einen Bombenanschlag verübte, dem Hitler nur knapp entging. Elser wurde verhaftet, gefoltert, ins Konzentrationslager Dachau eingeliefert und dort am 9. April 1945 erschossen.

6 Einzelne Personen drückten ihre Unzufriedenheit aus, indem sie für Staaten spionierten, gegen die das Dritte Reich Krieg führte. Einige deutsche Kriegsgefangene engagierten sich im Ausland, z.B. beim „Nationalkomitee Freies Deutschland“ in der Sowjetunion. Manche Soldaten desertierten aus der Wehrmacht.

7 In den letzten Kriegstagen entwaffnete der Bauer Hanselmann aus dem Dorf Brettheim (Württemberg) vier Hitlerjungen, die das Dorf verteidigen sollten. Die SS verurteilte den Bauern dafür zum Tode. Allerdings verweigerten der Bürgermeister Gackstatter und der NS-Ortsgruppenleiter Wolfmeyer ihre Unterschriften unter das Todesurteil. Alle drei Männer wurden am 10. April 1945 erhängt.

1. ***Um welche Form von abweichendem Verhalten handelt es sich? Ordne die sieben Fälle in das Schaubild ein, indem du die Nummer auf die entsprechende Stufe im Schaubild schreibst.***
2. ***Ergänze das Schaubild um Personen, die du im Schulbuch kennen gelernt hast:***
   Sophie und Hans Scholl, August Landmesser, Claus Graf Schenk von Stauffenberg, Clemens August Graf von Galen.

Der Nationalsozialismus
„Stolpersteine" – Recherche im Internet und vor Ort

Seit dem Jahr 2000 erinnern in zahlreichen deutschen Städten in den Gehweg eingelassene „Stolpersteine" an NS-Opfer, die von den Nationalsozialisten deportiert und ermordert wurden. Der Künstler Gunter Demnig hatte die Idee zu diesem Projekt. Er möchte damit die Erinnerung an die Verbrechen der Nationalsozialisten lebendig halten. „Stolpersteine" gibt es bestimmt auch in deiner Nähe.

Auf der Suche nach „Stolpersteinen"

- *Recherchiere im Internet unter www.stolpersteine.de über das Projekt.*
- *Finde heraus, ob es in deiner Stadt oder in deiner Nähe „Stolpersteine" gibt.*
- *Versuche zu erkunden, wo die Steine verlegt wurden, suche sie auf und fotografiere sie.*
- *Berichte deinen Mitschülern über die „Stolpersteine". Was steht auf den Steinen geschrieben?*

Im Jahr 2005 wurde der Organisator des Projekts „Stolpersteine" vom Bundespräsidenten mit dem Verdienstorden der Bundesrepublik Deutschland ausgezeichnet. Suche auf der Homepage des Bundespräsidenten www.bundespraesident.de nach der Begründung, warum für die „Stolpersteine" der Verdienstorden verliehen wurde (Tipp: Suchfunktion der Seite verwenden).

Fasse die Begründung in deinen eigenen Worten zusammen.

____

____

____

Wie findest du das Projekt der „Stolpersteine"? Schreibe deine Meinung dazu auf.

____

____

____

Deutschland nach 1945
Nicht nur die Fahnen waren anders ...

1. Die beiden Bilder zeigen zwei herausragende Ereignisse auf dem Weg der Deutschen zu einem Nationalstaat. Untersuche sie und beantworte die Fragen.

Erste Sitzung der Frankfurter Nationalversammlung, 1848

Wer waren die Anwesenden und wer hatte sie eingeladen?

Warum waren sie gekommen?

Was sagen die Fahnen im Raum über den Charakter der Veranstaltung aus?

Was sagt die Versammlung der vom deutschen Volk gewählten Abgeordneten aus allen deutschen Einzelstaaten darüber aus, was Deutschland für ein Staat werden sollte?

Kaiserproklamation im Spiegelsaal in Versailles, 1871

Wer waren die Anwesenden und wer hatte sie eingeladen?

Warum waren sie gekommen?

Was sagen die Fahnen im Raum über den Charakter der Veranstaltung aus?

Was sagt die Proklamation des deutschen Kaisers
a) durch die Fürsten,
b) im französischen Versailles
über den Charakter des Deutschen Reiches aus?

2. Erkläre in wenigen Sätzen, was beide Ereignisse gemeinsam haben und was sie unterscheidet?

Deutschland nach 1945
Nationalsozialismus – Totengräber für eine demokratische deutsche Nation

Hitler im Jahr 1928 über Nationalbewusstsein und Demokratieverständnis:

Erstens muss unser Volk von dem hoffnungslos wirren Internationalismus befreit und bewusst und systematisch zum fanatischen Nationalismus erzogen werden. (...)
Zweitens werden wir unser Volk, indem wir es dazu erziehen, gegen den Irrsinn der Demokratie zu kämpfen und wieder die Notwendigkeit von Autorität und Führertum einzusehen, von dem Unsinn des Parlamentarismus fortreißen.
Drittens werden wir, indem wir das Volk von dem jämmerlichen Glauben an eine Hilfe von draußen, das heißt dem Glauben an Völkerversöhnung, Weltfrieden, Völkerbund und internationale Solidarität, befreien, diese Ideen zerstören. Es gibt nur ein Recht in der Welt, und dieses Recht liegt in der eigenen Stärke.

Zit. nach: Walther Hofer, Der Nationalsozialismus, Dokumente 1933–1945, Frankfurt/M., 1994, S. 37.

1. *Sprecht in der Klasse über die Auffassungen Hitlers. Bewertet sie an unseren Vorstellungen von einer demokratischen friedliebenden deutschen Nation.*
2. *Erläutere, wie in den beiden Abbildungen Hitlers Vorstellungen zum Tragen kommen.*

Plakat des Völkisch-Sozialen Blockes zur Reichtagswahl 1924

Deutsches Propagandaplakat 1942

Deutschland nach 1945
Getrennte Wege

Beschreibe in Stichpunkten die Entwicklung von 1945 bis 1949 …

… in den westlichen Besatzungszonen | **… in der sowjetischen Besatzungszone**

Zusammenarbeit der Besatzungsmacht beziehungsweise der Besatzungsmächte mit den Deutschen:

Entnazifizierung:

Demokratie oder Diktatur:

Entwicklung der Wirtschaft:

Bundesrepublik Deutschland

Vereidigung in Bonn: Konrad Adenauer (CDU) – erster Bundeskanzler

Deutsche Demokratische Republik

Festumzug in Ost-Berlin: Wilhelm Pieck (SED) – erster Staatspräsident

Deutschland nach 1945
Volksaufstand und Mauerbau

Fülle die Spalten in Stichworten aus. Werte dazu den Text sowie die Bild- und Textquellen zu beiden Themen in deinem Schülerbuch (S. 160–163) aus.

Volksaufstand vom 17. Juni 1953 | **Bau der Mauer am 13. August 1961**

Ursachen

Verlauf

Folgen (Auswirkungen auf die Menschen)

Die DDR – ein demokratischer Staat? Welche Antwort geben dir die Ereignisse dazu?

Deutschland nach 1945
Frauen in der Bundesrepublik und in der DDR

Finde die passenden Begriffe und schreibe sie unter der entsprechenden Ziffer in die Rätselkästchen. Wenn du die Buchstaben der markierten Spalte von oben nach unten liest, erfährst du, für welches Ziel Frauen jahrzehntelang kämpften.

1. Viel mehr Frauen in der DDR als in der Bundesrepublik übten einen … aus.
2. Ein Grund, warum in der DDR viele Frauen arbeiteten.
3. Lange Zeit als das Idealbild der Frau in der Bundesrepublik angesehen.
4. Eine Einrichtung zur Unterstützung berufstätiger Frauen.
5. Darum sollten sich in der Familie auch die Männer kümmern.
6. Ein Problem, über das in der bundesdeutschen Gesellschaft Ende der 1960er-Jahre heftig gestritten wurde.
7. Kindertagesstätte für die jüngsten Kinder.
8. Viele Frauen in der DDR arbeiteten in diesem Bereich.
9. Eine Möglichkeit auch für Frauen ihre Ziele durchzusetzen.
10. Eines der wichtigsten Ziele der Frauen.
11. In der Vergangenheit wurden berufstätige Frauen bei der … oft benachteiligt.
12. Dokument, in dem den deutschen Frauen die Gleichberechtigung garantiert wird.

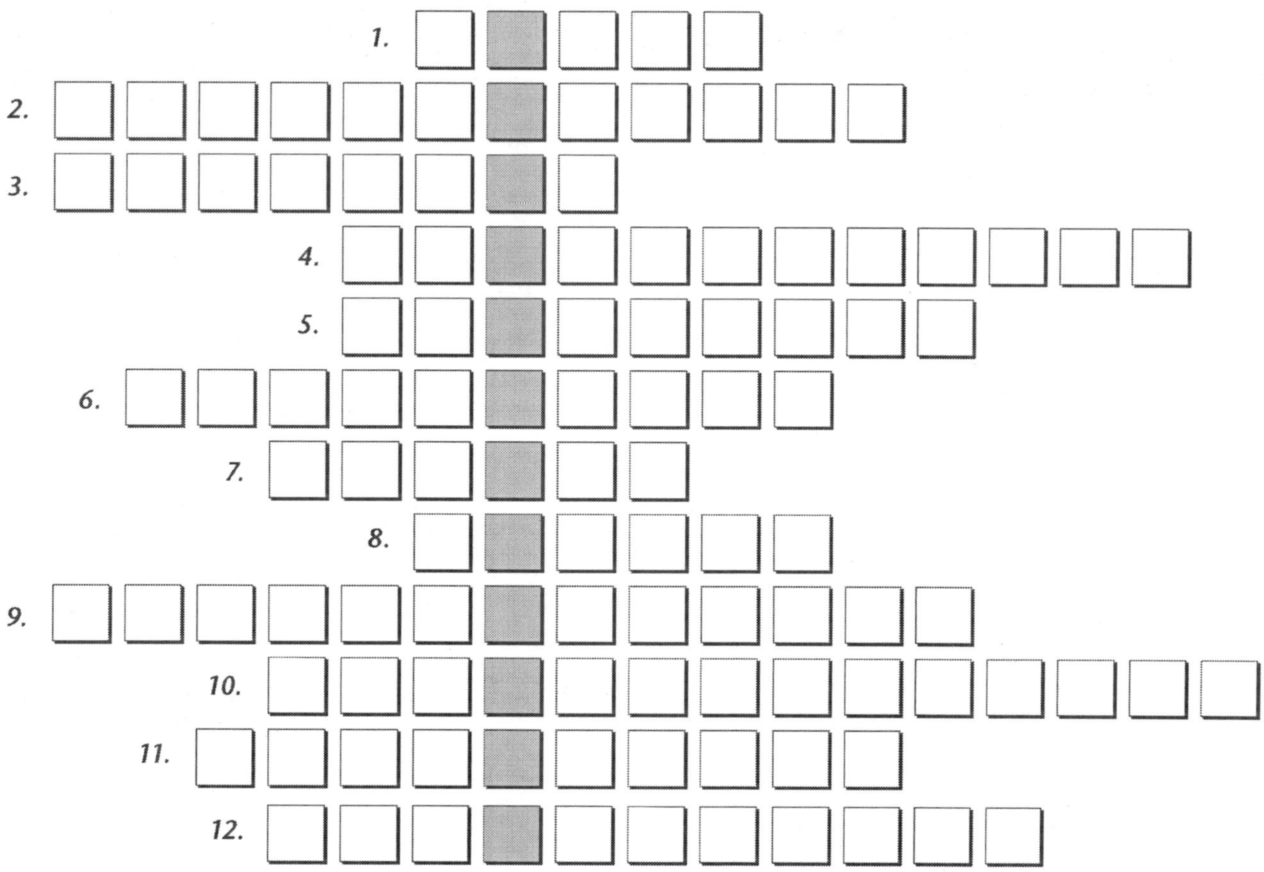

Lösung: 1 2 3 4 5 6 7 8 9 10 11 12

Deutschland nach 1945
Von den Montagsdemonstrationen bis zur Wiedervereinigung

Vervollständige die Tabelle zu wichtigen Ereignissen auf dem Weg zur Wiedervereinigung. Ordne die Begriffe den richtigen Daten zu und erkläre das Ereignis:

Währungsunion | **Wahlen zur Volkskammer** | **Rücktritt Honeckers**

Montagsdemonstration | **Beitritt zur Bundesrepublik** | **Öffnung der Mauer**

Zehn-Punkte-Plan | **Massendemonstration in Ost-Berlin** | **Siegermächte unterzeichnen Einigungsvertrag**

Tag der deutschen Einheit

Datum	Was geschah an diesem Tag?
09.10.1989	Montagsdemonstration: **70 000 DDR-Bürger demonstrieren in Leipzig für Demokratie, Einhaltung der Menschenrechte und gegen die Staatssicherheit.**
18.10.1989	
04.11.1989	
09.11.1989	
28.11.1989	
18.03.1990	
01.07.1990	
23.08.1990	
12.09.1990	
03.10.1990	

Konflikte und Friedensbemühungen
Die Fieberkurve des „Kalten Krieges“

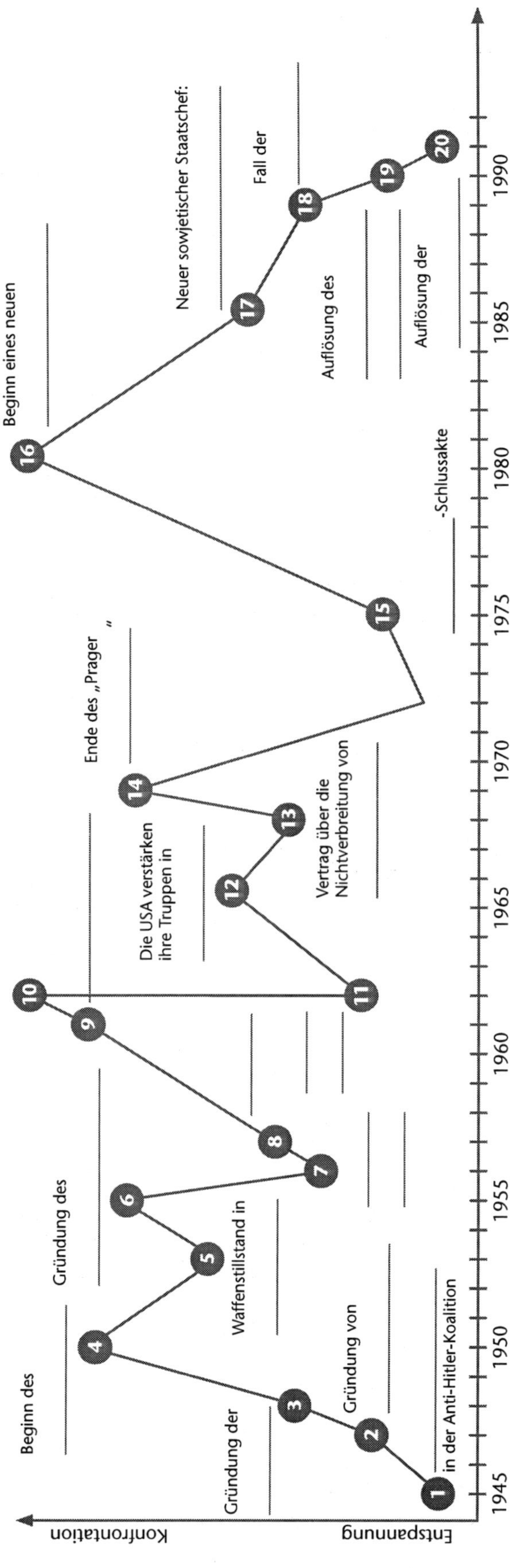

Trage die gesuchten Begriffe in die Fieberkurve ein.

1. *Ein anderes Wort für Verbündete.*
2. *So wurden die Volksdemokratien in Mittel-, Ost- und Südosteuropa genannt, die von Moskau abhängig waren.*
3. *Abkürzung für das westliche Verteidigungsbündnis, das 1949 gegründet wurde.*
4. *Dieser Krieg fand in Ostasien statt. Die USA wollten hier die weitere Ausbreitung des Kommunismus verhindern.*
5. *Dieser Waffenstillstand schuf ein zweigeteiltes Land mit einer bis heute hart bewachten Grenze.*
6. *Das 1955 gegründete östliche Verteidigungsbündnis, dem auch die DDR angehörte.*
7. *Diese Krise entstand 1956 durch den Aufstand eines Volkes gegen die kommunistische Diktatur.*
8. *Ein sowjetischer Satellit aus dem Jahr 1957 gab dem Ereignis seinen Namen: …-Schock.*
9. *Diese Mauer teilte fast 30 Jahre lang die alte und neue Hauptstadt Deutschlands.*
10. *Bei dieser Krise stand die Welt am Rande eines Atomkrieges.*
11. *Dieser Draht wurde zwischen Moskau und Washington „gespannt“.*
12. *Mitte der 1960er-Jahre eskalierte dieser von den USA geführte Krieg in Südostasien.*
13. *Diese Waffen konnten die ganze Welt zerstören.*
14. *Eine Jahreszeit, die allerdings frostig endete.*
15. *Abkürzung für eine Abrüstungskonferenz von 35 Staaten.*
16. *Ein anderes Wort für Rüstungswettlauf.*
17. *Dieser Mann verwandelte die Weltpolitik.*
18. *Am 9. November 1989 wurde sie geöffnet.*
19. *Östliches Militärbündnis.*
20. *Kurzform für „Sowjetunion“.*

Konflikte und Friedensbemühungen
Ost und West im „Kalten Krieg“

Fülle die Lücken mit den richtigen Begriffen aus.

Nach der bedingungslosen ____________________ Deutschlands traten die Gegensätze zwischen den westlichen Alliierten und der ____________________ wieder in den Vordergrund, die zwischen 1941 und 1945 nur durch das Zweckbündnis der Anti-Hitler-Koalition überdeckt worden waren. Schon 1941 hatten die Westalliierten USA und ____________________ in der Atlantik-____________ ihre Vorstellungen von einer freien Welt nach dem Ende der NS-Diktatur festgelegt. US-Präsident Roosevelt vertrat die Idee von der Einen Welt („one world“), in der ________________, Menschenrechte und _________ Welthandel zu leitenden Prinzipien werden sollten. Nach 1945 wurde die sowjetische Politik von den USA als Bedrohung der Freiheit gesehen, denn überall dort, wo die ____________________ 1944/45 als Befreierin von der Nazi-Diktatur einmarschiert war, entstanden nach sowjetischem Vorbild so genannte ______________________. Das waren in Wirklichkeit Diktaturen unter der Herrschaft der jeweiligen ____________________ Partei. Umgekehrt deuteten Stalin und seine Mitarbeiter die amerikanische Politik der Einen Welt als Versuch, das damals einzige ____________________ Land der Erde zu isolieren und vielleicht sogar eines Tages militärisch anzugreifen.

Diese Einschätzungen der jeweils anderen Seite beschleunigten die gegenseitige Abgrenzung: Die USA formulierten 1947 mit der ______________-Doktrin ihr Prinzip der Eindämmung des kommunistischen Einflusses in der Welt. Die Sowjetunion antwortete im gleichen Jahr mit der Gründung der Kominform, einem Bündnis fast aller kommunistischen Parteien in der Welt gegen das amerikanische „Monopol______________“ und den „US-Imperialismus“.

Die beiden Führungsmächte USA und UdSSR schlossen die mit ihnen befreundeten Staaten in Militärbündnissen zusammen. Im Jahr _______ wurde die ____________ als westliches, im Jahr _______ der ________________ ________ als östliches Bündnis gegründet. Beide Supermächte hatten keine direkten militärischen Auseinandersetzungen, denn das hätte unweigerlich einen ____________________ zur Folge gehabt. Sie führten aber so genannte ______________________ in den Ländern der Dritten Welt, bei denen sie Truppen einsetzten, „Freiwillige“ schickten oder Waffen lieferten. Der ____________________ von 1963 bis 1975 endete für die USA mit einer empfindlichen Niederlage. Die ____________________ 1962 war die größte Krise des „Kalten Krieges“. Sie machte aber die Notwendigkeit von Absprachen deutlich; als Erstes wurde der so genannte __________ _____________ zwischen Washington und Moskau installiert.

Mit der Reformpolitik des sowjetischen Staats- und Parteichefs ____________________ wurde das Ende des „Kalten Krieges“ eingeleitet: 1989 fiel die ________________________, 1990 löste sich der ________________ __________ auf, 1991 zerfiel die ____________.

Konflikte und Friedensbemühungen
„Nord und Süd essen den Schöpfungskuchen auf"

Der Journalist Dietrich Jörn Weder schrieb 2003 über die Folgen der Übervölkerung:

Die Hälfte des Hungers

Die Vervierfachung der Weltbevölkerung im 20. Jahrhundert von 1,6 auf 6,1 Milliarden Köpfe ist in der Geschichte der Menschheit ohne Beispiel. Und noch immer ist ein sanftes Ausschwingen dieser stürmischen Entwicklung nicht absehbar. […]

Übervölkerung ist beinahe ausschließlich ein Drittweltproblem, denn die vorauszusehende rasante Vermehrung der Menschheit in den nächsten 50 Jahren findet zu 99 Prozent in den heute so genannten Entwicklungsländern statt. Hier werden sich alle damit verbundenen Probleme ballen und in Megastädten nie gekannten Ausmaßes, den neuen Babylons, gesteigerten Ausdruck finden. 1975 gab es nur fünf Megastädte mit jeweils mehr als zehn Millionen Einwohnern auf der Welt, im Jahr 2000 waren es schon 19 und im Jahre 2015 dürfte ihre Zahl auf 23 steigen, darunter mit Tokio, New York, Los Angeles und Osaka nur vier Metropolen der so genannten Ersten Welt.

Heute schon wird fast keine der Ballungen in der Dritten Welt mit ihren Abfällen und Abwässern fertig. Die Luft in Mexiko City, Bombay oder Jakarta ist atemverschlagend schmutzig, zusammen mit Lärm, Gestank und der Hässlichkeit der Armut ein Anschlag auf alle Sinne. Allerdings haben die meisten dieser Drittwelt-Metropolen auch eine glänzende Seite: Himmelwärts strebende Hochhäuser und luxuriöse Einkaufspaläste stellen kleinere westliche Großstädte leicht in den Schatten. […]

Slums, oft zwischen Müll und Fäkalien eingezwängt, sind für lange Zeit das Zuhause der vielen Millionen Zuzügler, ob in Rio oder Lagos, die sich in der Stadt ein besseres Leben als auf dem Lande erhoffen. Trinkwasser wird – ob in Dehli, Santiago de Chile oder Mexiko City – über immer längere Leitungen aus der weiteren Umgebung abgesaugt oder in solchen Mengen aus dem städtischen Boden heraufgepumpt, dass sich gewaltige Trichter im Grundwasserspiegel unter den großen Städten auftun. Liegen die Städte an der Küste, bricht wie in Bangkok oder Jakarta Salzwasser in die leeren Grundwasserleiter ein. […]

Nord und Süd essen den Schöpfungskuchen von zwei Seiten her auf. Die Reichen zehren mit ihrem Überkonsum stark an den natürlichen Gemeinschaftsgütern der Menschheit wie dem Klima oder dem Reichtum der Meere. Alles, was die Welt zu bieten hat – an pflanzlichen und mineralischen Rohstoffen, an exotischen Früchten oder Genussmitteln –, können sie mit ihrem Geld aus jedem Winkel der Erde beziehen. Die Armen aber knabbern, für sie selbst viel bedrohlicher, an den ihnen nahe liegenden Grundlagen ihrer eigenen Ernährung und Gesundheit, sie ziehen sich sozusagen selbst den grünen Teppich unter ihren Füßen weg. Sie pressen Boden, Wasser, Wald in ihrer Umgebung so weit aus, bis diese immer weniger hergeben und schließlich, im schlimmsten Fall, eine unbrauchbare Mondlandschaft zurückbleibt. […]

Dietrich Jörn Weder, Umwelt. Bedrohung und Bewahrung, Bonn 2003, S. 59 ff.

1. *Megastädte in Entwicklungsländern haben zwei Gesichter. Beschreibe sie.*
2. *Was versteht man unter einem „Slum"? Woher stammen die meisten Menschen in einer solchen Siedlung?*
3. *Nord und Süd schädigen durch ihr wirtschaftliches Verhalten die natürlichen Grundlagen des gesamten Planeten Erde. Beschreibe das unterschiedliche Verhalten. Wie ist es zu bewerten?*
4. *Welcher Konflikt wird in der Karikatur dargestellt? Worin besteht die Aussage der Karikatur? Markiere den Teil des Textes, der sich direkt darauf bezieht.*

Konflikte und Friedensbemühungen „Armland“ und „Reichland“ – eine Bildergeschichte

Ordne die Texte den passenden Bildern zu. Welches Problem wird beschrieben? Welche Lösungen sind möglich?

- Das Startkapital für die Maschinen und die Fabrik leiht der Mann aus Reichland. ( )
- Ein Bauer im Armland. Der Ertrag seiner Felder reicht zu einem bescheidenen Leben. Eine schlechte Ernte bedeutet Hunger und Armut. ( )
- Der Bauer aus Armland redet mit seinen Freunden. Er will mit ihnen zusammen die Baumwolle im eigenen Land weiterverarbeiten. ( )
- Die Schuldzinsen aber sind fällig. Sie fressen den Ernteerlös auf. ( )
- Der Ernteertrag war gut, aber der Mann aus Reichland kann nicht gut dafür bezahlen: Der Baumwollpreis auf dem Weltmarkt ist so niedrig. ( )
- Mit den neuen Geräten bringt der Bauer den Dünger auf seine Felder und pflanzt Baumwolle an. ( )
- Von preisgünstiger Ware aus Armland verspricht sich der Unternehmer in Reichland gute Geschäfte. ( )
- Da kommt der Mann aus Reichland. Er macht einen Vorschlag, der Geld bringt (wem?). ( )
- Steuer, Zoll und die langen Transportwege heben den ursprünglichen Preisvorteil auf. ( )
- Für den Start sind Geräte, Saatgut und Dünger nötig. Bei dem Mann aus Reichland kann man das kaufen. ( )
- Wer kein Geld hat, muss Schulden machen – bei dem Mann aus Reichland. ( )
- Deshalb werden die Einfuhrmengen eingeschränkt. Und die Verkaufspreise durch Zollzahlungen hochgedrückt. ( )
- Die Einfuhr preisgünstiger Waren ist gefährlich – für den Markt und seine Preise in Reichland. ( )
- Mit dem Geld bauen die Leute in Armland eine kleine Tuchfabrik mit Näherei. ( )
- Ob man da nicht was ändern könnte? ( )

Konflikte und Friedensbemühungen
Kennst du die UNO?

Beantworte folgende Fragen rund um die UNO:

- UNO ist die Abkürzung für einen englischen Begriff. Wie heißt er? ______________________
- Wie nennt man die UNO mit deutschem Namen? ______________________
- Wo und wann wurde die UNO gegründet? ____________ in ______________________
- In welcher Stadt hat sie ihren Sitz? ______________________
- Wieviele Mitglieder hat die UNO? __________ Staaten der Erde
- Nenne die vier wichtigsten Aufgaben der UNO.

____

____

____

____

- Wie heißt das wichtigste Organ der UNO? ______________________
- Welche Staaten sind darin ständige Mitglieder? ______________________

____

- Welches Recht haben diese Staaten? ______________________

____

- Welchen Titel führt der oberste Repräsentant? ______________________
- Wie heißt er aktuell? ______________________
- Was bedeutet WHO? ______________________
- Was bedeutet UNICEF? ______________________
- Wie nennt man Soldaten, die an UN-Friedensmissionen teilnehmen? ______________________
- In welchen Ländern hat sich die Bundeswehr an UN-Friedensmissionen beteiligt? ______________________

____

- Wie nennt man eine UN-Mission, bei der UN-Truppen die Grenze zwischen zwei verfeindeten Staaten bzw. Parteien sichern, z. B. in Syrien? ______________________
- Wie nennt man eine UN-Mission mit Kampfauftrag, z. B. 2004 im Kongo? ______________________

____

- Wie heißen Offiziere, die der UNO aus einem Krisengebiet Bericht erstatten, z. B. aus Israel?

____

Europa – ein Kontinent wächst zusammen
Europa – abgekürzt

In dem Buchstabensalat verstecken sich zwölf Abkürzungen, die dir in der Themeneinheit „Europa" begegnet sind.
Sie sind waagerecht, senkrecht oder schräg angeordnet. Achtung, einzelne Buchstaben können Bestandteil mehrerer Abkürzungen sein. Markiere die Abkürzungen, schreibe sie dann in alphabetischer Reihenfolge heraus und ordne ihnen die entsprechenden Definitionen bei. Die Großbuchstaben hinter den Definitionen ergeben dann einen dir bekannten Begriff.

B	T	R	S	H	I	O	E	E	C
A	E	W	G	B	M	P	N	X	W
V	G	C	D	E	Z	G	H	K	O
P	K	Q	T	R	U	W	Y	Z	A
C	S	E	D	E	G	H	J	L	M
P	O	R	S	U	A	V	E	W	X
K	N	P	R	V	S	R	T	A	W
B	E	A	G	A	P	C	D	H	W
F	H	Z	W	G	H	N	R	F	U
I	N	T	M	O	V	X	S	B	F

1. **EAG** :
2. :
3. :
4. :
5. :
6. :
7. :
8. :
9. :
10. :
11. :
12. :

Definitionen: Europäische Politische Zusammenarbeit (**S**) – Wirtschafts- und Währungsunion (**N**) – Europäische Atomgemeinschaft (**M**) – Europäische Wirtschaftsgemeinschaft (**L**) – Rat für gegenseitige Wirtschaftshilfe (**A**) – Europäische Gemeinschaft (**A**) – European recovery program (**H**) – Gemeinsame Außen- und Sicherheitspolitik (**P**) – Europäische Gemeinschaft für Kohle und Stahl (**R**) – Europäische Union (**A**) – Organization of european economic cooperation (**L**) – Gemeinsame Agrarpolitik (**L**)

Lösung: 1 2 3 4 5 6 7 8 9 10 11 12

Europa – ein Kontinent wächst zusammen
EU-Rechtsexperten gefragt!

Welcher Inhalt (rechts) gehört zu welchem Vertragswerk bzw. Abkommen (links)? Ordne sie einander zu, indem du die einzelnen Inhalte mit den Nummern der zugehörigen Verträge versiehst. Richtig zugeordnet ergeben die eingeklammerten Buchstaben am Ende der Inhaltstexte ein bekanntes Lösungswort.

1. *Vertrag über die Europäische Gemeinschaft für Kohle und Stahl*
2. *Vertrag über die Europäische Wirtschaftsgemeinschaft*
3. *Vertrag über die Europäische Atomgemeinschaft*
4. *Vereinbarung der Europäischen Politischen Zusammenarbeit*
5. *Vertragswerk über die Europäische Union*
6. *Vereinbarung der Kopenhagener Kriterien*
7. *Charta der Grundrechte der Europäischen Union*

Lösung: ☐ 1 ☐ 2 ☐ 3 ☐ 4 ☐ 5 ☐ 6 ☐ 7

☐ Die Regierungen der Mitgliedsstaaten des Vereinigten Europa erheben zum Grundsatz, in gemeinsamen Angelegenheiten politisch eng zusammenzuarbeiten. (**U**)

☐ Frankreich, Deutschland, Italien und die Benelux-Länder vereinbaren die Abschaffung aller Hindernisse für freien Personen-, Waren-, Dienstleistungs- und Kapitalverkehr untereinander. (**C**)

☐ Die EU verkündet die von ihr als verbindlich anerkannten Werte, besonders die Würde des Menschen, Freiheit, Gleichheit, Solidarität, Demokratie und Rechtsstaatlichkeit. (**N**)

☐ Frankreich, Deutschland, Italien und die Benelux-Länder stellen Förderung, Verarbeitung und Verteilung von Kohle und Stahl unter die Hoheit einer gemeinsam errichteten supranationalen Behörde. (**S**)

☐ Frankreich, Deutschland, Italien und die Benelux-Länder vereinbaren, Nuklearmaterial gemeinsam anzukaufen und ausschließlich friedlich zu nutzen. (**H**)

☐ Der Europäische Rat legt die Bedingungen für die Aufnahme weiterer Staaten in die EU fest: demokratische Staatsform, Praktizierung von Marktwirtschaft, Bekenntnis zu den Zielen der EU, Anwendung von EU-Recht. (**A**)

☐ Zusammenfassung der bisherigen Gemeinschaftsverträge sowie Vereinbarung gemeinsamer Außen- und Sicherheitspolitik und Zusammenarbeit in den Bereichen Inneres/Justiz in einem Vertragswerk. (**M**)

Europa – ein Kontinent wächst zusammen
Wer entscheidet was in der EU?

EUROPÄISCHER RAT

EU-KOMMISSION

RAT DER EU (MINISTERRAT)

EUROPÄISCHES PARLAMENT

1. *Schneide unten stehende Texte aus und ordne sie den Institutionen zu.*
2. *Beantworte anschließend folgende Fragen:*

   a) In welchen Institutionen dominiert der Europa-Gedanke, in welchen der Nationalstaatsgedanke?

   ____

   ____

   b) Sind die Entscheidungsbefugnisse deiner Ansicht nach zwischen ihnen „angemessen" verteilt?

   ____

   ____

- 732 Abgeordnete, auf 5 Jahre gewählt
- Gesetzgebung (Mitentscheidung)
- Gesetzesinitiative
- Grundsätze der EU-Politik
- Anwendung und Durchführung des EU-Rechts
- Beschluss des EU-Haushalts
- Verwaltung des EU-Haushalts
- verbindliche Gesetzesentscheidungen
- Kommissare, 1 je Mitgliedstaat
- die Fachminister aller Mitgliedstaaten
- Kontrolle der Exekutiven
- die Regierungschefs der Mitgliedstaaten

Wanderungen in der Geschichte

Galla Placidia, ein ungewöhnliches Frauenschicksal in der Völkerwanderungszeit

Sortiere die Ereignisse in chronologischer Reihenfolge und schreibe eine kurze Biografie der Kaiserin Galla Placidia. Beachte dabei besonders ihre Beziehungen zu den Germanen im Weströmischen Reich.

1
392
in Byzanz geboren als Tochter des römischen Kaisers Theodosius d. Gr. († 395); aufgezogen von Serena, Gattin des germanischen Oberbefehlshabers im Weströmischen Reich Stilicho (beide † 408)

verlobt mit Serenas und Stilichos Sohn Eucherius († 408)

417
Ehe mit dem römischen Oberbefehlshaber im Weströmischen Reich, Constantinus († 421)

437
Ehevermittlung ihres Sohnes mit der oströmischen Kronprinzessin Licinia

418
Geburt der Tochter Honoria

414
Ehe mit dem König der Westgoten, Athaulf, Geburt eines Sohnes, der noch im gleichen Jahr stirbt

410–14
Geisel bei den Westgoten

450
Tod in Rom

410
Gefangennahme bei der Eroberung Roms durch die Westgoten

419
Geburt des Sohnes Valentinianus

445
Ehevermittlung der Tochter von Valentianus und Licinia, Eudokia, mit dem Kronprinzen Hunerich, dem Sohn des mächtigen Vandalenkönigs

415
Ermordung Athaulfs

416
Rückkehr an den Weströmischen Hof nach Ravenna

Schwester der beiden amtierenden Kaiser des Römischen Reiches (Westrom: Honorius † 423; Ostrom: Arkadius † 408)

421
von ihrem Bruder Honorius zur weströmischen Mitkaiserin ernannt; regiert nach dem Tod des Honorius für ihren noch unmündigen Sohn Valentinianus das Weströmische Reich

Wanderungen in der Geschichte
Deutschenwitze – Humor oder Missklang?

Deutsche machten einen hohen Anteil an den USA-Einwanderern des 19. Jahrhunderts aus. Am liebsten ließen sie sich dort nieder, wo schon andere Deutsche wohnten. Manche Landstriche oder Teile von Städten wirkten dadurch regelrecht „deutsch". Es gab deutsche Geschäfte, Feste, Kulturvereine, es wurde deutsch gesprochen. Einheimische Amerikaner sahen darin nicht selten einen Mangel an Anpassung an die amerikanische Kultur. Vor diesem Hintergrund entstanden „Deutschenwitze", wie jener aus der amerikanischen Zeitung „Harper's Drawer" vom Oktober 1872:

It is pleasant to become a parent; twice as pleasant, to be blessed with twins; but when it comes to triples we are a little dubious. Now there dwells in Jefferson County, Wisconsin, a worthy German, who a few years ago was presented by his wife with a son. Hans said to her, „Katrine, dat ish goot". A couple of years later the good woman placed before his astonished gaze a bouncing pair of twins. „Vell", said Hans, „dat wash petter ash der oder dime; I trinks more ash ten glass peer on dat." But the good woman next time gave birth to triplets, and that made him „shpoke mit his mout shust a liddle". „Mein Gott, Katrine! Vat ish de matter on you? Petter you shtop dis pizness 'fore der come more ash a village full. I gots nuff mit such foolishness!" No later return have been received.

Aus: „Harper's Drawer", abgedruckt in: Dirk Hoerder/ Diethelm Knauf (Hg.), Einwandererland USA. Gastarbeiterland BRD, in: Deutsch-englische Jahrbücher. German-English Yearbook, Bd. 22, S. 140/141

1. Übersetze den Text mit Hilfe der Wörterliste:
(dat: that; ish: is; goot: good; vell: well; vash: was; petter: better; ash der oder dime: as the other time; peer: beer; shpoke: spoke; mit: with; mout: mouth; shust: just; liddle: little; shtop dis pizness: stop this business; 'fore der: before there; nuff: enough)

2. Durch welche Eigenschaften werden der Deutsche und seine Frau/Familie charakterisiert?

a) Im Bild: ______________________

b) Im Text: ______________________

____

3. Schätze die Eigenschaften ein.

eher negativ	neutral beschreibend	eher positiv

4. Trägt das hier verbreitete „Deutschenbild" eher humoristische oder eher diskriminierende Züge?

____

5. Kennst du vergleichbare „Migrantenwitze"?
6. Welche Meinung hast du dazu?

Lösungen der Kopiervorlagen

Sozialismus
Die Vorhersagen von Marx und Engels

1. Das unten stehende Schema veranschaulicht den großen Gesellschaftswandel, wie Karl Marx ihn sich vorstellte. Setze die folgenden acht Begriffe so darin ein, dass Marx' Vorstellung deutlich wird:

Konzentration des Reichtums bei immer weniger Menschen – Proletarier – klassenlose Gesellschaft – siegreiche Revolution – Bourgeoisie – Diktatur des Proletariats – Klassenkampf – Verelendung immer größerer Menschenmassen

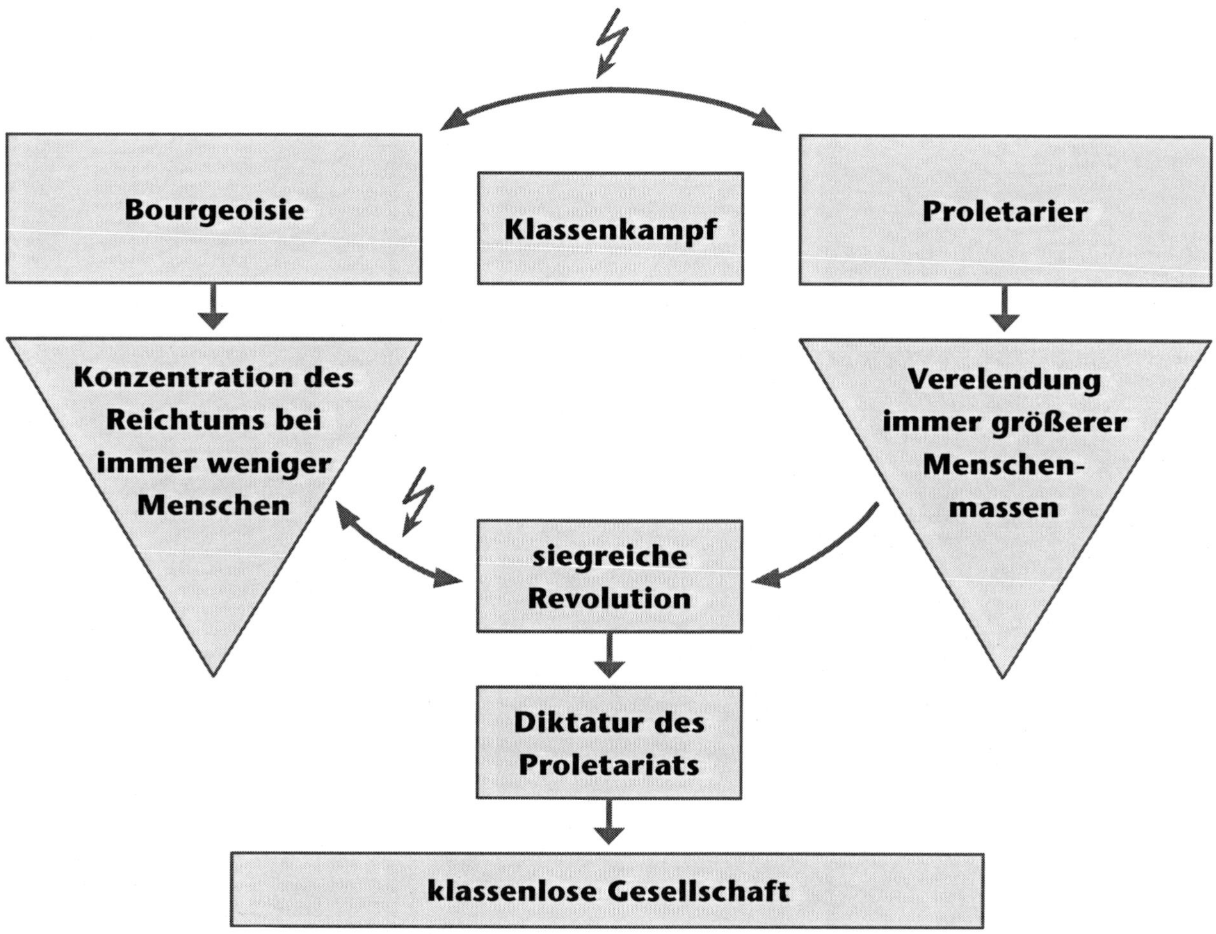

2. Setze nun das Schema „in Bewegung", indem du den Ablauf mit eigenen Worten erklärst:

Sozialismus
Was geschah wann im Sozialismus?

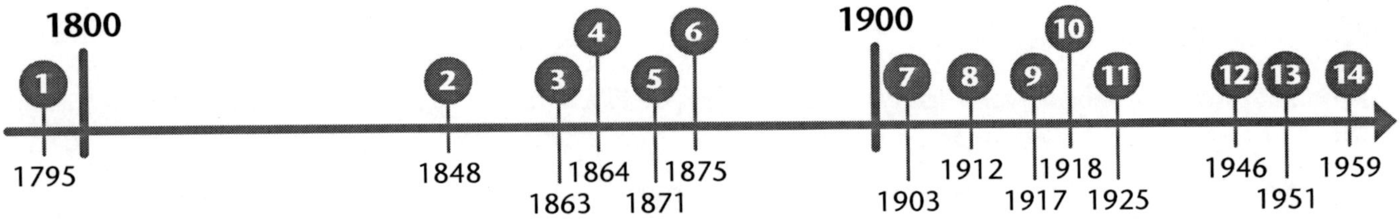

Ordne den Ereignissen (unten) die Jahreszahlen (oben) zu, indem du die Nummern der Jahreszahlen vor die zugehörigen Ereignisse schreibst. In der richtigen Reihenfolge ergeben die Großbuchstaben (in Klammern) einen dir bekannten Begriff.

3 Ferdinand Lassalle gründet in Leipzig den ADAV, die erste sozialistische Partei der Welt. (L)

13 Neugründung der Sozialistischen Internationale in Frankfurt (O)

11 Stalin verkündet den „Sozialismus in einem Land“. (T)

9 Bolschewistische Oktoberrevolution in Russland (L)

8 Die SPD wird stärkste Partei im deutschen Reichstag. (O)

1 Der Franzose Babeuf veröffentlicht das „Manifest der Plebejer“. (W)

6 Aus der Vereinigung von ADAV und SAP entsteht in Gotha die Sozialistische Arbeiterpartei Deutschlands, die spätere SPD. (E)

12 In der Sowjetzone Deutschlands vereinigen sich KPD und SPD zur Sozialistischen Einheitspartei Deutschlands. (I)

14 Die SPD erklärt sich im „Godesberger Programm“ zur Volkspartei. (N)

2 Marx und Engels veröffentlichen in Brüssel das „Manifest der Kommunistischen Partei“. (E)

7 An der Frage, ob jeder Parteimitglied sein kann oder nur sich ganz dem Sozialismus widmende Berufsrevolutionäre, zerbricht die Sozialdemokratische Partei Russlands in Bolschewiki und Menschewiki. (V)

5 Gescheiterte Machtergreifung einer kommunistischen Stadtregierung in Paris (R)

10 Aus Opposition gegen den demokratischen Kurs der SPD spaltet sich ihr linker Flügel ab und gründet die KPD. (U)

4 Gründung der ersten Sozialistischen Internationale in London (T)

Lösung: W 1 | E 2 | L 3 | T 4 | R 5 | E 6 | V 7 | O 8 | L 9 | U 10 | T 11 | I 12 | O 13 | N 14

Sozialismus
„Sozialistisches" Silbenrätsel

Setze die Silben zu den gesuchten Begriffen zusammen. Die in Klammern angegebenen Buchstaben der gefundenen Begriffe ergeben ein Lösungswort, das dir im Kapitel Sozialismus begegnet ist.

al – be – blik – bund – burg – da – de – frank – furt – gramm – gres – grund – je – ka – kon – kus – li – lin – lis – lu – lung – mann – mas – mus – na – nal – ne – o – par – pi – pro – pu – rä – re – ri – samm – sat – satz – schei – se – sen – so – so – sow – spar – sta – staat – streik – ta – ta – tät – te – tei – ti – tische – ver – volks – welt – xem – zi – zo – zungs

Nationalversammlung
1. Ihre Wahl setzte die MSPD 1919 durch (1)

Scheidemann
2. SPD-Politiker, der 1918/19 für die parlamentarische Demokratie eintrat (4)

Volkspartei
3. Zu dieser Art Partei erklärte sich die SPD im Godesberger Programm (2)

Solidarität
4. Grundwert, zu dem sich die SPD bekennt (3)

Kapitalismus
5. Vom Sozialismus bekämpftes Wirtschaftssystem (4)

Luxemburg
6. Gründerin der KPD (Familienname) (6)

Weltkongress
7. Von der Sozialistischen Internationale regelmäßig abgehaltene große Versammlungen (2)

Räterepublik
8. Von der SPD-Linken 1918/19 angestrebte Staatsform (1)

Massenstreik
9. Von Radikalsozialisten im Kaiserreich geforderte revolutionäre Aktion (2)

Sozialstaat
10. Von der SPD vertretene Staatsordnung allgemeiner Risikoverminderung (6)

Stalin
11. Er verkündete den „Sozialismus in einem Land" (5)

Spartakusbund
12. So nannte sich der radikale linke Flügel der SPD (1)

Grundsatzprogramm
13. Von der SPD 1998 verabschiedetes Parteiprogramm (16)

Frankfurt
14. Stadt, in der 1951 die Sozialistische Internationale erneuert wurde (7)

Sowjetische Besatzungszone
15. Hier schlossen sich 1946 SPD und KPD zur SED zusammen (1)

Lösung: N 1 | E 2 | O 3 | L 4 | I 5 | B 6 | E 7 | R 8 | A 9 | L 10 | I 11 | S 12 | M 13 | U 14 | S 15

Europa zwischen Demokratie und Diktatur
Parlament oder Räte?

Parlamentarische Demokratie oder Rätesystem, „Schwarz-Rot-Gold" oder „Rot" – diese Frage stellte sich in Deutschland 1918 nach dem Ende der Monarchie. Beantwortet wurde sie auf dem „Ersten Allgemeinen Kongress der Arbeiter- und Soldatenräte Deutschlands". Die Mehrheit stimmte dort für die Wahl zur Nationalversammlung. Damit war die Entscheidung für eine parlamentarische Demokratie und gegen ein Rätesystem nach russischem Vorbild gefallen. Die Tabelle stellt die Grundprinzipien der parlamentarischen Demokratie und des Rätemodells gegenüber:

Parlamentarische Demokratie	Rätesystem
Regierung ↑ **Parlament** ↑ Volk	**Zentralrat** ↑ Regionalräte ↑ Basisgruppen (Arbeiter eines Betriebes, Wohn- und Militäreinheiten)
– Das Wahlvolk (alle erwachsenen Männer und Frauen) wählt in bestimmten Abständen in gleicher und geheimer Wahl das Parlament. Die Souveränität liegt also beim gesamten **Staatsvolk** .	– Arbeiter und Soldaten wählen in Vollversammlungen Vertreter aus ihren eigenen Reihen und senden sie in die jeweils nächsthöhere Ebene. Die Souveränität liegt also beim **Proletariat** .
– Kandidaten der politischen Parteien werden von den Wahlberechtigten als **Abgeordnete** ins Parlament gewählt.	– Es gibt keine **Parteien** und Verbände, alle öffentlichen Ämter werden durch Wahl besetzt.
– Zentrales Prinzip parlamentarischer Demokratien ist die Gewaltenteilung: Gesetzgebung, **Rechtsprechung** und Ausführung sind voneinander getrennt.	– In Rätesystemen existiert keine **Gewaltenteilung** : Die Räte üben die legislative, exekutive und judikative Gewalt gleichzeitig aus.

1. *Trage folgende Begriffe in die Tabelle ein:*
   Gewaltenteilung – Parteien – Staatsvolk – Zentralrat – Rechtsprechung – Abgeordnete – Proletariat – Parlament
2. *Erläutere die Grundprinzipien der parlamentarischen Demokratie und des Rätemodells mit deinen eigenen Worten.*
3. *Notiere in Stichworten die Unterschiede beider Systeme. Was für Vor- und Nachteile bringen sie mit sich?*

Parlamentarische Demokratie:
Volk übt Herrschaft indirekt über Repräsentanten (Parteien, Abgeordnete) aus; Parlament beschließt Gesetze; Prinzip der Gewaltenteilung
Vorteile: Volk entscheidet gleichberechtigt über Herrschaft; Gewaltenteilung gewährleistet Unabhängigkeit der Gewalten
Nachteile: wenig direkte Einflussmöglichkeiten des Volkes

Rätesystem:
Wahlvolk in Basisgruppen unterteilt; Räte werden direkt gewählt; Räte sind Gesetzgeber, Regierung und Gerichte in einem, es gibt also keine Gewaltenteilung
Vorteile: Volk ist direkt an der Herrschaftsbildung beteiligt
Nachteile: Gefahr des Machtmissbrauchs durch fehlende Gewaltenteilung

Europa zwischen Demokratie und Diktatur
Freizeit und Konsum in der Weimarer Republik

Den Menschen in der Weimarer Republik boten sich völlig neue Möglichkeiten, sich in ihrer Freizeit zu vergnügen. Wenn du die einzelnen Fotoschnipsel zu Bildern zusammenfügst, erfährst du, in welchen Bereichen das Freizeitleben aufblühte. Setze anschließend die Silben zu Wörtern zusammen und ordne sie den Bildern zu.

Rundfunk

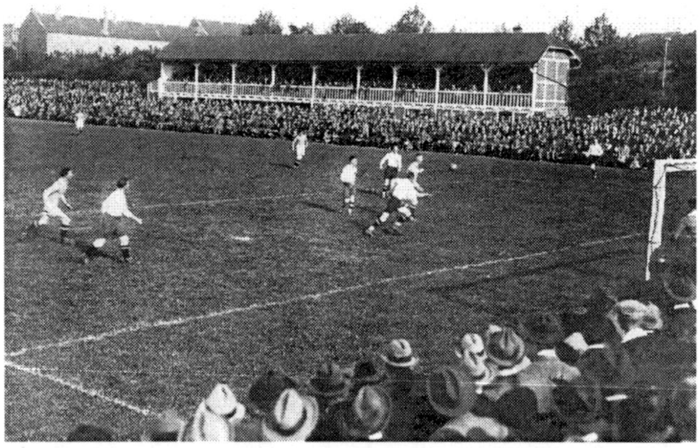

Sportveranstaltungen

Lichtspielhäuser

Illustrierte

Europa zwischen Demokratie und Diktatur
Im „Teufelskreis“ der Wirtschaftskrise

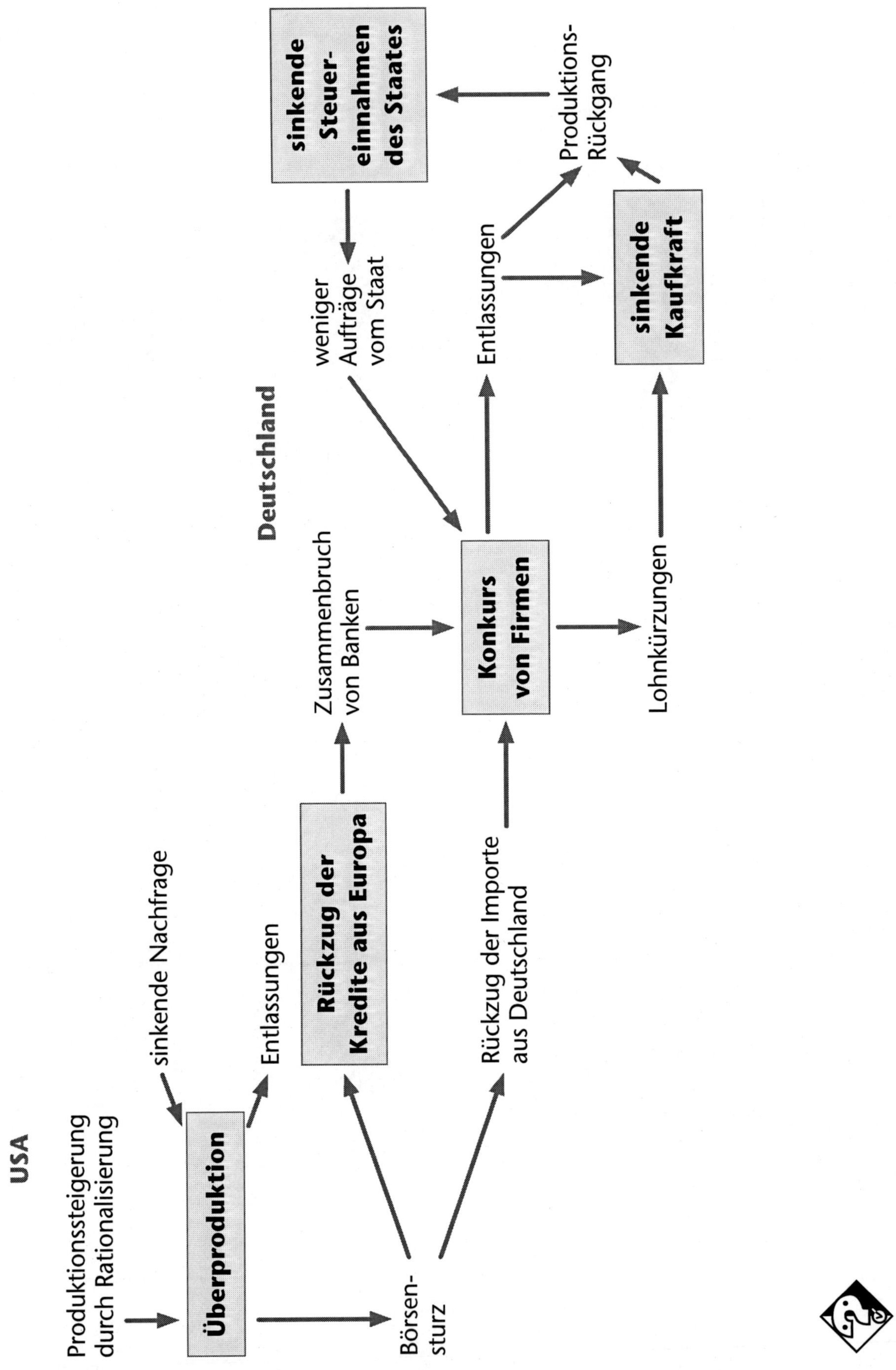

1. *Setze folgende Begriffe an der richtigen Stelle des Flussdiagramms ein. Die Seite 64 im Schülerbuch hilft dir dabei.*
   Konkurs von Firmen – sinkende Kaufkraft – Rückzug der Kredite aus Europa – Überproduktion – sinkende Steuereinnahmen des Staates
2. *Verfasse auf der Grundlage des Flussdiagramms einen Text, in dem du den „Teufelskreislauf“, in den die deutsche Wirtschaft ab 1929 geriet, beschreibst.*

Der Nationalsozialismus
Eine dunkle Seite der Hitler-Jugend

Todesfälle in der HJ (bis 1939)

Der Jugendführer des Deutschen Reiches teilt am 4. September 1939 mit: Die vorstehende Unfallstatistik umfasst die Todesfälle, die sich in der Zeit vom 1.4.1933 bis 1.8.1939 in der HJ ereignet haben und in einem ursächlichen Zusammenhang mit dem HJ-Dienst stehen: (Geheim 2/39)
Von den 649 Todesfällen der Hitler-Jugend entfallen auf die verschiedenen Unfallarten:

	Anzahl	in Prozent
Tod durch Ertrinken	139	22,0
Tod durch Verkehrsunfall	257	40,0
Tod durch Sportunfall	43	6,6
Tod beim Geländespiel	14	2,2
Tod durch Erkältung	35	5,5
Tod durch Schusswaffe	27	4,0

Werte diese Nachricht unter folgenden Fragestellungen aus:

a) Was bedeutet „ursächlicher Zusammenhang"?

Ursächlicher Zusammenhang meint, dass die Todesfälle in unmittelbarem Kontext mit dem Dienst in der Hitler-Jugend stehen, also durch den Einsatz in der Hitler-Jugend verursacht wurden.

b) Bei welchen „Spielen" und Übungen haben sich die Unfälle ereignet?

Beim Schwimmen, beim Sport, bei Geländespielen, bei Übungen mit der Schusswaffe und durch Erkältung. In einem Großteil der Fälle dürfte es sich um paramilitärische Übungen gehandelt haben.

c) Handelt es sich deiner Meinung nach um „normale" Unglücksfälle, wie sie bei Jugendlichen passieren können?

Keineswegs, die Ursachen lassen vermuten, dass die Jugendlichen während des HJ-Dienstes derart überanstrengt wurden, dass sie ums Leben kamen. Eine weitere Ursache liegt sicherlich im gefährlichen paramilitärischen Charakter der „Übungen" (Gebrauch der Schusswaffe, „Geländespiel").

d) Überlege, warum diese Statistik geheim bleiben sollte.

Wäre die Nachricht, dass der Dienst in der Hitler-Jugend aufgrund seiner Härte und Ausrichtung lebensgefährlich sein konnte, in die Öffentlichkeit geraten, hätte dies Zweifel an der HJ aufkommen lassen können. Zudem war es ein grundsätzliches Prinzip der NS-Propaganda negative Nachrichten zu verheimlichen oder zu vertuschen.

Der Nationalsozialismus
Aus dem Wörterbuch der Unmenschlichkeit

Q1 Auf der Wannsee-Konferenz wurde am 20. Januar 1942 die Organisation und Durchführung der geplanten systematischen Vernichtung aller Juden in Europa besprochen. Im Protokoll dieser Konferenz heißt es:

An Stelle der Auswanderung ist nunmehr als weitere Lösungsmöglichkeit (...) die Evakuierung der Juden nach Osten getreten. Diese Aktionen sind jedoch lediglich als Ausweichmöglichkeiten anzusprechen, doch werden hier bereits jene praktischen Erfahrungen gesammelt, die im Hinblick auf die kommende Endlösung der Judenfrage von wichtiger Bedeutung sind. (...) Unter entsprechender Leitung sollen im Zuge der Endlösung die Juden in geeigneter Weise im Osten zum Arbeitseinsatz kommen, (...) wobei zweifellos ein Großteil durch natürliche Verminderung ausfallen wird. Der allfällig endlich verbleibende Restbestand wird, da es sich bei diesem zweifellos um den widerstandsfähigsten Teil handelt, entsprechend behandelt werden müssen.

Nach: Arye Carmon, Holocaust, Stuttgart 1982, S. 188 f.

Q2 Augenzeugenbericht eines SS-Obersturmführers über eine Besichtigung des Vernichtungslagers Belzec im August 1942:

Der Zug aus Lemberg traf ein. 45 Waggons mit 6700 Personen, von denen 1450 bei der Ankunft bereits tot waren. Hinter den kleinen, mit Stacheldraht vergitterten Fenstern sah man gelbe verängstigte Kinder, Männer und Frauen (...).
Die Leute müssen sich im Freien aller Kleidungsstücke entledigen und auch Prothesen und Brillen ablegen. Mit einem kleinen Bindfaden, den ein kleiner vierjähriger Judenjunge reicht, müssen die Schuhe zusammengebunden werden (...).
Dann müssen die Frauen und Mädchen zum Friseur, wo ihnen die Haare gestutzt werden, die in großen Kartoffelsäcken verschwinden, „um daraus etwas Besonderes für die U-Boote zu machen, Dichtungen und so weiter", erklärt mir der SS-Unterscharführer vom Dienst (...).
Dann steigen sie die kleine Treppe hinauf und sehen die Wahrheit. Stillende Mütter mit dem Säugling an der Brust, nackt, zahlreiche Kinder jeden Alters; sie zögern, doch sie betreten die Todeskammern, die meisten wortlos, von den Nachfolgenden geschoben, getrieben durch die Peitschenhiebe der SS-Männer.

Nach: Wolfgang Michalka (Hrsg.), Das Dritte Reich, Dokumente zur Innen- und Außenpolitik, Bd. 2, München 1985, S. 248 f.

1. Der Text des Protokolls der Wannsee-Konferenz gibt die Sprache wieder, mit der die Nationalsozialisten über den Holocaust redeten. Alle, die Planer und die Ausführenden, wussten genau, was mit diesen Wörtern gemeint war. Vergleiche die Wörter des Wannsee-Protokolls mit dem Augenzeugenbericht und versuche, die folgenden Begriffe zu übersetzen:

- *Evakuierung* – **Deportation**
- *praktische Erfahrungen* – **Einüben des systematischen Mordens**
- *Endlösung* – **Vernichtung aller europäischen Juden**
- *in geeigneter Weise* – **unter unmenschlichen Bedingungen**
- *natürliche Verminderung* – **Tod durch Verhungern, Krankheiten, Seuchen**
- *Restbestand* – **Überlebende**
- *entsprechend behandelt* – **ermordet**

2. Überlege, aus welchen Gründen eine solche Sprache verwendet wurde.

Die trockene Bürokratensprache verschleiert den Massenmord an den europäischen Juden und schafft Distanz. Das geplante Verbrechen soll so geheim gehalten werden.

Der Nationalsozialismus
Widerstand im NS-Staat

Im NS-Staat gab es unterschiedliche Formen von „Widerstand“: Manche Deutsche kritisierten nur einzelne Zustände des NS-Systems, andere arbeiteten auf den Sturz des gesamten Regimes hin. Viele äußerten ihre Meinung privat, manche protestierten in der Öffentlichkeit. Der Historiker Detlef Peukert hat ein Schaubild entwickelt, um die verschiedenen Formen abweichenden Verhaltens zu unterscheiden:

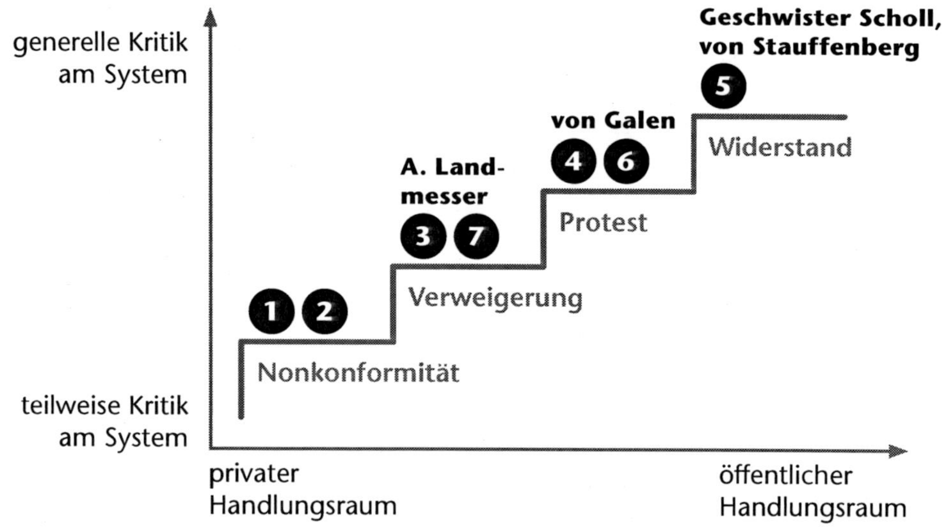

Nonkonformität = Nichtübereinstimmung, keine Anpassung

1 Schriftsteller und Künstler zogen sich aus der Politik ins Privatleben zurück.

2 *Einige unpolitische Jugendgruppen wurden in den Kriegsjahren verfolgt, weil sie durch ihr Verhalten auffielen: die „Swing-Jugend“ durch lässige Kleidung und Frisuren sowie ihre Vorliebe für amerikanischen Jazz; die „Edelweißpiraten“ durch gesellige Unternehmungen abseits der Hitler-Jugend.*

3 *Der Münchner Staatsanwalt Wintersberger versuchte 1933 hartnäckig, aber vergeblich, Mörder aus den Reihen der SA vor Gericht zu bringen, obwohl dies politisch unerwünscht war. Er widersetzte sich den Zumutungen des Regimes, ohne auf dessen Überwindung hinzuarbeiten.*

4 *Ende Februar 1943 demonstrierten rund 200 nichtjüdische Frauen in der Berliner Rosenstraße eine Woche lang für die Freilassung ihrer verhafteten und für die Deportation vorgesehenen jüdischen Männer. Die Frauen beendeten die Aktion, als man ihre Forderung erfüllte.*

5 Der Tischlermeister Georg Elser versuchte die Fortsetzung des Krieges zu verhindern, indem er am 8. November 1939 in München einen Bombenanschlag verübte, dem Hitler nur knapp entging. Elser wurde verhaftet, gefoltert, ins Konzentrationslager Dachau eingeliefert und dort am 9. April 1945 erschossen.

6 Einzelne Personen drückten ihre Unzufriedenheit aus, indem sie für Staaten spionierten, gegen die das Dritte Reich Krieg führte. Einige deutsche Kriegsgefangene engagierten sich im Ausland, z.B. beim „Nationalkomitee Freies Deutschland“ in der Sowjetunion. Manche Soldaten desertierten aus der Wehrmacht.

7 In den letzten Kriegstagen entwaffnete der Bauer Hanselmann aus dem Dorf Brettheim (Württemberg) vier Hitlerjungen, die das Dorf verteidigen sollten. Die SS verurteilte den Bauern dafür zum Tode. Allerdings verweigerten der Bürgermeister Gackstatter und der NS-Ortsgruppenleiter Wolfmeyer ihre Unterschriften unter das Todesurteil. Alle drei Männer wurden am 10. April 1945 erhängt.

1. ***Um welche Form von abweichendem Verhalten handelt es sich? Ordne die sieben Fälle in das Schaubild ein, indem du die Nummer auf die entsprechende Stufe im Schaubild schreibst.***
2. ***Ergänze das Schaubild um Personen, die du im Schulbuch kennen gelernt hast:***
   Sophie und Hans Scholl, August Landmesser, Claus Graf Schenk von Stauffenberg, Clemens August Graf von Galen.

Deutschland nach 1945
Nicht nur die Fahnen waren anders …

1. Die beiden Bilder zeigen zwei herausragende Ereignisse auf dem Weg der Deutschen zu einem Nationalstaat. Untersuche sie und beantworte die Fragen.

Erste Sitzung der Frankfurter Nationalversammlung, 1848

Wer waren die Anwesenden und wer hatte sie eingeladen?

Vom deutschen Volk gewählte Abgeordnete, u. a. Juristen, Gelehrte, Beamte.

Warum waren sie gekommen?

Ihre wichtigste Aufgabe war die Ausarbeitung einer Verfassung.

Was sagen die Fahnen im Raum über den Charakter der Veranstaltung aus?

Die Farben „Schwarz-Rot-Gold" werden vor der Revolution 1848 zum Symbol der demokratischen deutschen Freiheitsbewegung. Die Fahnen stehen für den Wunsch nach einem freiheitlich-demokratischen Nationalstaat.

Was sagt die Versammlung der vom deutschen Volk gewählten Abgeordneten aus allen deutschen Einzelstaaten darüber aus, was Deutschland für ein Staat werden sollte?

Deutschland sollte ein einheitlicher demokratischer Nationalstaat werden.

Kaiserproklamation im Spiegelsaal in Versailles, 1871

Wer waren die Anwesenden und wer hatte sie eingeladen?

Fürsten, Generäle, hohe Beamte, keine Volksvertreter. Sie waren eingeladen worden, nicht vom Volk gewählt.

Warum waren sie gekommen?

Der preußische König wurde von den Anwesenden zum deutschen Kaiser proklamiert.

Was sagen die Fahnen im Raum über den Charakter der Veranstaltung aus?

Die schwarz-rot-goldene Fahne als Symbol für einen freiheitlich-demokratischen Staat fehlte.

Was sagt die Proklamation des deutschen Kaisers
a) durch die Fürsten,
b) im französischen Versailles
über den Charakter des Deutschen Reiches aus?

a) Reichsgründung „von oben", ohne das Volk

b) Für das von Deutschland besiegte Frankreich war das Ereignis demütigend.

2. Erkläre in wenigen Sätzen, was beide Ereignisse gemeinsam haben und was sie unterscheidet?

Deutschland nach 1945
Nationalsozialismus – Totengräber für eine demokratische deutsche Nation

Hitler im Jahr 1928 über Nationalbewusstsein und Demokratieverständnis:

Erstens muss unser Volk von dem hoffnungslos wirren Internationalismus befreit und bewusst und systematisch zum fanatischen Nationalismus erzogen werden. (…)
Zweitens werden wir unser Volk, indem wir es dazu erziehen, gegen den Irrsinn der Demokratie zu kämpfen und wieder die Notwendigkeit von Autorität und Führertum einzusehen, von dem Unsinn des Parlamentarismus fortreißen.
Drittens werden wir, indem wir das Volk von dem jämmerlichen Glauben an eine Hilfe von draußen, das heißt dem Glauben an Völkerversöhnung, Weltfrieden, Völkerbund und internationale Solidarität, befreien, diese Ideen zerstören. Es gibt nur ein Recht in der Welt, und dieses Recht liegt in der eigenen Stärke.

Zit. nach: Walther Hofer, Der Nationalsozialismus, Dokumente 1933–1945, Frankfurt/M., 1994, S. 37.

1. *Sprecht in der Klasse über die Auffassungen Hitlers. Bewertet sie an unseren Vorstellungen von einer demokratischen friedliebenden deutschen Nation.*
2. *Erläutere, wie in den beiden Abbildungen Hitlers Vorstellungen zum Tragen kommen.*

Plakat des Völkisch-Sozialen Blockes zur Reichtagswahl 1924

Inhalt des Plakats: Rechte Faust eines Nationalsozialisten zerschmettert das Präsidium des Reichstages, Parlamentarier laufen in panischer Angst davon; man kann annehmen, es sind vor allem auch jüdische Bürger.
Zielstellung des „Völkisch-Sozialen-Blockes": Zerschlagung des Parlamentarismus, bedingungsloser Kampf gegen Demokratie, gegen jüdische Bürger und damit Zerschlagung der Republik.

Deutsches Propagandaplakat 1942

Das Plakat greift den „Rassegedanken" der Nationalsozialisten auf. Es warnt im Fall eines verlorenen Krieges vor einer Herrschaft der von den Nationalsozialisten als „rassisch minderwertig" angesehenen Völker aus Osteuropa, insbesondere der Sowjetunion. Das Plakat drückt damit beispielhaft den Rassismus der Nationalsozialisten und deren Überlegenheitsgefühl gegenüber anderen Völkern aus.

Lösung KV 17

Deutschland nach 1945
Getrennte Wege

Beschreibe in Stichpunkten die Entwicklung von 1945 bis 1949 …

… in den westlichen Besatzungszonen		… in der sowjetischen Besatzungszone
Förderung demokratischer Entwicklungen (freie Wahlen, Zusammenarbeit mit demokratisch gesinnten Deutschen)	Zusammenarbeit der Besatzungsmacht beziehungsweise der Besatzungsmächte mit den Deutschen:	**enge Zusammenarbeit mit deutschen Kommunisten, später mit der SED**
Bildung von Spruchkammern; Bestrafung der Schuldigen z. T. schleppend; 1948 Entnazifizierung eingestellt	Entnazifizierung:	**konsequente Bestrafung ehemaliger Nationalsozialisten, aber auch vieler Unschuldiger (Arbeits- und Internierungslager)**
demokratischer Aufbau	Demokratie oder Diktatur:	**antifaschistisch-demokratische Ordnung; Beginn der Errichtung einer Diktatur**
demokratische Parteien ringen um neue Wirtschaftsordnung; Marshallplan	Entwicklung der Wirtschaft:	**Veränderung der Eigentumsverhältnisse (Bodenreform, VEB, Planwirtschaft)**

Bundesrepublik Deutschland

Vereidigung in Bonn: Konrad Adenauer (CDU) – erster Bundeskanzler

Deutsche Demokratische Republik

Festumzug in Ost-Berlin: Wilhelm Pieck (SED) – erster Staatspräsident

Deutschland nach 1945
Volksaufstand und Mauerbau

Fülle die Spalten in Stichworten aus. Werte dazu den Text sowie die Bild- und Textquellen zu beiden Themen in deinem Schülerbuch (S. 160–163) aus.

Volksaufstand vom 17. Juni 1953	Bau der Mauer am 13. August 1961
Ursachen	
– widerrechtliche Enteignungen – Beschränkung der persönlichen Freiheit – Vorherrschaft der SED – schlechte Versorgungslage	– Flucht vieler DDR-Bürger in die Bundesrepublik und nach West-Berlin – Ausgrenzung der DDR-Bürger von den Vorteilen der Demokratie im Westen
Verlauf	
– Beginn: 16. Juni 1953 in Berlin – breitet sich über große Teile der DDR aus – sowjetische Armee erstickt den Aufstand mit Gewalt	– Beginn: Am 13. August wird die Grenze zu West-Berlin geschlossen, später auch die zur Bundesrepublik – Grenzzäune, Todesstreifen, Wachtürme, Selbstschussanlagen werden installiert
Folgen (Auswirkungen auf die Menschen)	
– Tausende Verhaftungen und Verurteilungen, auch Todesurteile	– Familien werden auseinander gerissen, – Todesschüsse an der Mauer

Die DDR – ein demokratischer Staat? Welche Antwort geben dir die Ereignisse dazu?

DDR war kein demokratischer Staat; keine demokratischen Freiheiten; jeder Widerstand gegen die Herrschenden wurde mit Gewalt unterdrückt

Deutschland nach 1945
Frauen in der Bundesrepublik und in der DDR

Finde die passenden Begriffe und schreibe sie unter der entsprechenden Ziffer in die Rätselkästchen. Wenn du die Buchstaben der markierten Spalte von oben nach unten liest, erfährst du, für welches Ziel Frauen jahrzehntelang kämpften.

1. Viel mehr Frauen in der DDR als in der Bundesrepublik übten einen … aus.
2. Ein Grund, warum in der DDR viele Frauen arbeiteten.
3. Lange Zeit als das Idealbild der Frau in der Bundesrepublik angesehen.
4. Eine Einrichtung zur Unterstützung berufstätiger Frauen.
5. Darum sollten sich in der Familie auch die Männer kümmern.
6. Ein Problem, über das in der bundesdeutschen Gesellschaft Ende der 1960er-Jahre heftig gestritten wurde.
7. Kindertagesstätte für die jüngsten Kinder.
8. Viele Frauen in der DDR arbeiteten in diesem Bereich.
9. Eine Möglichkeit auch für Frauen ihre Ziele durchzusetzen.
10. Eines der wichtigsten Ziele der Frauen.
11. In der Vergangenheit wurden berufstätige Frauen bei der … oft benachteiligt.
12. Dokument, in dem den deutschen Frauen die Gleichberechtigung garantiert wird.

1. B **E** R U F
2. M Ä N N E R **M** A N G E L
3. H A U S F R **A** U
4. K I **N** D E R G A R T E N
5. E R **Z** I E H U N G
6. A B T R E **I** B U N G
7. K R I **P** P E
8. H **A** N D E L
9. D E M O N S **T** R A T I O N
10. G L E **I** C H S T E L L U N G
11. E N T L **O** H N U N G
12. G R U **N** D G E S E T Z

Lösung: E 1 M 2 A 3 N 4 Z 5 I 6 P 7 A 8 T 9 I 10 O 11 N 12

Deutschland nach 1945
Von den Montagsdemonstrationen bis zur Wiedervereinigung

Vervollständige die Tabelle zu wichtigen Ereignissen auf dem Weg zur Wiedervereinigung. Ordne die Begriffe den richtigen Daten zu und erkläre das Ereignis:

Währungsunion — **Wahlen zur Volkskammer** — **Rücktritt Honeckers** — **Montagsdemonstration** — **Beitritt zur Bundesrepublik** — **Öffnung der Mauer** — **Zehn-Punkte-Plan** — **Massendemonstration in Ost-Berlin** — **Siegermächte unterzeichnen Einigungsvertrag** — **Tag der deutschen Einheit**

Datum	Was geschah an diesem Tag?
09.10.1989	**Montagsdemonstration: 70 000 DDR-Bürger demonstrieren in Leipzig für Demokratie, Einhaltung der Menschenrechte und gegen die Staatssicherheit.**
18.10.1989	**Rücktritt Honeckers: Erich Honecker wird gezwungen sein Amt als Generalsekretär der SED aufzugeben. Sein Nachfolger wird Egon Krenz.**
04.11.1989	**Massendemonstration in Ost-Berlin: 500 000 Menschen fordern freie Wahlen, Beseitigung der Vorherrschaft der SED, Demokratie, Presse-, Meinungs- und Reisefreiheit.**
09.11.1989	**Öffnung der Mauer: DDR-Regierung muss dem Druck der Bevölkerung nachgeben. Tausende DDR-Bürger und Ost-Berliner strömen in den Westen.**
28.11.1989	**Zehn-Punkte-Plan: Bundeskanzler Kohl legt dem Bundestag einen Plan vor, der den Weg zur Wiedervereinigung aufzeigt.**
18.03.1990	**Wahlen zur Volkskammer: Die „Allianz für Deutschland", die einen schnellen Beitritt der DDR zur Bundesrepublik fordert, siegt.**
01.07.1990	**Währungsunion: Die D-Mark wird Zahlungsmittel in der DDR.**
23.08.1990	**Beitritt zur Bundesrepublik: Die Volkskammer der DDR beschließt diesen mit großer Mehrheit.**
12.09.1990	**Siegermächte unterzeichnen Einigungsvertrag: Die vier Siegermächte des Zweiten Weltkrieges und die beiden deutschen Regierungen ratifizieren in Moskau den Vertrag. Außenpolitische Hindernisse für die Wiedervereinigung sind ausgeräumt.**
03.10.1990	**Tag der deutschen Einheit: Die Deutschen in Ost und West feiern die Wiedervereinigung.**

Konflikte und Friedensbemühungen
Die Fieberkurve des „Kalten Krieges"

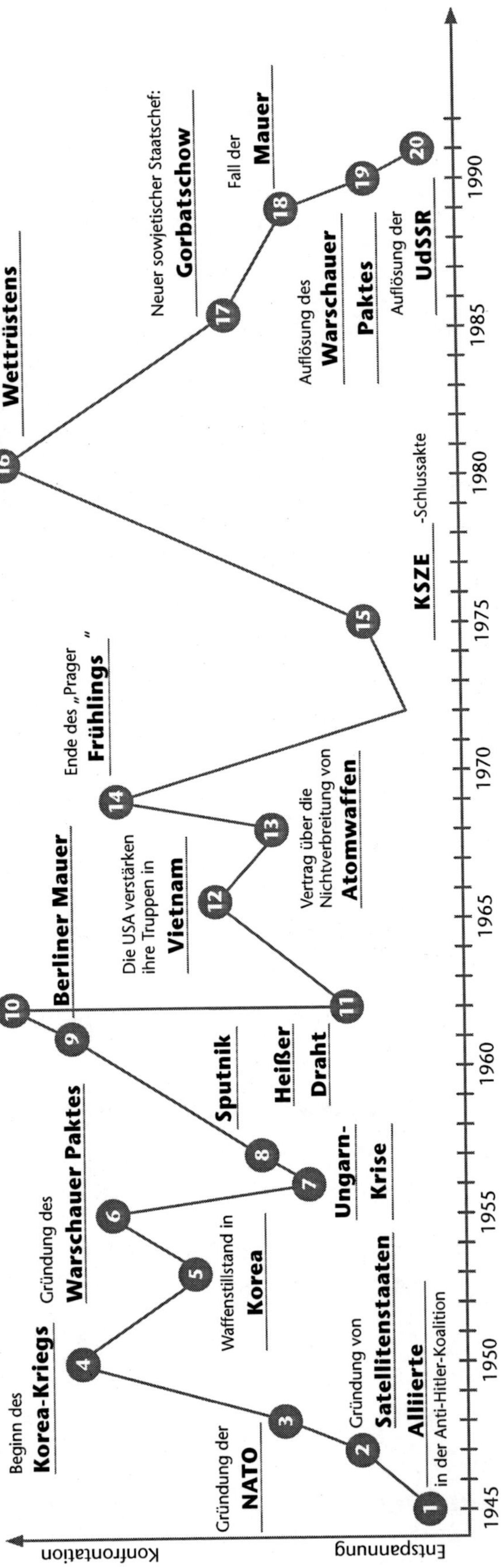

Trage die gesuchten Begriffe in die Fieberkurve ein.

1. *Ein anderes Wort für Verbündete.*
2. *So wurden die Volksdemokratien in Mittel-, Ost- und Südosteuropa genannt, die von Moskau abhängig waren.*
3. *Abkürzung für das westliche Verteidigungsbündnis, das 1949 gegründet wurde.*
4. *Dieser Krieg fand in Ostasien statt. Die USA wollten hier die weitere Ausbreitung des Kommunismus verhindern.*
5. *Dieser Waffenstillstand schuf ein zweigeteiltes Land mit einer bis heute hart bewachten Grenze.*
6. *Das 1955 gegründete östliche Verteidigungsbündnis, dem auch die DDR angehörte.*
7. *Diese Krise entstand 1956 durch den Aufstand eines Volkes gegen die kommunistische Diktatur.*
8. *Ein sowjetischer Satellit aus dem Jahr 1957 gab dem Ereignis seinen Namen: ...-Schock.*
9. *Diese Mauer teilte fast 30 Jahre lang die alte und neue Hauptstadt Deutschlands.*
10. *Bei dieser Krise stand die Welt am Rande eines Atomkrieges.*
11. *Dieser Draht wurde zwischen Moskau und Washington „gespannt".*
12. *Mitte der 1960er-Jahre eskalierte dieser von den USA geführte Krieg in Südostasien.*
13. *Diese Waffen konnten die ganze Welt zerstören.*
14. *Eine Jahreszeit, die allerdings frostig endete.*
15. *Abkürzung für eine Abrüstungskonferenz von 35 Staaten.*
16. *Ein anderes Wort für Rüstungswettlauf.*
17. *Dieser Mann verwandelte die Weltpolitik.*
18. *Am 9. November 1989 wurde sie geöffnet.*
19. *Östliches Militärbündnis.*
20. *Kurzform für „Sowjetunion".*

Konflikte und Friedensbemühungen
Ost und West im „Kalten Krieg"

Fülle die Lücken mit den richtigen Begriffen aus.

Nach der bedingungslosen **Kapitulation** Deutschlands traten die Gegensätze zwischen den westlichen Alliierten und der **UdSSR** wieder in den Vordergrund, die zwischen 1941 und 1945 nur durch das Zweckbündnis der Anti-Hitler-Koalition überdeckt worden waren. Schon 1941 hatten die Westalliierten USA und **Großbritannien** in der Atlantik-**Charta** ihre Vorstellungen von einer freien Welt nach dem Ende der NS-Diktatur festgelegt. US-Präsident Roosevelt vertrat die Idee von der Einen Welt („one world"), in der **Demokratie**, Menschenrechte und **freier** Welthandel zu leitenden Prinzipien werden sollten. Nach 1945 wurde die sowjetische Politik von den USA als Bedrohung der Freiheit gesehen, denn überall dort, wo die **Rote Armee** 1944/45 als Befreierin von der Nazi-Diktatur einmarschiert war, entstanden nach sowjetischem Vorbild so genannte **Volksdemokratien**. Das waren in Wirklichkeit Diktaturen unter der Herrschaft der jeweiligen **kommunistischen** Partei. Umgekehrt deuteten Stalin und seine Mitarbeiter die amerikanische Politik der Einen Welt als Versuch, das damals einzige **kommunistische** Land der Erde zu isolieren und vielleicht sogar eines Tages militärisch anzugreifen.

Diese Einschätzungen der jeweils anderen Seite beschleunigten die gegenseitige Abgrenzung: Die USA formulierten 1947 mit der **Truman**-Doktrin ihr Prinzip der Eindämmung des kommunistischen Einflusses in der Welt. Die Sowjetunion antwortete im gleichen Jahr mit der Gründung der Kominform, einem Bündnis fast aller kommunistischen Parteien in der Welt gegen das amerikanische „Monopol**kapital**" und den „US-Imperialismus".

Die beiden Führungsmächte USA und UdSSR schlossen die mit ihnen befreundeten Staaten in Militärbündnissen zusammen. Im Jahr **1949** wurde die **NATO** als westliches, im Jahr **1955** der **Warschauer Pakt** als östliches Bündnis gegründet. Beide Supermächte hatten keine direkten militärischen Auseinandersetzungen, denn das hätte unweigerlich einen **Atomkrieg** zur Folge gehabt. Sie führten aber so genannte **Stellvertreterkriege** in den Ländern der Dritten Welt, bei denen sie Truppen einsetzten, „Freiwillige" schickten oder Waffen lieferten. Der **Vietnamkrieg** von 1963 bis 1975 endete für die USA mit einer empfindlichen Niederlage. Die **Kubakrise** 1962 war die größte Krise des „Kalten Krieges". Sie machte aber die Notwendigkeit von Absprachen deutlich; als Erstes wurde der so genannte **Heiße Draht** zwischen Washington und Moskau installiert.

Mit der Reformpolitik des sowjetischen Staats- und Parteichefs **Gorbatschow** wurde das Ende des „Kalten Krieges" eingeleitet: 1989 fiel die **Berliner Mauer**, 1990 löste sich der **Warschauer Pakt** auf, 1991 zerfiel die **UdSSR**.

Konflikte und Friedensbemühungen „Armland“ und „Reichland“ – eine Bildergeschichte

Ordne die Texte den passenden Bildern zu. Welches Problem wird beschrieben? Welche Lösungen sind möglich?

- Das Startkapital für die Maschinen und die Fabrik leiht der Mann aus Reichland. **(9)**
- Ein Bauer im Armland. Der Ertrag seiner Felder reicht zu einem bescheidenen Leben. Eine schlechte Ernte bedeutet Hunger und Armut. **(1)**
- Der Bauer aus Armland redet mit seinen Freunden. Er will mit ihnen zusammen die Baumwolle im eigenen Land weiterverarbeiten. **(8)**
- Die Schuldzinsen aber sind fällig. Sie fressen den Ernteerlös auf. **(7)**
- Der Ernteertrag war gut, aber der Mann aus Reichland kann nicht gut dafür bezahlen: Der Baumwollpreis auf dem Weltmarkt ist so niedrig. **(6)**
- Mit den neuen Geräten bringt der Bauer den Dünger auf seine Felder und pflanzt Baumwolle an. **(5)**
- Von preisgünstiger Ware aus Armland verspricht sich der Unternehmer in Reichland gute Geschäfte. **(11)**
- Da kommt der Mann aus Reichland. Er macht einen Vorschlag, der Geld bringt (wem?). **(2)**
- Steuer, Zoll und die langen Transportwege heben den ursprünglichen Preisvorteil auf. **(14)**
- Für den Start sind Geräte, Saatgut und Dünger nötig. Bei dem Mann aus Reichland kann man das kaufen. **(3)**
- Wer kein Geld hat, muss Schulden machen – bei dem Mann aus Reichland. **(4)**
- Deshalb werden die Einfuhrmengen eingeschränkt. Und die Verkaufspreise durch Zollzahlungen hochgedrückt. **(13)**
- Die Einfuhr preisgünstiger Waren ist gefährlich – für den Markt und seine Preise in Reichland. **(12)**
- Mit dem Geld bauen die Leute in Armland eine kleine Tuchfabrik mit Näherei. **(10)**
- Ob man da nicht was ändern könnte? **(15)**

Konflikte und Friedensbemühungen
Kennst du die UNO?

Beantworte folgende Fragen rund um die UNO:

- UNO ist die Abkürzung für einen englischen Begriff. Wie heißt er? **United Nations Organization**
- Wie nennt man die UNO mit deutschem Namen? **Vereinte Nationen**
- Wo und wann wurde die UNO gegründet? **1945** in **San Francisco**
- In welcher Stadt hat sie ihren Sitz? **New York**
- Wieviele Mitglieder hat die UNO? **191** Staaten der Erde
- Nenne die vier wichtigsten Aufgaben der UNO.

– den Weltfrieden sichern

– die Menschenrechte schützen

– Gleichberechtigung aller Staaten garantieren

– Lebensstandard verbessern

- Wie heißt das wichtigste Organ der UNO? **Sicherheitsrat**
- Welche Staaten sind darin ständige Mitglieder? **USA, Russland, Großbritannien, Frankreich, China**
- Welches Recht haben diese Staaten? **– über Friedenseinsätze der UNO entscheiden**
– Vetorecht bei Abstimmungen
- Welchen Titel führt der oberste Repräsentant? **Generalsekretär**
- Wie heißt er aktuell? **Kofi Annan (Stand 2005)**
- Was bedeutet WHO? **Weltgesundheitsorganisation**
- Was bedeutet UNICEF? **Weltkinderhilfswerk**
- Wie nennt man Soldaten, die an UN-Friedensmissionen teilnehmen? **Blauhelme**
- In welchen Ländern hat sich die Bundeswehr an UN-Friedensmissionen beteiligt? **Somalia, Georgien, Kosovo, Bosnien-Herzegowina, Osttimor**
- Wie nennt man eine UN-Mission, bei der UN-Truppen die Grenze zwischen zwei verfeindeten Staaten bzw. Parteien sichern, z. B. in Syrien? **friedenssichernde Mission**
- Wie nennt man eine UN-Mission mit Kampfauftrag, z. B. 2004 im Kongo? **friedenserzwingende Mission**
- Wie heißen Offiziere, die der UNO aus einem Krisengebiet Bericht erstatten, z. B. aus Israel?
Militärbeobachter

Europa – ein Kontinent wächst zusammen
Europa – abgekürzt

In dem Buchstabensalat verstecken sich zwölf Abkürzungen, die dir in der Themeneinheit „Europa" begegnet sind.
Sie sind waagerecht, senkrecht oder schräg angeordnet. Achtung, einzelne Buchstaben können Bestandteil mehrerer Abkürzungen sein. Markiere die Abkürzungen, schreibe sie dann in alphabetischer Reihenfolge heraus und ordne ihnen die entsprechenden Definitionen bei. Die Großbuchstaben hinter den Definitionen ergeben dann einen dir bekannten Begriff.

B	T	R	S	H	I	O	E	E	C
A	E	W	G	B	M	P	N	X	W
V	G	C	D	E	Z	G	H	K	O
P	K	Q	T	R	U	W	Y	Z	A
C	S	E	D	E	G	H	J	L	M
P	O	R	S	U	A	V	E	W	X
K	N	P	R	V	S	R	T	A	W
B	E	A	G	A	P	C	D	H	W
F	H	Z	W	G	H	N	R	F	U
I	N	T	M	O	V	X	S	B	F

1. **EAG** : **Europäische Atomgemeinschaft**
2. **EG** : **Europäische Gemeinschaft**
3. **EGKS** : **Europäische Gemeinschaft für Kohle und Stahl**
4. **EPZ** : **Europäische Politische Zusammenarbeit**
5. **ERP** : **European recovery program**
6. **EU** : **Europäische Union**
7. **EWG** : **Europäische Wirtschaftsgemeinschaft**
8. **GAP** : **Gemeinsame Agrarpolitik**
9. **GASP** : **Gemeinsame Außen- und Sicherheitspolitik**
10. **OEEC** : **Organization of European economic cooperation**
11. **RGW** : **Rat für gegenseitige Wirtschaftshilfe**
12. **WWU** : **Wirtschafts- und Währungsunion**

Definitionen: Europäische Politische Zusammenarbeit (**S**) – Wirtschafts- und Währungsunion (**N**) – Europäische Atomgemeinschaft (**M**) – Europäische Wirtschaftsgemeinschaft (**L**) – Rat für gegenseitige Wirtschaftshilfe (**A**) – Europäische Gemeinschaft (**A**) – European recovery program (**H**) – Gemeinsame Außen- und Sicherheitspolitik (**P**) – Europäische Gemeinschaft für Kohle und Stahl (**R**) – Europäische Union (**A**) – Organization of european economic cooperation (**L**) – Gemeinsame Agrarpolitik (**L**)

Lösung:

1	2	3	4	5	6	7	8	9	10	11	12
M	A	R	S	H	A	L	L	P	L	A	N

Europa – ein Kontinent wächst zusammen
EU-Rechtsexperten gefragt!

Welcher Inhalt (rechts) gehört zu welchem Vertragswerk bzw. Abkommen (links)? Ordne sie einander zu, indem du die einzelnen Inhalte mit den Nummern der zugehörigen Verträge versiehst. Richtig zugeordnet ergeben die eingeklammerten Buchstaben am Ende der Inhaltstexte ein bekanntes Lösungswort.

1. *Vertrag über die Europäische Gemeinschaft für Kohle und Stahl*
2. *Vertrag über die Europäische Wirtschaftsgemeinschaft*
3. *Vertrag über die Europäische Atomgemeinschaft*
4. *Vereinbarung der Europäischen Politischen Zusammenarbeit*
5. *Vertragswerk über die Europäische Union*
6. *Vereinbarung der Kopenhagener Kriterien*
7. *Charta der Grundrechte der Europäischen Union*

Lösung: S 1 C 2 H 3 U 4 M 5 A 6 N 7

4 Die Regierungen der Mitgliedsstaaten des Vereinigten Europa erheben zum Grundsatz, in gemeinsamen Angelegenheiten politisch eng zusammenzuarbeiten. (**U**)

2 Frankreich, Deutschland, Italien und die Benelux-Länder vereinbaren die Abschaffung aller Hindernisse für freien Personen-, Waren-, Dienstleistungs- und Kapitalverkehr untereinander. (**C**)

7 Die EU verkündet die von ihr als verbindlich anerkannten Werte, besonders die Würde des Menschen, Freiheit, Gleichheit, Solidarität, Demokratie und Rechtsstaatlichkeit. (**N**)

1 Frankreich, Deutschland, Italien und die Benelux-Länder stellen Förderung, Verarbeitung und Verteilung von Kohle und Stahl unter die Hoheit einer gemeinsam errichteten supranationalen Behörde. (**S**)

3 Frankreich, Deutschland, Italien und die Benelux-Länder vereinbaren, Nuklearmaterial gemeinsam anzukaufen und ausschließlich friedlich zu nutzen. (**H**)

6 Der Europäische Rat legt die Bedingungen für die Aufnahme weiterer Staaten in die EU fest: demokratische Staatsform, Praktizierung von Marktwirtschaft, Bekenntnis zu den Zielen der EU, Anwendung von EU-Recht. (**A**)

5 Zusammenfassung der bisherigen Gemeinschaftsverträge sowie Vereinbarung gemeinsamer Außen- und Sicherheitspolitik und Zusammenarbeit in den Bereichen Inneres/Justiz in einem Vertragswerk. (**M**)

Europa – ein Kontinent wächst zusammen
Wer entscheidet was in der EU?

EUROPÄISCHER RAT

- Grundsätze der EU-Politik
- die Regierungschefs der Mitgliedstaaten

EU-KOMMISSION

- Verwaltung des EU-Haushalts
- Gesetzesinitiative
- Anwendung und Durchführung des EU-Rechts
- Kommissare, 1 je Mitgliedstaat

RAT DER EU (MINISTERRAT)

- die Fachminister aller Mitgliedstaaten
- verbindliche Gesetzesentscheidungen
- Beschluss des EU-Haushalts

EUROPÄISCHES PARLAMENT

- 732 Abgeordnete, auf 5 Jahre gewählt
- Gesetzgebung (Mitentscheidung)
- Kontrolle der Exekutiven

1. Schneide unten stehende Texte aus und ordne sie den Institutionen zu.
2. Beantworte anschließend folgende Fragen:

a) In welchen Institutionen dominiert der Europa-Gedanke, in welchen der Nationalstaatsgedanke?

Europa-Gedanke: Europäisches Parlament; EU-Kommission

Nationalstaatsgedanke: Europäischer Rat; Ministerrat

b) Sind die Entscheidungsbefugnisse deiner Ansicht nach zwischen ihnen „angemessen" verteilt?

individuelle Stellungnahme der Schüler

---

732 Abgeordnete, auf 5 Jahre gewählt | Gesetzgebung (Mitentscheidung) | Gesetzesinitiative

Grundsätze der EU-Politik | Anwendung und Durchführung des EU-Rechts | Beschluss des EU-Haushalts

Verwaltung des EU-Haushalts | verbindliche Gesetzesentscheidungen | Kommissare, 1 je Mitgliedstaat

die Fachminister aller Mitgliedstaaten | Kontrolle der Exekutiven | die Regierungschefs der Mitgliedstaaten

Wanderungen in der Geschichte

Galla Placidia, ein ungewöhnliches Frauenschicksal in der Völkerwanderungszeit

Sortiere die Ereignisse in chronologischer Reihenfolge und schreibe eine kurze Biografie der Kaiserin Galla Placidia. Beachte dabei besonders ihre Beziehungen zu den Germanen im Weströmischen Reich.

1 – **392** in Byzanz geboren als Tochter des römischen Kaisers Theodosius d. Gr. († 395); aufgezogen von Serena, Gattin des germanischen Oberbefehlshabers im Weströmischen Reich Stilicho (beide † 408)

3 – verlobt mit Serenas und Stilichos Sohn Eucherius († 408)

9 – **417** Ehe mit dem römischen Oberbefehlshaber im Weströmischen Reich, Constantinus († 421)

13 – **437** Ehevermittlung ihres Sohnes mit der oströmischen Kronprinzessin Licinia

10 – **418** Geburt der Tochter Honoria

6 – **414** Ehe mit dem König der Westgoten, Athaulf, Geburt eines Sohnes, der noch im gleichen Jahr stirbt

5 – **410–14** Geisel bei den Westgoten

15 – **450** Tod in Rom

4 – **410** Gefangennahme bei der Eroberung Roms durch die Westgoten

11 – **419** Geburt des Sohnes Valentinianus

14 – **445** Ehevermittlung der Tochter von Valentianus und Licinia, Eudokia, mit dem Kronprinzen Hunerich, dem Sohn des mächtigen Vandalenkönigs

7 – **415** Ermordung Athaulfs

8 – **416** Rückkehr an den Weströmischen Hof nach Ravenna

2 – Schwester der beiden amtierenden Kaiser des Römischen Reiches (Westrom: Honorius † 423; Ostrom: Arkadius † 408)

12 – **421** von ihrem Bruder Honorius zur weströmischen Mitkaiserin ernannt; regiert nach dem Tod des Honorius für ihren noch unmündigen Sohn Valentinianus das Weströmische Reich

Wanderungen in der Geschichte
Deutschenwitze – Humor oder Missklang?

Deutsche machten einen hohen Anteil an den USA-Einwanderern des 19. Jahrhunderts aus. Am liebsten ließen sie sich dort nieder, wo schon andere Deutsche wohnten. Manche Landstriche oder Teile von Städten wirkten dadurch regelrecht „deutsch". Es gab deutsche Geschäfte, Feste, Kulturvereine, es wurde deutsch gesprochen. Einheimische Amerikaner sahen darin nicht selten einen Mangel an Anpassung an die amerikanische Kultur. Vor diesem Hintergrund entstanden „Deutschenwitze", wie jener aus der amerikanischen Zeitung „Harper's Drawer" vom Oktober 1872:

It is pleasant to become a parent; twice as pleasant, to be blessed with twins; but when it comes to triples we are a little dubious. Now there dwells in Jefferson County, Wisconsin, a worthy German, who a few years ago was presented by his wife with a son. Hans said to her, „Katrine, dat ish goot". A couple of years later the good woman placed before his astonished gaze a bouncing pair of twins. „Vell", said Hans, „dat wash petter ash der oder dime; I trinks more ash ten glass peer on dat." But the good woman next time gave birth to triplets, and that made him „shpoke mit his mout shust a liddle". „Mein Gott, Katrine! Vat ish de matter on you? Petter you shtop dis pizness 'fore der come more ash a village full. I gots nuff mit such foolishness!" No later return have been received.

Aus: „Harper's Drawer", abgedruckt in: Dirk Hoerder/ Diethelm Knauf (Hg.), Einwandererland USA. Gastarbeiterland BRD, in: Deutsch-englische Jahrbücher. German-English Yearbook, Bd. 22, S. 140/141

1. ***Übersetze den Text mit Hilfe der Wörterliste:***
(dat: that; ish: is; goot: good; vell: well; vash: was; petter: better; ash der oder dime: as the other time; peer: beer; shpoke: spoke; mit: with; mout: mouth; shust: just; liddle: little; shtop dis pizness: stop this business; 'fore der: before there; nuff: enough)

2. ***Durch welche Eigenschaften werden der Deutsche und seine Frau/Familie charakterisiert?***

   a) Im Bild: **plump, korpulent, unordentlich, kinderreich**

   b) Im Text: **gebärfreudig, trinkfreudig, falsches/schlechtes Englisch, dümmlich**

3. ***Schätze die Eigenschaften ein.***

eher negativ	neutral beschreibend	eher positiv
plump, korpulent, unordentlich, trinkfreudig, Sprache dümmlich	**gebärfreudig, kinderreich**	

4. ***Trägt das hier verbreitete „Deutschenbild" eher humoristische oder eher diskriminierende Züge?***

   eher diskriminierend

5. ***Kennst du vergleichbare „Migrantenwitze"?***
6. ***Welche Meinung hast du dazu?***

Bildquellenverzeichnis

KV 1	AKG, Berlin
KV 6 li	BPK, Berlin
KV 6 re	DHM, Berlin
KV 7 o li	Bündnis 90/Die Grünen, Berlin
KV 7 o re	Archiv der sozialen Demokratie der Friedrich-Ebert-Stiftung
KV 7 u li	Konrad-Adenauer-Stiftung e.V., Archiv für Christlich-Demokratische Politik, Plakatsammlung
KV 7 u re	Trialon GmbH, Berlin
KV 8 Rundfunk	ullstein bild, Berlin
KV 8 Sport	Süddeutscher Verlag, München
KV 8 Kino	BPK, Berlin (Heinz Lienek)
KV 8 Kiosk	BPK, Berlin (Friedrich Seid)
KV 14	Picture-Alliance, Frankfurt (dpa/Rolf Haid)
KV 15 li	BPK, Berlin
KV 16 o	Bayerisches Hauptstaatsarchiv, München
KV 16 u	aus: Praxis Geschichte, 5/1990, S 31
KV 23	CCC/www.c5.net, Pfaffenhofen a.d. Ilm (Striepecke)
KV 24	Brot für die Welt, Stuttgart
KV 29	Interfoto,München (Karger-Decker)
KV 30	Harper's Drawer, Oktober 1872
Coverbild	Cover Picture-Alliance, Frankfurt (Kai-Uwe Wärner)

Nicht in allen Fällen war es uns möglich, den Rechteinhaber ausfindig zu machen. Berechtigte Ansprüche werden selbstverständlich im Rahmen der üblichen Bedingungen abgegolten.

1. Auflage A 1 5 4 3 2 | 2010 2009 2008 2007 2006

Alle Drucke dieser Auflage sind unverändert und können im Unterricht nebeneinander verwendet werden. Die letzten Zahlen bezeichnen jeweils die Auflage und das Jahr des Druckes.

Internetadresse: www.klett.de

Autoren: Anja Barthel, Sven Christoffer, Helmut Heimbach, Klaus Leinen, Dr. Peter Offergeld, Dr. Antonius Wollschläger

Redaktion: Carsten Loth
Layoutkonzeption: Kassler-Design, Leipzig
Piktogramme: Erhard Müller, Leipzig

Satz: Type-Design, Berlin
Digitaldruck: Type-Design, Berlin
Printed in Germany

ISBN-13: 978-3-12-421034-0
ISBN-10: 3-12-421034-4

9 783124 210340